ENCYCLOPÉDIE-RORET.

THÉORIE

DU

CALENDRIER.

AVIS.

Le mérite des ouvrages de l'*Encyclopédie-Roret* leur a valu les honneurs de la traduction, de l'imitation et de la *contrefaçon*. Pour distinguer ce volume il portera, à l'avenir, la *véritable* signature de l'Éditeur.

ERRATA.

Page 93, à la date du 9 mai, *effacez* : V. J.

Page 63, à la date du 11 mai, *ajoutez* : V. J.

Page 69, à la date du 12 mai, *ajoutez* : V. J.

Plusieurs des calendriers portent à la date du 15 septembre s. *Nicodème* au lieu de s. *Nicomède*.

ANUELS-RORET.

THÉORIE DU CALENDRIER

LA

COLLECTION DE TOUS LES CALENDRIERS DES ANNÉES PASSÉES ET FUTURES;

ouvrage

PROPRE AUX RECHERCHES CHRONOLOGIQUES, ET DESTINÉ A TENIR LIEU DES ALMANACHS QU'ON EST DANS LA NÉCESSITÉ DE RENOUVELER TOUS LES ANS.

Par **L. B. FRANCŒUR**,

Membre de l'Académie des Sciences, des Sociétés royale et centrale d'agriculture, d'encouragement, etc.; Professeur à la Faculté des sciences de Paris.

PARIS,

A LA LIBRAIRIE ENCYCLOPÉDIQUE DE RORET,

RUE HAUTEFEUILLE, 10 BIS.

1842.

AVERTISSEMENT.

Les gens du monde connaissent peu les règles de la construction du calendrier; mon but a été d'exposer ces règles, et j'y ai joint quelques notions sur les calendriers anciens des Egyptiens, des Grecs, des Romains et celui de Jules César, qui ont servi de bases pour composer le nôtre. D'ailleurs, lorsqu'on rappelle un phénomène ou un évènement historique, il est rare qu'on en connaisse à la fois l'année, le mois, la date et le jour de la semaine : mon livre donne les moyens de trouver celui de ces éléments qu'on ignore. On sait, par exemple, que le massacre des Vêpres siciliennes est arrivé le lendemain de Pâques de l'an 1282; on voit, par la table ci-après, qu'en cette année le calendrier n° 8 était suivi; on reconnaît que cette fête était célébrée le 29 mars, et on en conclut que l'évènement est arrivé le lundi 30 mars.

Les trente-cinq calendriers qui suivent sont seuls possibles d'après les principes admis pour la formation; il ne s'agit, pour avoir celui d'une année quelconque, que de chercher dans la table ci-après, quel est le numéro qui convient à cette année. On y trouve en outre l'épacte et la lettre dominicale. On est donc dispensé du soin de se procurer, chaque année, un nouvel almanach, puisqu'on le trouve, sur-le-champ, sans aucune peine.

THÉORIE

DU CALENDRIER

ET

COLLECTION DE TOUS LES CALENDRIERS DES ANNÉES PASSÉES ET FUTURES.

PREMIÈRE PARTIE.

Pour trouver quel est des trente-cinq calendriers suivants celui d'une année proposée, cherchez dans la première colonne de la table suivante, le millésime de cette année, et le chiffre qui l'accompagne est le numéro du calendrier qui convient à cette année. La lettre *B* indique d'ailleurs si elle est *bissextile*, et si le mois de février doit avoir 29 jours.

Il faut surtout ne pas oublier que, *quand une année est bissextile, au lieu des mois de janvier et de février du n° indiqué*, on doit *prendre ces deux mois dans le n° suivant*, en ajoutant un 29e jour à février pour st Romain.

Exemple : quel est le calendrier de l'an 1846? La table indique le n° 22 près de 1846 : c'est donc le calendrier n° 22 qui est celui de cette année.

Le calendrier de l'an 1830 est le n° 16 : celui de l'an

1851 est le n° 3[illegible], et [illegible] si des autres années communes.

Quant aux années bissextiles, l'an 1844, par exemple, on a le n° 17 : mais il faudra prendre janvier et février dans le n° 18; l'année commence par lundi. Pour l'an 1852, il faut prendre le calendrier n° 21, mais avec janvier et février du n° 22.

Exposons maintenant les principes de formation de ces 35 calendriers.

Tous les noms des saints et ceux de la plupart des fêtes sont attachés à des dates fixes dans les douze mois; mais il y a plusieurs fêtes, que, pour cette raison, on appelle *mobiles*, qui changent de date chaque année. Nous donnerons, dans la seconde partie, les règles de la détermination des dates des fêtes mobiles : qu'il nous suffise de dire ici que leur place est déterminée par celle de la fête de Pâques. C'est ainsi que l'*Ascension*, par exemple, tombe toujours le 40e jour à compter de Pâques. Il ne s'agit par conséquent que d'assigner chaque année la date de cette dernière fête.

Nous réserverons pour la seconde partie l'exposition des procédés qui servent à déterminer la fête pascale : on verra que cette fête doit toujours tomber dans un intervalle de 35 jours depuis le 22 mars jusqu'au 25 avril, en sorte qu'il n'y a que 35 calendriers possibles, sauf à distinguer quel est celui qui convient à une année proposée, d'après la date que la fête de Pâques y occupe. Mais pour éviter cette recherche, qui n'est pas sans quelques difficultés, nous avons composé la table suivante qui, près du millésime de chaque année, porte le n° du calendrier demandé.

On trouvera donc ainsi les dates de Pâques et de toutes les fêtes mobiles dans toute année quelconque.

Réciproquement, on peut aussi trouver quelles sont les années où ces fêtes se rencontrent à des dates données, prises dans les limites qu'elles peuvent occuper. On demande, par exemple, quelle est la première année prochaine où Pâques tombera le 23 avril. Comme celui de nos 35 calendriers qui remplit cette condition porte ci-après le nº 33, en consultant la table, on voit que ce chiffre 33 répond à l'année 1848; cette année est la réponse à la question.

Pour faciliter la recherche de celui de nos calendriers où la fête pascale a une date donnée, on remarquera qu'il suit de l'ordre sous lequel ils sont disposés, que cette fête parcourt toutes les dates successives, depuis le 22 mars nº 1, jusqu'au 25 avril nº 35 : on peut donc dire que : *le nº d'un de nos calendriers est égal à sa date pascale en avril* + 10, *ou à cette date en mars* — 21.

On trouve que le chiffre 1 est près des années 72, 319, 509, etc.; ce sont celles où la fête pascale est arrivée le 22 mars, époque la plus précoce où elle puisse se rencontrer. A l'avenir, cette circonstance ne se remontrera plus que dans plusieurs siècles, puisqu'on ne trouve plus le nº 1 dans la table, au-delà de l'an 1818.

En 1886, 1943, 2038, etc., c'est le calendrier nº 35 qu'il faut prendre, et Pâques tombera le 25 avril, date la plus avancée que cette fête puisse prendre.

Ces 35 calendriers, les seuls qui soient possibles, sont classés dans la table suivante, selon les années successives, depuis la première de notre ère : quoique dans les premiers siècles, la semaine ne fût pas en usage, nous avons cru devoir ne pas supprimer les dénominations depuis longtemps en usage pour les jours des mois. Jusqu'à l'année 1582, qui est celle de la réforme du pape Grégoire XIII, ces calendriers sont ceux du style Julien, tels qu'on les suivait dans toute l'Europe. Mais depuis l'an 1582, tous nos calendriers sont grégoriens, tels que tous les chrétiens les emploient, excepté ceux qui suivent les rites de l'église grecque, lesquels continuent à se servir du calendrier Julien.

Mais ces derniers mêmes trouvent leur application dans notre table : en effet, nous expliquerons dans la seconde partie, comment il se fait que tous les 532 ans, les calendriers Juliens reviennent périodiquement dans le même ordre; en sorte que les années 1, 533, 1065, 1597, etc., ont le même calendrier. Il faut en dire autant des années 2, 534, 1066, 1598, etc.

Il en résulte que pour trouver le calendrier Julien d'une année quelconque, il faudra retrancher du millésime de cette année, ou 532, ou son double 1064, ou son triple, etc., de sorte que ce millésime soit devenu moindre que 1582 : le reste ainsi obtenu sera le millésime d'une année qui a le même calendrier, et dont notre table fera connaître le chiffre.

Ainsi, pour l'an 1842, ôtez 532; le reste, 1310, étant cherché dans la table suivante, on voit que l'an 1310 a le calendrier n° 29, qui par conséquent est le calendrier Julien de l'an 1842; tandis que nous nous servons du n° 6. Nous célébrons la fête de Pâques le 27 mars, et les Russes célèbrent cette fête le 16 avril de leur calendrier, qui commence 12 jours avant le nôtre : c'est à notre lundi 4 avril qu'est placée la fête pascale des chrétiens grecs.

La table suivante contient, outre les nos des calendriers propres à chaque année, la *lettre dominicale* et l'*épacte :* mais ces deux éléments, qu'on a coutume de marquer sur tous les almanachs, parce qu'ils servent à les composer, ainsi que nous le ferons voir plus loin, ne sont d'aucune utilité, quand on ne veut seulement que faire choix du calendrier qui convient à l'année. Nous remettons à exposer, dans la seconde partie, l'usage de ces éléments.

NUMÉROS des ans	CALENDRIERS	LETTRES dominicales	ÉPACTES	NUMÉROS des ans	CALENDRIERS	LETTRES dominicales	ÉPACTES
1	6	B	11	29	27	B	20
2	26	A	22	30	19	A	1
3	18	G	3	31	4	G	12
4 B	2	F E	14	32 B	23	F E	23
5	22	D	25	33	15	D	4
6	14	C	6	34	7	C	15
7	34	B	17	35	20	B	26
8 B	18	A G	28	36 B	11	A G	7
9	10	F	9	37	31	F	18
10	30	E	20	38	16	E	29
11	15	D	1	39	8	D	11
12 B	6	C B	12	40 B	27	C B	22
13	26	A	23	41	19	A	3
14	18	G	4	42	4	G	14
15	3	F	15	43	24	F	25
16 B	22	E D	26	44 B	15	E D	6
17	14	C	7	45	35	C	17
18	34	B	18	46	20	B	28
19	19	A	29	47	12	A	9
20 B	10	G F	11	48 B	31	G F	20
21	30	E	22	49	16	E	1
22	15	D	3	50	8	D	12
23	7	C	14	51	28	C	23
24 B	26	B A	25	52 B	12	B A	4
25	11	G	6	53	4	G	15
26	31	F	17	54	24	F	26
27	23	E	28	55	9	E	7
28 B	7	D C	9	56 B	28	D C	18

NUMÉROS des CALENDRIERS.		LETTRES dominicales.	ÉPACTES.	NUMÉROS des CALENDRIERS.		LETTRES dominicales.	ÉPACTES.
ans.				ans.			
57	20	B	29	85	13	B	9
58	5	A	11	86	26	A	20
59	25	G	22	87	18	G	1
60 B	16	F E	3	88 B	9	F E	12
61	8	D	14	89	29	D	23
62	21	C	25	90	14	C	4
63	13	B	6	91	6	B	15
64 B	32	A G	17	92 B	25	A G	26
65	24	F	28	93	10	F	7
66	9	E	9	94	30	E	18
67	29	D	20	95	22	D	29
68 B	20	C B	1	96 B	6	C B	11
69	5	A	12	97	26	A	22
70	25	G	23	98	18	G	3
71	17	F	4	99	3	F	14
72 B	1	E D	15	100 B	22	E D	25
73	21	C	26	101	14	C	6
74	13	B	7	102	34	B	17
75	33	A	18	103	19	A	28
76 B	17	G F	29	104 B	10	G F	9
77	9	E	11	105	30	E	20
78	29	D	22	106	15	D	1
79	14	C	3	107	7	C	12
80 B	5	B A	14	108 B	26	B A	23
81	25	G	25	109	18	G	4
82	10	F	6	110	3	F	15
83	30	E	17	111	23	E	26
84 B	21	D C	28	112 B	14	D C	7

NUMÉROS	des CALENDRIERS.	LETTRES dominicales.	ÉPACTES.	NUMÉROS	des CALENDRIERS.	LETTRES dominicales.	ÉPACTES.
ans.				ans.			
113	34	B	18	141	20	B	28
114	19	A	29	142	12	A	9
115	11	G	11	143	32	G	20
116 B	30	F E	22	144 B	16	F E	1
117	15	D	3	145	8	D	12
118	7	C	14	146	28	C	23
119	27	B	25	147	13	B	4
120 B	11	A G	6	148 B	4	A G	15
121	31	F	17	149	24	F	26
122	23	E	28	150	9	E	7
123	8	D	9	151	29	D	18
124 B	27	C B	20	152 B	20	C B	29
125	19	A	1	153	5	A	11
126	4	G	12	154	23	G	22
127	24	F	23	155	17	F	3
128 B	13	E D	4	156 B	8	E D	14
129	7	C	15	157	21	C	25
130	20	B	26	158	13	B	6
131	12	A	7	159	33	A	17
132 B	31	G F	18	160 B	24	G F	28
133	16	E	29	161	9	E	9
134	8	D	11	162	29	D	20
135	28	C	22	163	21	C	1
136 B	19	B A	3	164 B	3	B A	12
137	4	G	14	165	23	G	23
138	24	F	25	166	17	F	4
139	16	E	6	167	2	E	15
140 B	35	D C	17	168 B	21	D C	26

NUMÉROS des CALENDRIERS.		LETTRES dominicales.	ÉPACTES.	NUMÉROS des CALENDRIERS.		LETTRES dominicales.	ÉPACTES.
ans.				ans.			
169	13	B	7	197	34	B	17
170	33	A	18	198	19	A	28
171	18	G	29	199	11	G	9
172 B	9	F E	11	200 B	30	F E	20
173	29	D	22	201	15	D	1
174	14	C	3	202	7	C	12
175	6	B	14	203	27	B	23
176 B	23	A G	25	204 B	18	A G	4
177	10	F	6	205	3	F	15
178	30	E	17	206	23	E	26
179	22	D	28	207	15	D	7
180 B	13	C B	9	208 B	34	C B	18
181	26	A	20	209	19	A	29
182	18	G	1	210	11	G	11
183	10	F	12	211	24	F	22
184 B	29	E D	23	212 B	15	E D	3
185	14	C	4	213	7	C	14
186	6	B	15	214	27	B	25
187	26	A	26	215	12	A	6
188 B	10	G F	7	216 B	31	G F	17
189	30	E	18	217	23	E	28
190	22	D	29	218	8	D	9
191	7	C	11	219	28	C	20
192 B	26	B A	22	220 B	19	B A	1
193	18	G	3	221	4	G	12
194	3	F	14	222	24	F	23
195	23	E	25	223	16	E	4
196 B	14	D C	6	224 B	7	D C	15

NUMÉROS des	CALENDRIERS.	LETTRES dominicales.	ÉPACTES.	NUMÉROS des	CALENDRIERS.	LETTRES dominicales.	ÉPACTES.
ans.				ans.			
225	20	B	26	253	13	B	6
226	12	A	7	254	33	A	17
227	32	G	18	255	18	G	28
228 B	16	F E	29	256 B	9	F E	9
229	8	D	11	257	29	D	20
230	28	C	22	258	21	C	1
231	13	B	3	259	6	B	12
232 B	4	A G	14	260 B	23	A G	23
233	24	F	25	261	17	F	4
234	16	E	6	262	2	E	15
235	29	D	17	263	22	D	26
236 B	20	C B	28	264 B	13	C B	7
237	12	A	9	265	33	A	18
238	32	G	20	266	18	G	29
239	17	F	1	267	10	F	11
240 B	8	E D	12	268 B	29	E D	22
241	28	C	23	269	14	C	3
242	13	B	4	270	6	B	14
243	3	A	15	271	26	A	25
244 B	24	G F	26	272 B	10	G F	6
245	9	E	7	273	30	E	17
246	29	D	18	274	22	D	28
247	21	C	29	275	7	C	9
248 B	5	B A	11	276 B	26	B A	20
249	23	G	22	277	18	G	1
250	17	F	3	278	10	F	12
251	2	E	14	279	23	E	23
252 B	21	D C	25	280 B	14	D C	4

ans.	NUMÉROS des CALENDRIERS.	LETTRES dominicales.	ÉPACTES.	ans.	NUMÉROS des CALENDRIERS.	LETTRES dominicales.	ÉPACTES.
281	6	B	15	309	27	B	25
282	26	A	26	310	12	A	6
283	11	G	7	311	32	G	17
284 B	30	F E	18	312 B	23	F E	28
285	22	D	29	313	8	D	9
286	7	C	11	314	28	C	20
287	27	B	22	315	20	B	1
288 B	18	A G	3	316 B	4	A G	12
289	3	F	14	317	24	F	23
290	23	E	25	318	16	E	4
291	15	D	6	319	1	D	15
292 B	34	C B	17	320 B	20	C B	26
293	19	A	28	321	12	A	7
294	11	G	9	322	32	G	18
295	31	F	20	323	17	F	29
296 B	15	E D	1	324 B	8	E D	11
297	7	C	12	325	28	C	22
298	27	B	23	326	13	B	3
299	12	A	4	327	5	A	14
300 B	3	G F	15	328 B	24	G F	25
301	23	E	26	329	16	E	6
302	15	D	7	330	29	D	17
303	28	C	18	331	21	C	28
304 B	19	B A	29	332 B	12	B A	9
305	11	G	11	333	32	G	20
306	24	F	22	334	17	F	1
307	16	E	3	335	9	E	12
308 B	7	D C	14	336 B	28	D C	23

NUMÉROS des CALENDRIERS.		LETTRES dominicales.	ÉPACTES.	NUMÉROS des CALENDRIERS.		LETTRES dominicales.	ÉPACTES.
ans.				ans.			
337	13	B	4	365	6	B	14
338	5	A	15	366	26	A	25
339	25	G	26	367	11	G	6
340 B	9	F E	7	368 B	30	F E	17
341	29	D	18	369	22	D	28
342	21	C	29	370	7	C	9
343	6	B	11	371	27	B	20
344 B	25	A G	22	372 B	18	A G	1
345	17	F	3	373	10	F	12
346	2	E	14	374	23	E	23
347	22	D	25	375	15	D	4
348 B	13	C B	6	376 B	6	C B	15
349	33	A	17	377	26	A	26
350	18	G	28	378	11	G	7
351	10	F	9	379	31	F	18
352 B	29	E D	20	380 B	22	E D	29
353	21	C	1	381	7	C	11
354	6	B	12	382	27	B	22
355	26	A	23	383	19	A	3
356 B	17	G F	4	384 B	3	G F	14
357	2	E	15	385	25	E	25
358	22	D	26	386	15	D	6
359	14	C	7	387	33	C	17
360 B	33	B A	18	388 B	19	B A	28
361	18	G	29	389	11	G	9
362	10	F	11	390	31	F	20
363	30	E	22	391	16	E	1
364 B	14	D C	3	392 B	7	D C	12

NUMÉROS des CALENDRIERS.		LETTRES dominicales.	ÉPACTES.	NUMÉROS des CALENDRIERS.		LETTRES dominicales.	ÉPACTES.
ans.				ans.			
393	27	B	23	421	13	B	3
394	12	A	4	422	5	A	14
395	4	G	15	423	23	G	25
396 B	23	F E	26	424 B	16	F E	6
397	15	D	7	425	29	D	17
398	28	C	18	426	21	C	28
399	20	B	29	427	13	B	9
400 B	11	A G	11	428 B	32	A G	20
401	24	F	22	429	17	F	1
402	16	E	3	430	9	E	12
403	8	D	14	431	29	D	23
404 B	27	C B	25	432 B	13	C B	4
405	12	A	6	433	5	A	15
406	32	G	17	434	25	G	26
407	24	F	28	435	10	F	7
408 B	8	E D	9	436 B	29	E D	18
409	28	C	20	437	21	C	29
410	20	B	1	438	6	B	11
411	5	A	12	439	26	A	22
412 B	24	G F	23	440 B	17	G F	3
413	16	E	4	441	2	E	14
414	1	D	15	442	22	D	25
415	21	C	26	443	14	C	6
416 B	12	B A	7	444 B	33	B A	17
417	32	G	18	445	18	G	28
418	17	F	29	446	10	F	9
419	9	E	11	447	30	E	20
420 B	28	D C	22	448 B	21	D C	1

NUMÉROS des CALENDRIERS.		LETTRES dominicales.	ÉPACTES.	NUMÉROS des CALENDRIERS.		LETTRES dominicales.	ÉPACTES.
ans.				ans.			
449	6	B	12	477	27	B	22
450	26	A	23	478	19	A	3
451	18	G	4	479	4	G	14
452 B	2	F E	15	480 B	23	F E	25
453	22	D	26	481	15	D	6
454	14	C	7	482	33	C	17
455	34	B	18	483	20	B	28
456 B	18	A G	29	484 B	11	A G	9
457	10	F	11	485	31	F	20
458	30	E	22	486	16	E	1
459	15	D	3	487	8	D	12
460 B	6	C B	14	488 B	27	C B	23
461	26	A	25	489	12	A	4
462	11	G	6	490	4	G	15
463	31	F	17	491	24	F	26
464 B	22	E D	28	492 B	15	E D	7
465	7	C	9	493	28	C	18
466	27	B	20	494	20	B	29
467	19	A	1	495	5	A	11
468 B	10	G F	12	496 B	24	G F	22
469	23	E	23	497	16	E	3
470	13	D	4	498	8	D	14
471	7	C	15	499	21	C	25
472 B	26	B A	26	500 B	12	B A	6
473	11	G	7	501	32	G	17
474	31	F	18	502	24	F	28
475	16	E	29	503	9	E	9
476 B	7	D C	11	504 B	28	D C	20

NUMÉROS des CALENDRIERS.		LETTRES dominicales.	ÉPACTES.	NUMÉROS des CALENDRIERS.		LETTRES dominicales.	ÉPACTES.
ans.				ans.			
505	20	B	1	533	6	B	11
506	5	A	12	534	26	A	22
507	25	G	23	535	18	G	3
508 B	16	F E	4	536 B	2	F E	14
509	1	D	15	537	22	D	25
510	21	C	26	538	14	C	6
511	13	B	7	539	34	B	17
512 B	32	A G	18	540 B	18	A G	28
513	17	F	29	541	10	F	9
514	9	E	11	542	30	E	20
515	29	D	22	543	15	D	1
516 B	13	C B	3	544 B	6	C B	12
517	5	A	14	545	26	A	23
518	25	G	25	546	18	G	4
519	10	F	6	547	3	F	15
520 B	29	E D	17	548 B	22	E D	26
521	21	C	28	549	14	C	7
522	13	B	9	550	34	B	18
523	26	A	20	551	19	A	29
524 B	17	G F	1	552 B	10	G F	11
525	9	E	12	553	30	E	22
526	29	D	23	554	15	D	3
527	14	C	4	555	7	C	14
528 B	5	B A	15	556 B	26	B A	25
529	25	G	26	557	11	G	6
530	10	F	7	558	31	F	17
531	30	E	18	559	23	E	28
532 B	21	D C	29	560 B	7	D C	9

NUMÉROS (ans)	des CALENDRIERS.	LETTRES dominicales.	ÉPACTES.	NUMÉROS (ans)	des CALENDRIERS.	LETTRES dominicales.	ÉPACTES.
561	27	B	20	589	20	B	29
562	19	A	1	590	5	A	11
563	4	G	12	591	25	G	22
564 B	23	F E	23	592 B	16	F E	3
565	15	D	4	593	8	D	14
566	7	C	15	594	21	C	25
567	20	B	26	595	13	B	6
568 B	11	A G	7	596 B	32	A G	17
569	31	F	18	597	24	F	28
570	16	E	29	598	9	E	9
571	8	D	11	599	29	D	20
572 B	27	C B	22	600 B	20	C B	1
573	19	A	3	601	5	A	12
574	4	G	14	602	25	G	23
575	24	F	25	603	17	F	4
576 B	13	E D	6	604 B	1	E D	15
577	33	C	17	605	21	C	26
578	20	B	28	606	13	B	7
579	12	A	9	607	33	A	18
580 B	31	G F	20	608 B	17	G F	29
581	16	E	1	609	9	E	11
582	8	D	12	610	29	D	22
583	28	C	23	611	14	C	3
584 B	12	B A	4	612 B	5	B A	14
585	4	G	15	613	25	G	25
586	24	F	26	614	10	F	6
587	9	E	7	615	30	E	17
588 B	28	D C	18	616 B	21	D C	28

NUMÉROS des CALENDRIERS.		LETTRES dominicales.	ÉPACTES.	NUMÉROS des CALENDRIERS.		LETTRES dominicales.	ÉPACTES.
ans.				ans.			
617	13	B	9	645	34	B	18
618	26	A	20	646	19	A	29
619	18	G	1	647	11	G	11
620 B	9	F E	12	648 B	30	F E	22
621	29	D	23	649	13	D	3
622	14	C	4	650	7	C	14
623	6	B	15	651	27	B	25
624 B	23	A G	26	652 B	11	A G	6
625	10	F	7	653	31	F	17
626	30	E	18	654	23	E	28
627	22	D	29	655	8	D	9
628 B	6	C B	11	656 B	27	C B	20
629	26	A	22	657	19	A	1
630	18	G	3	658	4	G	12
631	3	F	14	659	24	F	23
632 B	22	E D	25	660 B	13	E D	4
633	14	C	6	661	7	C	15
634	34	B	17	662	20	B	26
635	19	A	28	663	12	A	7
636 B	10	G F	9	664 B	31	G F	18
637	30	E	20	665	16	E	29
638	15	D	1	666	8	D	11
639	7	C	12	667	28	C	22
640 B	26	B A	23	668 B	19	B A	3
641	18	G	4	669	4	G	14
642	3	F	15	670	24	F	25
643	23	E	26	671	16	E	6
644 B	14	D C	7	672 B	35	D C	17

NUMÉROS des CALENDRIERS.		LETTRES dominicales.	ÉPACTES.	NUMÉROS des CALENDRIERS.		LETTRES dominicales.	ÉPACTES.
ans.				ans.			
673	20	B	28	701	13	B	7
674	12	A	9	702	33	A	18
675	32	G	20	703	18	G	29
676 B	16	F E	1	704 B	9	F E	11
677	8	D	12	705	29	D	22
678	28	C	23	706	14	C	3
679	13	B	4	707	6	B	14
680 B	4	A G	15	708 B	25	A G	25
681	24	F	26	709	10	F	6
682	9	E	7	710	30	E	17
683	29	D	18	711	22	D	28
684 B	20	C B	29	712 B	13	C B	9
685	5	A	11	713	26	A	20
686	25	G	22	714	18	G	1
687	17	F	3	715	10	F	12
688 B	8	E D	14	716 B	29	E D	23
689	21	C	25	717	14	C	4
690	13	B	6	718	6	B	15
691	33	A	17	719	26	A	26
692 B	24	G F	28	720 B	10	G F	7
693	9	E	9	721	30	E	18
694	29	D	20	722	22	D	29
695	21	C	1	723	7	C	11
696 B	5	B A	12	724 B	26	B A	22
697	23	G	23	725	18	G	3
698	17	F	4	726	3	F	14
699	2	E	15	727	23	E	25
700 B	21	D C	26	728 B	14	D C	6

NUMÉROS des CALENDRIERS.		LETTRES dominicales.	ÉPACTES.	NUMÉROS des CALENDRIERS.		LETTRES dominicales.	ÉPACTES.
ans.				ans.			
729	34	B	17	757	20	B	26
730	19	A	28	758	12	A	7
731	11	G	9	759	32	G	18
732 B	30	F E	20	760 B	16	F E	29
733	15	D	1	761	8	D	11
734	7	C	12	762	28	C	22
735	27	B	23	763	13	B	3
736 B	18	A G	4	764 B	4	A G	14
737	3	F	15	765	24	F	25
738	23	E	26	766	16	E	6
739	15	D	7	767	29	D	17
740 B	34	C B	18	768 B	20	C B	28
741	19	A	29	769	12	A	9
742	11	G	11	770	32	G	20
743	24	F	22	771	17	F	1
744 B	15	E D	3	772 B	8	E D	12
745	7	C	14	773	28	C	23
746	27	B	25	774	13	B	4
747	12	A	6	775	5	A	15
748 B	31	G F	17	776 B	24	G F	26
749	23	E	28	777	9	E	7
750	8	D	9	778	29	D	18
751	28	C	20	779	21	C	29
752 B	19	B A	1	780 B	5	B A	11
753	4	G	12	781	25	G	22
754	24	F	23	782	17	F	3
755	16	E	4	783	2	E	14
756 B	7	D C	15	784 B	21	D C	25

NUMÉROS.	des CALENDRIERS.	LETTRES dominicales.	ÉPACTES.	NUMÉROS	des CALENDRIERS.	LETTRES dominicales.	ÉPACTES.
ans.				ans.			
785	13	B	6	813	6	B	15
786	33	A	17	814	26	A	26
787	18	G	28	815	11	G	7
788 B	9	F E	9	816 B	30	F E	18
789	29	D	20	817	22	D	29
790	21	C	1	818	7	C	11
791	6	B	12	819	27	B	22
792 B	23	A G	23	820 B	18	A G	3
793	17	F	4	821	3	F	14
794	2	E	15	822	23	E	25
795	22	D	26	823	13	D	6
796 B	13	C B	7	824 B	34	C B	17
797	33	A	18	825	19	A	28
798	18	G	29	826	11	G	9
799	10	F	11	827	31	F	20
800 B	29	E D	22	828 B	13	E D	1
801	14	C	3	829	7	C	12
802	6	B	14	830	27	B	23
803	26	A	25	831	12	A	4
804 B	10	G F	6	832 B	3	G F	15
805	30	E	17	833	23	E	26
806	22	D	28	834	13	D	7
807	7	C	9	835	28	C	18
808 B	26	B A	20	836 B	19	B A	29
809	18	G	1	837	11	G	11
810	10	F	12	838	24	F	22
811	23	E	23	839	16	E	3
812 B	14	D C	4	840 B	7	D C	14

NUMÉROS des CALENDRIERS.		LETTRES dominicales.	ÉPACTES.	NUMÉROS des CALENDRIERS.		LETTRES dominicales.	ÉPACTES.
ans.				ans.			
841	27	B	25	869	13	B	4
842	12	A	6	870	5	A	15
843	32	G	17	871	25	G	26
844 B	23	F E	28	872 B	9	F E	7
845	8	D	9	873	29	D	18
846	28	C	20	874	21	C	29
847	20	B	1	875	6	B	11
848 B	4	A G	12	876 B	25	A G	22
849	24	F	23	877	17	F	3
850	16	E	4	878	2	E	14
851	1	D	15	879	22	D	25
852 B	20	C B	26	880 B	13	C B	6
853	12	A	7	881	33	A	17
854	32	G	18	882	18	G	28
855	17	F	29	883	10	F	9
856 B	8	E D	11	884 B	29	E D	20
857	28	C	22	885	21	C	1
858	13	B	3	886	6	B	12
859	5	A	14	887	26	A	23
860 B	24	G F	25	888 B	17	G F	4
861	16	E	6	889	2	E	15
862	29	D	17	890	22	D	26
863	21	C	28	891	14	C	7
864 B	12	B A	9	892 B	33	B A	18
865	32	G	20	893	18	G	29
866	17	F	1	894	10	F	11
867	9	E	12	895	30	E	22
868 B	28	D C	23	896 B	14	D C	3

NUMÉROS des CALENDRIERS.		LETTRES dominicales	ÉPACTES.	NUMÉROS des CALENDRIERS.		LETTRES dominicales.	ÉPACTES.
ans.				ans.			
897	6	B	14	925	27	B	23
898	26	A	25	926	12	A	4
899	11	G	6	927	4	G	15
900 **B**	30	F E	17	928 **B**	23	F E	26
901	22	D	28	929	15	D	7
902	7	C	9	930	28	C	18
903	27	B	20	931	20	B	29
904 **B**	18	A G	1	932 **B**	11	A G	11
905	10	F	12	933	24	F	22
906	23	E	23	934	16	E	3
907	15	D	4	935	8	D	14
908 **B**	6	C B	15	936 **B**	27	C B	25
909	26	A	26	937	12	A	6
910	11	G	7	938	32	G	17
911	31	F	18	939	24	F	28
912 **B**	22	E D	29	940 **B**	8	E D	9
913	7	C	11	941	28	C	20
914	27	B	22	942	20	B	1
915	19	A	3	943	5	A	12
916 **B**	3	G F	14	944 **B**	24	G F	23
917	23	E	25	945	16	E	4
918	15	D	6	946	1	D	15
919	33	C	17	947	21	C	26
920 **B**	19	B A	28	948 **B**	12	B A	7
921	11	G	9	949	32	G	18
922	31	F	20	950	17	F	29
923	16	E	1	951	9	E	11
924 **B**	7	D C	12	952 **B**	28	D C	22

NUMÉROS des CALENDRIERS.		LETTRES dominicales.	ÉPACTES.
ans.			
953	13	B	3
954	5	A	14
955	23	G	25
956 B	16	F E	6
957	29	D	17
958	21	C	28
959	13	B	9
960 B	32	A G	20
961	17	F	1
962	9	E	12
963	29	D	23
964 B	13	C B	4
965	5	A	15
966	25	G	26
967	10	F	7
968 B	29	E D	18
969	21	C	29
970	6	B	11
971	26	A	22
972 B	17	G F	3
973	2	E	14
974	22	D	25
975	14	C	6
976 B	33	B A	17
977	18	G	28
978	10	F	9
979	30	E	20
980 B	21	D C	1

NUMÉROS des CALENDRIERS.		LETTRES dominicales.	ÉPACTES.
ans.			
981	6	B	12
982	26	A	23
983	18	G	4
984 B	2	F E	15
985	22	D	26
986	14	C	7
987	34	B	18
988 B	18	A G	29
989	10	F	11
990	30	E	22
991	13	D	3
992 B	6	C B	14
993	26	A	25
994	11	G	6
995	31	F	17
996 B	22	E D	28
997	7	C	9
998	27	B	20
999	19	A	1
1000 B	10	G F	12
1001	23	E	23
02	15	D	4
03	7	C	15
04 B	26	B A	26
1005	11	G	7
06	31	F	18
07	16	E	29
08 B	7	D C	11

NUMÉROS	des CALENDRIERS.	LETTRES dominicales.	ÉPACTES.	NUMÉROS	des CALENDRIERS.	LETTRES dominicales.	ÉPACTES.
ans.				ans.			
1009	27	B	22	1037	29	B	1
10	19	A	3	38	5	A	12
11	4	G	14	39	23	G	23
12 **B**	23	F E	25	40 **B**	16	F E	4
1013	13	D	6	1041	1	D	15
14	33	C	17	42	21	C	26
15	20	B	28	43	13	B	7
16 **B**	11	A G	9	44 **B**	32	A G	18
1017	31	F	20	1045	17	F	29
18	16	E	1	46	9	E	11
19	8	D	12	47	29	D	22
20 **B**	27	C B	23	48 **B**	13	C B	3
1021	12	A	4	1049	5	A	14
22	4	G	15	50	25	G	25
23	24	F	26	51	10	F	6
24 **B**	15	E D	7	52 **B**	29	E D	17
1025	28	C	18	1053	21	C	28
26	20	B	29	54	13	B	9
27	5	A	11	55	26	A	20
28 **B**	24	G F	22	56 **B**	17	G F	1
1029	16	E	3	1057	9	E	12
30	8	D	14	58	29	D	23
31	21	C	25	59	14	C	4
32 **B**	12	B A	6	60 **B**	5	B A	15
1033	32	G	17	1061	23	G	26
34	24	F	28	62	10	F	7
35	9	E	9	63	30	E	18
36 **B**	28	D C	20	64 **B**	21	D C	29

NUMÉROS des CALENDRIERS.		LETTRES dominicales.	ÉPACTES.	NUMÉROS des CALENDRIERS.		LETTRES dominicales.	ÉPACTES.
ans.				ans.			
1065	6	B	11	1093	27	B	20
66	26	A	22	94	19	A	1
67	18	G	3	95	4	G	12
68 B	2	F E	14	96 B	23	F E	23
1069	22	D	25	1097	15	D	4
70	14	C	6	98	7	C	15
71	34	B	17	99	20	B	26
72 B	18	A G	28	1100 B	11	A G	7
1073	10	F	9	1101	31	F	18
74	30	E	20	02	16	E	29
75	15	D	1	03	8	D	11
76 B	6	C B	12	04 B	27	C B	22
1077	26	A	23	1105	19	A	3
78	18	G	4	06	4	G	14
79	3	F	15	07	24	F	25
80 B	22	E D	26	08 B	15	E D	6
1081	14	C	7	1109	35	C	17
82	34	B	18	10	20	B	28
83	19	A	29	11	12	A	9
84 B	10	G F	11	12 B	31	G F	20
1085	30	E	22	1113	16	E	1
86	15	D	3	14	8	D	12
87	7	C	14	15	28	C	23
88 B	26	B A	25	16 B	12	B A	4
1089	11	G	6	1117	4	G	15
90	31	F	17	18	24	F	26
91	23	E	28	19	9	E	7
92 B	7	D C	9	20 B	28	D C	18

NUMÉROS des CALENDRIERS.		LETTRES dominicales.	ÉPACTES.	NUMÉROS des CALENDRIERS.		LETTRES dominicales.	ÉPACTES.
ans.				ans.			
1121	20	B	29	1149	13	B	9
22	5	A	11	50	26	A	20
23	23	G	22	51	18	G	1
24 B	16	F E	3	52 B	9	F E	12
1125	8	D	14	1153	29	D	23
26	21	C	25	54	11	C	4
27	13	B	6	55	6	B	15
28 B	32	A G	17	56 B	23	A G	26
1129	24	F	28	1157	10	F	7
30	9	E	9	58	30	E	18
31	29	D	20	59	22	D	29
32 B	20	C B	1	60 B	6	C B	11
1133	5	A	12	1161	26	A	22
34	25	G	23	62	18	G	3
35	17	F	4	63	3	F	14
36 B	1	E D	15	64 B	22	E D	25
1137	21	C	26	1165	14	C	6
38	13	B	7	66	34	B	17
39	33	A	18	67	19	A	28
40 B	17	G F	29	68 B	10	G F	9
1141	9	E	11	1169	30	E	20
42	29	D	22	70	13	D	1
43	14	C	3	71	7	C	12
44 B	5	B A	14	72 B	26	B A	23
1145	23	G	25	1173	18	G	4
46	10	F	6	74	3	F	15
47	30	E	17	75	23	E	26
48 B	21	D C	28	76 B	14	D C	7

NUMÉROS des CALENDRIERS.		LETTRES dominicales.	ÉPACTES.	NUMÉROS des CALENDRIERS.		LETTRES dominicales.	ÉPACTES.
ans.				ans.			
1177	34	B	18	1205	20	B	28
78	19	A	29	06	12	A	9
79	11	G	11	07	32	G	20
80 B	30	F E	22	08 B	16	F E	1
1181	15	D	3	1209	8	D	12
82	7	C	14	10	28	C	23
83	27	B	25	11	13	B	4
84 B	11	A G	6	12 B	4	A G	15
1185	31	F	17	1213	24	F	26
86	23	E	28	14	9	E	7
87	8	D	9	15	29	D	18
88 B	27	C B	20	16 B	20	C B	29
1189	19	A	1	1217	5	A	11
90	4	G	12	18	25	G	22
91	24	F	23	19	17	F	3
92 B	15	E D	4	20 B	8	E D	14
1193	7	C	15	1221	21	C	25
94	20	B	26	22	13	B	6
95	12	A	7	23	33	A	17
96 B	31	G F	18	24 B	24	G F	28
1197	16	E	29	1225	9	E	9
98	8	D	11	26	29	D	20
99	28	C	22	27	21	C	1
1200 B	19	B A	3	28 B	5	B A	12
1201	4	G	14	1229	23	G	23
02	24	F	25	30	17	F	4
03	16	E	6	31	2	E	15
04 B	33	D C	17	32 B	21	D C	26

NUMÉROS des CALENDRIERS.		LETTRES dominicales.	ÉPACTES.	NUMÉROS des CALENDRIERS.		LETTRES dominicales.	ÉPACTES.
ans.				ans.			
1233	13	B	7	1261	34	B	17
34	33	A	18	62	19	A	28
35	18	G	29	63	11	G	9
36 B	9	F E	11	64 B	30	F E	20
1237	29	D	22	1265	15	D	1
38	14	C	3	66	7	C	12
39	6	B	14	67	27	B	23
40 B	25	A G	25	68 B	18	A G	4
1241	10	F	6	1269	3	F	15
42	30	E	17	70	23	E	26
43	22	D	28	71	15	D	7
44 B	13	C B	9	72 B	34	C B	18
1245	26	A	20	1273	19	A	29
46	18	G	1	74	11	G	11
47	10	F	12	75	24	F	22
48 B	29	E D	23	76 B	15	E D	3
1249	14	C	4	1277	7	C	14
50	6	B	15	78	27	B	25
51	26	A	26	79	12	A	6
52 B	10	G F	7	80 B	31	G F	17
1253	30	E	18	1281	23	E	28
54	22	D	29	82	8	D	9
55	7	C	11	83	28	C	20
56 B	26	B A	22	84 B	19	B A	1
1257	18	G	3	1285	4	G	12
58	3	F	14	86	24	F	23
59	23	E	25	87	16	E	4
60 B	14	D C	6	88 B	7	D C	15

NUMÉROS des CALENDRIERS.		LETTRES dominicales.	ÉPACTES.	NUMÉROS des CALENDRIERS.		LETTRES dominicales.	ÉPACTES.
ans.				ans.			
1289	20	B	26	1317	13	B	6
90	12	A	7	18	33	A	17
91	32	G	18	19	18	G	28
92 B	16	F E	29	20 B	9	F E	9
1293	8	D	11	1321	29	D	20
94	28	C	22	22	21	C	1
95	13	B	3	23	6	B	12
96 B	4	A G	14	24 B	23	A G	23
1297	24	F	25	1325	17	F	4
98	16	E	6	26	2	E	15
99	29	D	17	27	22	D	26
1300 B	20	C B	28	28 B	13	C B	7
1301	12	A	9	1329	33	A	18
02	32	G	20	30	18	G	29
03	17	F	1	31	10	F	11
04 B	8	E D	12	32 B	29	E D	22
1305	28	C	23	1333	14	C	3
06	13	B	4	34	6	B	14
07	5	A	15	35	26	A	25
08 B	24	G F	26	36 B	10	G F	6
1309	9	E	7	1337	30	E	17
10	29	D	18	38	22	D	28
11	21	C	29	39	7	C	9
12 B	5	B A	11	40 B	26	B A	20
1313	23	G	22	1341	18	G	1
14	17	F	3	42	10	F	12
15	2	E	14	43	23	E	23
16 B	21	D C	25	44 B	14	D C	4

NUMÉROS	des CALENDRIERS.	LETTRES dominicales.	ÉPACTES.	NUMÉROS	des CALENDRIERS.	LETTRES dominicales.	ÉPACTES.
ans.				ans.			
1345	6	B	15	1373	27	B	25
46	26	A	26	74	12	A	6
47	11	G	7	75	32	G	17
48 B	30	F E	18	76 B	23	F E	28
1349	22	D	29	1377	8	D	9
50	7	C	11	78	28	C	20
51	27	B	22	79	20	B	1
52 B	18	A G	3	80 B	4	A G	12
1353	3	F	14	1381	24	F	23
54	23	E	25	82	16	E	4
55	15	D	6	83	1	D	15
56 B	34	C B	17	84 B	20	C B	26
1357	19	A	28	1385	12	A	7
58	11	G	9	86	32	G	18
59	31	F	20	87	17	F	29
60 B	15	E D	1	88 B	8	E D	11
1361	7	C	12	1389	28	C	22
62	27	B	23	90	13	B	3
63	12	A	4	91	5	A	14
64 B	3	G F	15	92 B	24	G F	25
1365	23	E	26	1393	16	E	6
66	15	D	7	94	29	D	17
67	28	C	18	95	21	C	28
68 B	19	B A	29	96 B	12	B A	9
1369	11	G	11	1397	32	G	20
70	24	F	22	98	17	F	1
71	16	E	3	99	9	E	12
72 B	7	D C	14	1400 B	28	D C	23

NUMÉROS des CALENDRIERS.		LETTRES dominicales.	ÉPACTES.	NUMÉROS DES CALENDRIERS.		LETTRES dominicales.	ÉPACTES.
ans.				ans.			
1401	13	B	4	1429	6	B	14
02	5	A	15	30	26	A	25
03	25	G	26	31	11	G	6
04 B	9	F E	7	32 B	30	F E	17
1405	29	D	18	1433	22	D	28
06	21	C	29	34	7	C	9
07	6	B	11	35	27	B	20
08 B	25	A G	22	36 B	18	A G	1
1409	17	F	3	1437	10	F	12
10	2	E	14	38	23	E	23
11	22	D	25	39	15	D	[illegible]
12 B	13	C B	6	40 B	6	C B	15
1413	33	A	17	1441	26	A	26
14	18	G	28	42	11	G	7
15	10	F	9	43	31	F	18
16 B	29	E D	20	44 B	22	E D	29
1417	21	C	1	1445	7	C	11
18	6	B	12	46	27	B	22
19	26	A	23	47	19	A	3
20 B	17	G F	4	48 B	3	G F	14
1421	2	E	15	1449	23	E	25
22	22	D	26	50	15	D	6
23	14	C	7	51	35	C	17
24 B	33	B A	18	52 B	19	B A	28
1425	18	G	29	1453	11	G	9
26	10	F	11	54	31	F	20
27	30	E	22	55	16	E	1
28 B	14	D C	3	56 B	7	D C	12

NUMÉROS DES	CALENDRIERS.	LETTRES dominicales.	ÉPACTES.	NUMÉROS des	CALENDRIERS.	LETTRES dominicales.	ÉPACTES.
ans.				ans.			
1457	27	B	23	1485	13	B	3
58	12	A	4	86	5	A	14
59	4	G	15	87	25	G	25
60 **B**	23	F E	26	88 **B**	16	F E	6
1461	15	D	7	1489	29	D	17
62	28	C	18	90	21	C	28
63	20	B	29	91	13	B	9
64 **B**	11	A G	11	92 **B**	32	A G	20
1465	24	F	22	1493	17	F	1
66	16	E	3	94	9	E	12
67	8	D	14	95	29	D	23
68 **B**	27	C B	25	96 **B**	13	C B	4
1469	12	A	6	1497	5	A	15
70	32	G	17	98	25	G	26
71	24	F	28	99	10	F	7
72 **B**	8	E D	9	1500 **B**	29	E D	18
1473	28	C	20	1501	21	C	29
74	20	B	1	02	6	B	11
75	5	A	12	03	26	A	22
76 **B**	24	G F	23	04 **B**	17	G F	3
1477	16	E	4	1505	2	E	14
78	1	D	15	06	22	D	25
79	21	C	26	07	14	C	6
80 **B**	12	B A	7	08 **B**	33	B A	17
1481	32	G	18	1509	18	G	28
82	17	F	29	10	10	F	9
83	9	E	11	11	30	E	20
84 **B**	28	D C	22	12 **B**	21	D C	1

NUMÉROS des CALENDRIERS.		LETTRES dominicales.	ÉPACTES.	NUMÉROS des CALENDRIERS.		LETTRES dominicales.	ÉPACTES.
ans.				ans.			
1513	6	B	12	1541	27	B	22
14	26	A	23	42	19	A	3
15	18	G	4	43	4	G	14
16 B	2	FE	15	44 B	23	FE	25
1517	22	D	26	1545	15	D	6
18	14	C	7	46	35	C	17
19	34	B	18	47	20	B	28
20 B	18	AG	29	48 B	11	AG	9
1521	10	F	11	1549	31	F	20
22	30	E	22	50	16	E	1
23	15	D	3	51	8	D	12
24 B	6	CB	14	52 B	27	CB	23
1525	26	A	25	1553	12	A	4
26	11	G	6	54	4	G	15
27	31	F	17	55	24	F	26
28 B	22	ED	28	56 B	15	ED	7
1529	7	C	9	1557	28	C	18
30	27	B	20	58	20	B	29
31	19	A	1	59	5	A	11
32 B	10	GF	12	60 B	24	GF	22
1533	23	E	23	1561	16	E	3
34	15	D	4	62	8	D	14
35	7	C	15	63	21	C	25
36 B	26	BA	26	64 B	12	BA	6
1537	11	G	7	1565	32	G	17
38	31	F	18	66	24	F	28
39	16	E	29	67	9	E	9
40 B	7	DC	11	68 B	28	DC	20

NUMÉROS des CALENDRIERS.		LETTRES dominicales.	ÉPACTES.	NUMÉROS des CALENDRIERS.		LETTRES dominicales.	ÉPACTES.
ans.				ans.			
1569	20	B	1	1597	16	E	12
70	5	A	12	98	1	D	23
71	25	G	23	99	21	C	4
72 B	16	F E	4	1600 B	12	B A	15
1573	1	D	15	1601	32	G	26
74	21	C	26	02	17	F	7
75	13	B	7	03	9	E	18
76 B	32	A G	18	04 B	28	D C	29
1577	17	F	29	1605	20	B	10
78	9	E	11	06	5	A	21
79	29	D	22	07	25	G	2
80 B	13	C B	3	08 B	16	F E	13
1581	5	A	14	1609	29	D	24
82	25	G C	25	10	21	C	5
83	20	B	7	11	13	B	16
84 B	11	A G	18	12 B	32	A G	27
1585	31	F	29	1613	17	F	8
86	16	E	10	14	9	E	19
87	8	D	21	15	29	D	1
88 B	27	C B	2	16 B	13	C B	12
1589	12	A	13	1617	5	A	23
90	32	G	24	18	25	G	4
91	24	F	5	19	16	F	15
92 B	8	E D	16	20 B	29	E D	26
1593	28	C	27	1621	21	C	7
94	20	B	8	22	6	B	18
95	5	A	19	23	26	A	29
96 B	24	G F	1	24 B	17	G F	10

NUMÉROS des CALENDRIERS.		LETTRES dominicales.	ÉPACTES.	NUMÉROS des CALENDRIERS.		LETTRES dominicales.	ÉPACTES.
ans.				ans.			
1625	9	E	21	1653	23	E	1
26	22	D	2	54	15	D	12
27	14	C	13	55	7	C	23
28 B	33	BA	24	56 B	26	BA	4
1629	25	G	5	1657	11	G	15
30	10	F	16	58	31	F	26
31	30	E	27	59	23	E	7
32 B	21	DC	8	60 B	7	DC	18
1633	6	B	19	1661	27	B	29
34	26	A	1	62	19	A	10
35	18	G	12	63	4	G	21
36 B	2	FE	23	64 B	23	FE	2
1637	22	D	4	1665	15	D	13
38	14	C	15	66	35	C	24
39	34	B	26	67	20	B	5
40 B	18	AG	7	68 B	11	AG	16
1641	10	F	18	1669	31	F	27
42	30	E	29	70	16	E	8
43	15	D	10	71	8	D	19
44 B	6	CB	21	72 B	27	CB	1
1645	26	A	2	1673	12	A	12
46	11	G	13	74	4	G	23
47	31	F	24	75	24	F	4
48 B	22	ED	5	76 B	15	ED	15
1649	14	C	16	1677	28	C	26
50	27	B	27	78	20	B	7
51	19	A	8	79	12	A	18
52 B	10	GF	19	80 B	31	GF	29

NUMÉROS des CALENDRIERS.		LETTRES dominicales.	ÉPACTES.	NUMÉROS des CALENDRIERS.		LETTRES dominicales.	ÉPACTES.
ans.				ans.			
1681	16	E	10	1709	10	F	18
82	8	D	21	10	30	E	30
83	28	C	2	11	13	D	11
84 B	12	BA	13	12 B	6	CB	22
1685	32	G	24	1713	26	A	3
86	24	F	5	14	11	G	14
87	9	E	16	15	31	F	25
88 B	28	DC	27	16 B	22	ED	6
1689	20	B	8	1717	7	C	17
90	5	A	19	18	27	B	28
91	25	G	1	19	19	A	9
92 B	16	FE	12	20 B	10	GF	20
1693	1	D	23	1721	23	E	1
94	21	C	4	22	13	D	12
95	13	B	15	23	7	C	23
96 B	32	AG	26	24 B	26	BA	4
1697	17	F	7	1725	11	G	15
98	9	E	18	26	31	F	26
99	29	D	29	27	23	E	7
1700	21	C	9	28 B	7	DC	18
1701	6	B	20	1729	27	B	30
02	26	A	1	30	19	A	11
03	18	G	12	31	4	G	22
04 B	2	FE	23	32 B	23	FE	3
1705	22	D	4	1733	15	D	14
06	14	C	15	34	33	C	25
07	34	B	26	35	20	B	6
08 B	18	AG	7	36 B	11	AG	17

NUMÉROS des CALENDRIERS.		LETTRES dominicales.	ÉPACTES.	NUMÉROS des CALENDRIERS.		LETTRES dominicales.	ÉPACTES.
ans.				ans.			
1737	31	F	28	1765	17	F	7
38	16	E	9	66	9	E	18
39	8	D	20	67	29	D	30
40 B	27	C B	1	68 B	13	C B	11
1741	12	A	12	1769	5	A	22
42	4	G	23	70	25	G	3
43	24	F	4	71	10	F	14
44 B	13	E D	15	72 B	29	E D	25
1745	28	C	26	1773	21	C	6
46	20	B	7	74	13	B	17
47	12	A	18	75	26	A	28
48 B	24	G F	30	76 B	17	G F	9
1749	16	E	11	1777	9	E	20
50	8	D	22	78	29	D	1
51	21	C	3	79	14	C	12
52 B	12	B A	14	80 B	5	B A	23
1753	32	G	25	1781	25	G	4
54	24	F	6	82	10	F	15
55	9	E	17	83	30	E	26
56 B	28	D C	28	84 B	21	D C	7
1757	20	B	9	1785	6	B	18
58	5	A	20	86	26	A	30
59	25	G	1	87	18	G	11
60 B	16	F E	12	88 B	2	F E	22
1761	1	D	23	1789	22	D	3
62	21	C	4	90	14	C	14
63	13	B	15	91	34	B	25
64 B	32	A G	26	92 B	18	A G	6

NUMÉROS des CALENDRIERS.		LETTRES dominicales.	ÉPACTES.	NUMÉROS des CALENDRIERS.		LETTRES dominicales.	ÉPACTES.
ans.				ans			
1793	10	F	17	1821	32	G	26
94	30	E	28	22	17	F	7
95	15	D	9	23	9	E	18
96 B	6	C B	20	24 B	28	D C	30
1797	26	A	1	1825	13	B	11
98	18	G	12	26	5	A	22
99	3	F	23	27	25	G	3
1800	23	E	4	28 B	16	F E	14
1801	15	D	15	1829	29	D	25
02	28	C	26	30	21	C	6
03	20	B	7	31	13	B	17
04 B	11	A G	18	32 B	32	A G	28
1805	24	F	30	1833	17	F	9
06	16	E	11	34	9	E	20
07	8	D	22	35	29	D	1
08 B	27	C B	3	36 B	13	C B	12
1809	12	A	14	1837	5	A	23
10	32	G	25	38	25	G	4
11	24	F	6	39	10	F	15
12 B	8	E D	17	40 B	29	E D	26
1813	28	C	28	1841	21	C	7
14	20	B	9	42	6	B	18
15	5	A	20	43	26	A	30
16 B	24	G F	1	44 B	17	G F	11
1817	16	E	12	1845	2	E	22
18	1	D	23	46	22	D	3
19	21	C	4	47	14	C	14
20 B	12	B A	15	48 B	33	B A	25

NUMÉROS des CALENDRIERS.		LETTRES dominicales.	ÉPACTES.	NUMÉROS des CALENDRIERS.		LETTRES dominicales.	ÉPACTES.
ans.				ans.			
1849	18	G	6	1877	11	G	15
50	10	F	17	78	31	F	26
51	30	E	28	79	23	E	7
52 B	21	D C	9	80 B	7	D C	18
1853	6	B	20	1881	27	B	30
54	26	A	1	82	19	A	11
55	18	G	12	83	4	G	22
56 B	2	F E	23	84 B	23	F E	3
1857	22	D	4	1885	15	D	14
58	14	C	15	86	35	C	25
59	34	B	26	87	20	B	6
60 B	18	A G	7	88 B	11	A G	17
1861	10	F	18	1889	31	F	28
62	30	E	30	90	16	E	9
63	15	D	11	91	8	D	20
64 B	6	C B	22	92 B	27	C B	1
1865	26	A	3	1893	12	A	12
66	11	G	14	94	4	G	23
67	31	F	25	95	24	F	4
68 B	22	E D	6	96 B	15	E D	15
1869	7	C	17	1897	28	C	26
70	27	B	28	98	20	B	7
71	19	A	9	99	12	A	18
72 B	10	G F	20	1900	25	G	29
1873	23	E	1	1901	17	F	10
74	15	D	12	02	9	E	21
75	7	C	23	03	22	D	2
76 B	26	B A	4	04 B	13	C B	13

NUMÉROS des CALENDRIERS.		LETTRES dominicales.	ÉPACTES.	NUMÉROS DES CALENDRIERS.		LETTRES dominicales	ÉPACTES.
ans.				ans.			
1905	33	A	24	1933	26	A	3
06	25	G	5	34	11	G	14
07	10	F	16	35	31	F	25
08 B	29	E D	27	36 B	22	E D	6
1909	21	C	8	1937	7	C	17
10	6	B	19	38	27	B	29
11	26	A	30	39	19	A	10
12 B	17	G F	11	40 B	3	G F	21
1913	2	E	22	1941	23	E	2
14	22	D	3	42	15	D	13
15	14	C	14	43	35	C	24
16 B	33	B A	25	44 B	19	B A	5
1917	18	G	6	1945	11	G	16
18	10	F	17	46	31	F	27
19	30	E	29	47	16	E	8
20	14	D C	10	48 B	7	D C	19
1921	6	B	21	1949	27	B	30
22	26	A	2	50	19	A	11
23	11	G	13	51	4	G	22
24 B	30	F E	24	52 B	23	F E	3
1925	22	D	5	1953	15	D	14
26	14	C	16	54	28	C	25
27	27	B	27	55	20	B	6
28 B	18	A G	8	56 B	11	A G	17
1929	10	F	19	1957	31	F	29
30	30	E	30	58	16	E	10
31	15	D	11	59	8	D	21
32 B	6	C B	22	60 B	27	C B	2

ans	NUMÉROS des CALENDRIERS	LETTRES dominicales	ÉPACTES	ans	NUMÉROS des CALENDRIERS	LETTRES dominicales	ÉPACTES
1961	12	A	13	1989	3	A	22
62	32	G	24	90	25	G	3
63	24	F	5	91	10	F	14
64 B	8	E D	16	92 B	29	E D	25
1965	28	C	27	1993	21	C	6
66	20	B	8	94	13	B	17
67	5	A	19	95	26	A	29
68 B	24	G F	30	96 B	17	G F	10
1969	16	E	11	1997	9	E	21
70	8	D	22	98	22	D	2
71	21	C	3	99	14	C	13
72 B	12	B A	14	2000 B	33	B A	24
1973	32	G	25	2001	25	G	5
74	24	F	6	02	10	F	16
75	9	E	17	03	30	E	27
76 B	28	D C	29	04 B	21	D C	8
1977	20	B	10	2005	6	B	19
78	5	A	21	06	26	A	30
79	25	G	2	07	18	G	11
80 B	16	F E	13	08 B	2	F E	22
1981	29	D	24	2009	22	D	3
82	21	C	5	10	14	C	14
83	13	B	16	11	34	B	25
84 B	32	A G	27	12 B	18	A G	6
1985	17	F	8	2013	10	F	17
86	9	E	19	14	30	E	29
87	29	D	30	15	13	D	10
88 B	13	C B	11	16 B	6	C B	21

NUMÉROS	des CALENDRIERS.	LETTRES dominicales.	ÉPACTES.	NUMÉROS	des CALENDRIERS.	LETTRES dominicales.	ÉPACTES.
ans.				ans.			
2017	26	A	2	2045	19	A	11
18	11	G	13	46	4	G	22
19	31	F	24	47	24	F	3
20 B	22	E D	5	48 B	15	E D	14
2021	14	C	16	2049	28	C	25
22	27	B	27	50	20	B	6
23	19	A	8	51	12	A	17
24 B	10	G F	19	52 B	31	G F	29
2025	30	E	30	2053	16	E	10
26	15	D	11	54	8	D	21
27	7	C	22	55	28	C	2
28 B	26	B A	3	56 B	12	B A	13
2029	11	G	14	2057	32	G	24
30	31	F	25	58	31	F	5
31	23	E	6	59	9	E	16
32 B	7	D C	17	60 B	28	D C	27
2033	27	B	29	2061	20	B	8
34	19	A	10	62	5	A	19
35	4	G	21	63	25	G	30
36 B	23	F E	2	64 B	16	F E	11
2037	15	D	13	2065	8	D	22
38	35	C	24	66	21	C	3
39	20	B	5	67	13	B	14
40 B	11	A G	16	68 B	32	A G	25
2041	31	F	27	2069	24	F	6
42	16	E	8	70	9	E	17
43	8	D	19	71	29	D	29
44 B	27	C B	30	72 B	20	C B	10

Numéros des calendriers		Lettres dominicales.	Épactes.	Numéros des calendriers		Lettres dominicales.	Épactes.
ans.				ans.			
2073	3	A	21	2101	27	B	30
74	23	G	2	02	19	A	11
75	17	F	13	03	4	G	22
76 B	29	E D	24	04 B	23	F E	3
2077	21	C	5	2105	15	D	14
78	13	B	16	06	28	C	25
79	33	A	27	07	20	B	6
80 B	17	G F	8	08 B	11	A G	17
2081	9	E	19	2109	31	F	29
82	29	D	30	10	16	E	10
83	14	C	11	11	8	D	21
84 B	3	B A	22	12 B	27	C B	2
2085	25	G	3	2113	12	A	13
86	10	F	14	14	32	G	24
87	30	E	25	15	24	F	5
88 B	21	D C	6	16 B	8	E D	16
2089	13	B	17	2117	28	C	27
90	26	A	29	18	20	B	8
91	18	G	10	19	5	A	19
92 B	9	F E	21	20 B	24	G F	30
2093	22	D	2	2121	16	E	11
94	14	C	13	22	8	D	22
95	34	B	24	23	21	C	3
96 B	25	A G	5	24 B	12	B A	14
2097	10	F	16	2125	32	G	25
98	30	E	27	26	24	F	6
99	22	D	8	27	9	E	17
2100	7	C	19	28 B	28	D C	29

NUMÉROS des CALENDRIERS.		LETTRES dominicales.	ÉPACTES.	NUMÉROS des CALENDRIERS.		LETTRES dominicales.	ÉPACTES.
ans.				ans.			
2129	20	B	10	1257	6	B	19
30	3	A	21	58	26	A	30
31	23	G	2	59	18	G	11
32 B	16	F E	13	60 B	2	F E	22
2133	29	D	24	2161	22	D	3
34	21	C	5	62	14	C	14
35	13	B	16	63	34	B	25
36 B	32	A G	27	64 B	18	A G	6
2137	17	F	8	2165	10	F	17
38	9	E	19	66	30	E	29
39	29	D	30	67	13	D	10
40 B	13	C B	11	68 B	6	C B	21
2141	5	A	22	2169	26	A	2
42	23	G	3	70	11	G	13
43	10	F	14	71	31	F	24
44 B	29	E D	25	72 B	22	E D	5
2145	21	C	6	2173	14	C	16
46	13	B	17	74	27	B	27
47	26	A	29	75	19	A	8
48 B	17	G F	10	76 B	10	G F	19
2149	9	E	21	2177	30	E	30
50	22	D	2	78	15	D	11
51	14	C	13	79	7	C	22
52 B	33	B A	24	80 B	26	B A	3
2153	23	G	5	2181	11	G	14
54	10	F	16	82	31	F	25
55	30	E	27	83	23	E	6
56 B	21	D C	8	84 B	7	D C	17

NUMÉROS des CALENDRIERS.		LETTRES dominicales.	ÉPACTES.	NUMÉROS des CALENDRIERS.		LETTRES dominicales.	ÉPACTES.
ans.				ans.			
2185	27	B	29	2193	31	F	27
86	19	A	10	94	16	E	8
87	4	G	21	95	8	D	19
88 B	23	F E	2	96 B	27	C B	30
2189	15	D	13	2197	19	A	11
90	35	C	24	98	4	G	22
91	20	B	5	99	24	F	3
92 B	11	A G	16	2200	16	E	13

Si l'on veut continuer cette Table au-delà de l'an 2200, on devra recourir à ce qui sera dit ci-après *page* 298, n° 40.

Et si l'on veut se servir du calendrier Julien, la recherche sera faite en suivant la règle donnée *page* 299.

PHASES LUNAIRES.

Les calendriers usuels indiquent en outre les phase de la lune et les éclipses : ces phénomènes ne peuven être prédits avec exactitude qu'en recourant aux cal culs astronomiques. Mais on se contente volontiers d connaître les jours approchés des phases, en supposant que la lune a une marche régulière et uniforme c'est-à-dire, en ne tenant pas compte des inégalités d cet astre : cette approximation suffit aux besoins ordinaires de la vie. Or, on peut trouver les dates de phases *moyennes*, par le secours des *épactes* de l'anné courante, dont la table qui précède fait connaître le chiffre; car ce chiffre se retrouve à toutes les nouvelles lunes dans le calendrier perpétuel qui termine l'ouvrage.

Si l'épacte d'une annee est 15, par exemple, chaque fois qu'on trouve le chiffre 15 dans ce calendrier, i répond à la date d'une nouvelle lune; le 14e jour qui suit est une pleine lune, etc. C'est ce que nous expliquerons dans la 2e partie.

OBSERVATIONS RELATIVES AUX TRENTE-CINQ CALENDRIERS QUI SUIVENT.

La fête de Pâques est le 22 mars dans le calendrier nº 1 ;

Elle est le 23 mars dans le nº 2 ;

Elle est le 24 mars dans le nº 3 ;

Et ainsi de suite, en faisant parcourir successivement à cette fête, toutes les dates jusqu'au 25 avril. Pâques ne peut arriver qu'à l'une de ces dates, d'après regle qui détermine cette fête, ainsi que nous l'expliquerons dans la 2e partie.

Comme Pâques arrive toujours un dimanche, les noms de tous les jours de l'année se placent sans difficulté aux dates respectives ; on inscrit aussi les fêtes mobiles à leurs dates, puisque ces fêtes sont fixées par leurs distances à celle de Pâques. Ainsi tout se trouve déterminé dans chacun de nos calendriers, savoir : fêtes fixes, fêtes mobiles et jours de la semaine.

Il ne s'agit donc, pour une année proposée, que de choisir le calendrier qui convient, et la table précédente en donne le numéro.

Quand l'année est bissextile, on prend les deux mois de janvier et de février dans le calendrier suivant.

En désassemblant les cahiers qui composent le livre, on pourra détacher, chaque année, le calendrier qui convient à cette année, et placer ces six feuillets dans un petit cadre vitré, pour servir, de mois en mois, à indiquer les dates, les jours de la semaine et les fêtes.

JANVIER.

jeudi	1	*Circoncision.*
vendredi	2	s. Basile.
samedi	3	se. *Geneviève.*
Dim.	4	s. Rigobert.
lundi	5	s. Siméon s. *Vig.*
mardi	6	*Epiphanie.*
mercredi	7	Noces.
jeudi	8	s. Lucien.
vendredi	9	s. Pierre, év.
samedi	10	s. Paul, serm.
Dim.	11	s. Théodore.
lundi	12	s. Arcade, m.
mardi	13	Bap. de J.-C.
mercredi	14	s. Hilaire.
jeudi	15	s. Maur.
vendredi	16	s. Guillaume.
samedi	17	s. Antoine.
Dim.	18	*Septuagésime.*
lundi	19	s. Sulpice.
mardi	20	s. Sébastien.
mercredi	21	se. Agnès.
jeudi	22	s. Vincent.
vendredi	23	s. Ildefonse.
samedi	24	s. Babylas.
Dim.	25	*Sexagésime.*
lundi	26	se. Paule.
mardi	27	s. Julien.
mercredi	28	s. Charlemag.
jeudi	29	s. Franç. de S.
vendredi	30	se. Bathilde.
samedi	31	se. Marcèle.

FÉVRIER.

Dim.	1	*Quinquagesime*
lundi	2	*Purification.*
mardi	3	*Mardi gras.*
mercredi	4	*Cendres.*
jeudi	5	se. Agathe.
vendredi	6	s. Vaast.
samedi	7	s. Romuald.
Dim.	8	*Quadragésime.*
lundi	9	se. Apolline.
mardi	10	se. Scolastique.
mercredi	11	s. Séverin. 4 T.
jeudi	12	se. Eulalie.
vendredi	13	s. Grégoire.
samedi	14	s. Valentin.
Dim.	15	*Reminiscere.*
lundi	16	se. Julienne.
mardi	17	s. Théodule.
mercredi	18	s. Siméon.
jeudi	19	s. Gabin.
vendredi	20	s. Eucher.
samedi	21	s. Pépin.
Dim.	22	*Oculi.*
lundi	23	s. Mérault.
mardi	24	s. Mathias.
mercredi	25	s. Césaire.
jeudi	26	s. Nestor.
vendredi	27	s. Arille.
samedi	28	se. Honorine.
		s. Romain.

N° 1.

MARS.

Dim.	1	*Lætare.*
lundi	2	s. Simplice.
mardi	3	se. Cunégonde.
mercredi	4	s. Casimir.
jeudi	5	s. Adrien.
vendredi	6	se. Colette.
samedi	7	s. Thomas. d'A.
Dim.	8	*La Passion.*
lundi	9	se. Françoise.
mardi	10	s. Blanchard.
mercredi	11	s. Euloge.
jeudi	12	s. Paul, év.
vendredi	13	se. Euphrasie.
samedi	14	s. Lubin.
Dim.	15	*Rameaux.*
lundi	16	s. Cyriaque.
mardi	17	se. Gertrude.
mercredi	18	s. Alexandre.
jeudi	19	s. Joseph.
vendredi	20	*Vendredi-saint.*
samedi	21	s. Benoît.
Dim.	22	PAQUES.
lundi	23	s. Victorien.
mardi	24	s. Simon, m.
mercredi	25	s. Irenée.
jeudi	26	s. Ludger.
vendredi	27	s. Jean, erm.
samedi	28	se Dorothée.
Dim.	29	*Quasimodo.*
lundi	30	*Annonciation.*
mardi	31	se. Balbine.

AVRIL.

mercredi	1	s. Hugues.
jeudi	2	s. Franç. de P.
vendredi	3	s. Richard.
samedi	4	s. Ambroise.
Dim.	5	s. Albert.
lundi	6	se. Prudence.
mardi	7	s. Clotaire.
mercredi	8	s. Edèze.
jeudi	9	se. Marie, égy.
vendredi	10	s. Fulbert.
samedi	11	se. Godeberte.
Dim.	12	s. Jules.
lundi	13	s. Marcelin.
mardi	14	s. Tiburce.
mercredi	15	s. Maxime.
jeudi	16	s. Paterne.
vendredi	17	s. Anicet.
samedi	18	s. Parfait.
Dim.	19	s. Leon.
lundi	20	s Théotime.
mardi	21	s. Anselme.
mercredi	22	se. Opportune
jeudi	23	s. Georges.
vendredi	24	s. Léger.
samedi	25	s. Marc.
Dim.	26	s. Clet.
lundi	27	*Rogations.*
mardi	28	s. Vital.
mercredi	29	s. Robert.
jeudi	30	ASCENSION.

MAI.			JUIN.		
vendredi	1	s Jacq., s Phil.	lundi	1	s. Pamphile.
samedi	2	s. Athanase.	mardi	2	s. Pothin.
Dim.	3	Inv. s^e Croix.	mercredi	3	s^e. Clotilde.
lundi	4	s^e. Monique.	jeudi	4	s. Optat.
mardi	5	Conv. s. Aug.	vendredi	5	s. Boniface.
mercredi	6	s. Jean-de-Lat.	samedi	6	s Claude, év.
jeudi	7	s. Stanislas.	*Dim.*	7	s. Lié.
vendredi	8	s^e. Désirée.	lundi	8	s. Médard.
samedi	9	Trans. s Nic. *V. J.*	mardi	9	s^e. Pélagie.
Dim.	10	PENTECOTE.	mercredi	10	s. Landri.
lundi	11	s. Mamert.	jeudi	11	s. Barnabé.
mardi	12	s. Pancrace.	vendredi	12	s^e. Olympe.
mercredi	13	s. Servais. 4 T.	samedi	13	s. Ant. de Pad.
jeudi	14	s. Pacome.	*Dim.*	14	s. Ruffin.
vendredi	15	s. Isidore.	lundi	15	s. Modeste.
samedi	16	s. Honoré.	mardi	16	s. Cyr.
Dim.	17	*Trinité.*	mercredi	17	s. Avit.
lundi	18	s. Venance.	jeudi	18	s^e. Marine.
mardi	19	s. Yves.	vendredi	19	s. Gerv. s. Prot.
mercredi	20	s. Bernardin.	samedi	20	s. Sylvère.
jeudi	21	*Fête-Dieu.*	*Dim.*	21	s. Leufroi.
vendredi	22	s^e. Julie.	lundi	22	s. Paulin.
samedi	23	s. Didier.	mardi	23	s. Jacques. *V. J.*
Dim.	24	s. Donatien.	mercredi	24	s. *Jean-Bapt.*
lundi	25	s. Urbain.	jeudi	25	s. Prosper.
mardi	26	s. Quadrat.	vendredi	26	s. Babolein.
mercredi	27	s. Hildevert.	samedi	27	s. Crescent.
jeudi	28	s. Germain.	*Dim.*	28	s. Loubert. *V. J.*
vendredi	29	s. Maximin.	lundi	29	s. *Pierre*, s. *P.*
samedi	30	s. Felix.	mardi	30	Conv. s. Paul.
Dim.	31	s^e. Petronille.			

JUILLET.			AOUT.		
mercredi	1	se. Eléonore.	samedi	1	se. Sophie.
jeudi	2	*Visitat. N.-D.*	*Dim.*	2	s. Etienne, p.
vendredi	3	s. Thierry.	lundi	3	se. Lydie.
samedi	4	se. Berthe.	mardi	4	s. Dominique.
Dim.	5	se. Zoé.	mercredi	5	s. Yon.
lundi	6	s. Tranquille.	jeudi	6	Tr. de J.-C.
mardi	7	se. Auberge.	vendredi	7	s. Gaétan.
mercredi	8	s. Procope.	samedi	8	s. Justin.
jeudi	9	s. Cyrille.	*Dim.*	9	s. Amour. *Vig.*
vendredi	10	se. Felicité.	lundi	10	s. Laurent.
samedi	11	Tr. s. Benoît.	mardi	11	se. Suzanne.
Dim.	12	s. Gualbert.	mercredi	12	se. Claire.
lundi	13	s. Eugène.	jeudi	13	s. Hippolyte.
mardi	14	s. Bonaventure.	vendredi	14	s. Guer. *Vig.*
mercredi	15	s. Henry.	samedi	15	ASSOMPTION.
jeudi	16	s. Eustate.	*Dim.*	16	s. Roch.
vendredi	17	s. Alexis.	lundi	17	s. Mammès.
samedi	18	s. Clair, év.	mardi	18	se. Hélène.
Dim.	19	s. Vinc. de P.	mercredi	19	s. Louis, év.
lundi	20	se. Marguerite.	jeudi	20	s. Bernard.
mardi	21	s. Victor.	vendredi	21	s. Privat.
mercredi	22	se. Madeleine.	samedi	22	s. Symphorien.
jeudi	23	s. Apollinaire.	*Dim.*	23	s. Sidoine.
vendredi	24	se. Christine.	lundi	24	s. Barthélemy.
samedi	25	s. Jacq. le maj.	mardi	25	s. *Louis.*
Dim.	26	Tr. s. Marcel.	mercredi	26	s. Zéphirin.
lundi	27	s. Pantaléon.	jeudi	27	s. Césaire.
mardi	28	se. Anne.	vendredi	28	s. Augustin.
mercredi	29	se. Marthe.	samedi	29	s. Médéric.
jeudi	30	s. Abdon.	*Dim.*	30	s. Fiacre.
vendredi	31	s. Germ. l'Aux.	lundi	31	s. Ovide.

SEPTEMBRE.			OCTOBRE.		
mardi	1	s. Leu et s. Gil.	jeudi	1	s. Remi.
mercredi	2	s. Lazare.	vendredi	2	Sts Anges gard.
jeudi	3	s. Grégoire.	samedi	3	s. Cyprien.
vendredi	4	se. Rosalie.	*Dim.*	4	s. Franç. d'A.
samedi	5	s. Bertin Ab.	lundi	5	s. Constant.
Dim.	6	s. Eleuthère.	mardi	6	s. Bruno.
lundi	7	s. Cloud.	mercredi	7	s. Serge.
mardi	8	NAT. DE N.-D.	jeudi	8	s. Thais.
mercredi	9	s. Omer.	vendredi	9	s. *Denis*.
jeudi	10	se. Pulchérie.	samedi	10	s. Paulin.
vendredi	11	s. Hyacinthe.	*Dim.*	11	s. Gomer.
samedi	12	s. Raphaël.	lundi	12	se Vilfride.
Dim.	13	s. Maurille.	mardi	13	s. Gérant.
lundi	14	Ex. se Croix. V.	mercredi	14	s. Caliste.
mardi	15	s. Nicodème.	jeudi	15	se Thérèse.
mercredi	16	s. Corneille. 4 T.	vendredi	16	s. Gal.
jeudi	17	s. Lambert.	samedi	17	s. Cerbonet.
vendredi	18	s. Jean Chrys.	*Dim.*	18	s. Luc, évang.
samedi	19	s. Janvier.	lundi	19	s. Savinien.
Dim.	20	s. Eustache. *Vi.*	mardi	20	s. Caprais.
lundi	21	s. Mathieu.	mercredi	21	se. Ursule.
mardi	22	s. Maurice.	jeudi	22	s. Mellon.
mercredi	23	se. Thècle.	vendredi	23	s. Hilarion.
jeudi	24	s. Andoche.	samedi	24	s. Magloire.
vendredi	25	s. Firmin.	*Dim.*	25	s. Crép., s. Cré.
samedi	26	se. Justine.	lundi	26	s. Rustique.
Dim.	27	s. Côme, s Dam.	mardi	27	s. Frument. *Vi.*
lundi	28	s. Venceslas.	mercredi	28	s. Simon. s. Jud.
mardi	29	s. Michel.	jeudi	29	s. Faron.
mercredi	30	s. Jerôme.	vendredi	30	s. Lucain.
			samedi	31	s. Quent. *V. J.*

NOVEMBRE.			DÉCEMBRE.		
Dim.	1	TOUSSAINT.	mardi	1	s. Eloi.
lundi	2	*Trépassés.*	mercredi	2	s. Franç. Xav.
mardi	3	s. Marcel.	jeudi	3	s. Eloque.
mercredi	4	s. Charles.	vendredi	4	se Barbe. *Jeû.*
jeudi	5	s. Zacharie.	samedi	5	s. Sabas. *Jeû.*
vendredi	6	s. Léonard.	*Dim.*	6	s. Nicolas.
samedi	7	s. Florent.	lundi	7	se Fare.
Dim.	8	Stes Reliques.	mardi	8	*Concep. N.-D.*
lundi	9	s. Mathurin.	mercredi	9	se Gorgonie.
mardi	10	s. Juste.	jeudi	10	se Valère.
mercredi	11	s. Martin.	vendredi	11	s. Daniel. *Jeû.*
jeudi	12	s. René.	samedi	12	s. Valéri. *Jeû.*
vendredi	13	s. Brice.	*Dim.*	13	se. Luce, Vi.
samedi	14	s. Bertrand.	lundi	14	s. Nicaise.
Dim.	15	s. Malo.	mardi	15	s. Mémin.
lundi	16	s. Edme.	mercredi	16	se Adélaide. 4T.
mardi	17	s. Aignan.	jeudi	17	se Olympie.
mercredi	18	se. Odes.	vendredi	18	s. Gatien.
jeudi	19	se. Elizabeth.	samedi	19	s. Thimothé.
vendredi	20	s. Edmond.	*Dim.*	20	s. Philogone.
samedi	21	Présent. N.-D	lundi	21	s. Thomas.
Dim.	22	se. Cécile.	mardi	22	s. Honorat.
lundi	23	s. Clement.	mercredi	23	se. Victoire.
mardi	24	s. Séverin.	jeudi	24	se. Delph. *V. J.*
mercredi	25	se. Catherine.	vendredi	25	NOEL.
jeudi	26	se. Genev. ard.	samedi	26	*s. Etienne.*
vendredi	27	s. Siméon mét.	*Dim.*	27	*s. Jean, évang.*
samedi	28	s. Sosthène.	lundi	28	Sts. Innocents.
Dim.	29	*Avent.*	mardi	29	s. Trophime.
lundi	30	s. André.	mercredi	30	s. Sabin.
			jeudi	31	s. Silvestre, p.

JANVIER.			FÉVRIER.		
mercredi	1	*Circoncision.*	samedi	1	s. Ignace.
jeudi	2	s. Basile.	*Dim.*	2	*Purification.*
vendredi	3	se. *Geneviève.*	lundi	3	s. Blaise.
samedi	4	s. Rigobert.	mardi	4	*Mardi gras.*
Dim.	5	s. Siméon. V. J	mercredi	5	*Cendres.*
lundi	6	*Epiphanie.*	jeudi	6	s. Vaast.
mardi	7	Noces.	vendredi	7	s. Romuald.
mercredi	8	s. Lucien.	samedi	8	s. Jean de M.
jeudi	9	s. Pierre, év.	*Dim.*	9	*Quadragésime.*
vendredi	10	s. Paul, erm.	lundi	10	se. Scolastique.
samedi	11	s. Théodore.	mardi	11	s. Séverin.
Dim.	12	s. Arcade, m.	mercredi	12	se. Eulalie, 4 T.
lundi	13	Bapt. de J.-C.	jeudi	13	s. Grégoire.
mardi	14	s. Hilaire.	vendredi	14	s. Valentin.
mercredi	15	s. Maur.	samedi	15	s. Faustin.
jeudi	16	s. Guillaume.	*Dim.*	16	*Reminiscere.*
vendredi	17	s. Antoine.	lundi	17	s. Théodule.
samedi	18	Ch. s. P. à R.	mardi	18	s. Siméon.
Dim.	19	*Septuagésime.*	mercredi	19	s. Gabin.
lundi	20	s. Sébastien.	jeudi	20	s. Eucher.
mardi	21	se. Agnès.	vendredi	21	s Pepin.
mercredi	22	s. Vincent.	samedi	22	se. Isabelle.
jeudi	23	s. Ildefonse.	*Dim.*	23	*Oculi.*
vendredi	24	s. Babylas.	lundi	24	s. Mathias.
samedi	25	Conv.-s.-Paul.	mardi	25	s. Césaire.
Dim.	26	*Sexagésime.*	mercredi	26	s. Nestor.
lundi	27	s. Julien.	jeudi	27	s. Arille.
mardi	28	s. Charlemagne	vendredi	28	se. Honorine.
mercredi	29	s. Franç., de S			s. Romain.
jeudi	30	se. Bathilde.			
vendredi	31	se. Macèle.			

MARS.

samedi	1	s. Aubin.
Dim.	2	*Lætare.*
lundi	3	s^{e}. Cunégonde.
mardi	4	s. Casimir.
mercredi	5	s. Adrien.
jeudi	6	s^{e}. Colette.
vendredi	7	s. Thomas d'A.
samedi	8	s. Jean de D.
Dim.	9	*Passion.*
lundi	10	s. Blanchard.
mardi	11	s. Euloge.
mercredi	12	s. Paul, évêq.
jeudi	13	s^{e}. Euphrasie.
vendredi	14	s. Lubin.
samedi	15	s. Zacharie.
Dim.	16	*Rameaux.*
lundi	17	s^{e} Gertrude.
mardi	18	s. Alexandre.
mercredi	19	s. Joseph.
jeudi	20	s. Joachim.
vendredi	21	*Vendredi-Saint.*
samedi	22	s. Emile.
Dim.	23	PAQUES.
lundi	24	s. Simon, m.
mardi	25	s. Irenée.
mercredi	26	s. Ludger.
jeudi	27	s. Jean, erm.
vendredi	28	s^{e}. Dorothée.
samedi	29	s. Gontrand.
Dim.	30	*Quasimodo.*
lundi	31	*Annonciation.*

AVRIL.

mardi	1	s. Hugues.
mercredi	2	s. Franç. de P
jeudi	3	s. Richard.
vendredi	4	s. Ambroise.
samedi	5	s. Albert.
Dim.	6	s^{e}. Prudence.
lundi	7	s. Clotaire.
mardi	8	s. Edèze.
mercredi	9	s^{e}. Marie, Egy.
jeudi	10	s. Fulbert.
vendredi	11	s^{e} Godeberte.
samedi	12	s. Jules.
Dim.	13	s. Marcelin.
lundi	14	s. Tiburce.
mardi	15	s. Maxime.
mercredi	16	s. Paterne.
jeudi	17	s. Anicet.
vendredi	18	s. Parfait.
samedi	19	s. Léon.
Dim.	20	s. Théotime.
lundi	21	s. Anselme.
mardi	22	s^{e}. Opportune.
mercredi	23	s. Georges.
jeudi	24	s. Léger.
vendredi	25	s. Marc.
samedi	26	s. Clet.
Dim.	27	s. Polycarpe.
lundi	28	*Rogations.*
mardi	29	s. Robert.
mercredi	30	s. Eutrope.

MAI.			JUIN.		
jeudi	1	ASCENSION.	*Dim.*	1	s. Pamphile.
vendredi	2	s. Athanase.	lundi	2	s. Pothin.
samedi	3	Inv. s^e^. Croix.	mardi	3	s^e^ Clotilde.
Dim.	4	s^e^. Monique.	mercredi	4	s. Optat.
lundi	5	Conv. s Aug.	jeudi	5	s. Boniface.
mardi	6	s. Jean-p.-Lat	vendredi	6	s. Claude, év.
mercredi	7	s. Stanislas.	samedi	7	s. Lié.
jeudi	8	s^e^. Désirée.	*Dim.*	8	s. Médard.
vendredi	9	Trans. s. Nic.	lundi	9	s^e^. Pélagie.
samedi	10	s. Gordien. *V. J.*	mardi	10	s. Landri.
Dim.	11	PENTECOTE.	mercredi	11	s. Barnabé.
lundi	12	s. Pancrace.	jeudi	12	s^e^. Olympe.
mardi	13	s. Servais.	vendredi	13	s. Ant. de Pad.
mercredi	14	s. Pacome. 4 T.	samedi	14	s. Ruffin.
jeudi	15	s. Isidore.	*Dim.*	15	s. Modeste.
vendredi	16	s. Honoré.	lundi	16	s. Cyr.
samedi	17	s. Pascal.	mardi	17	s. Avit.
Dim.	18	*Trinité.*	mercredi	18	s. Maxime.
lundi	19	s. Yves.	jeudi	19	s. Gerv. s. Prot.
mardi	20	s. Bernardin.	vendredi	20	s. Sylvère.
mercredi	21	s. Sospis.	samedi	21	s. Leufroi.
jeudi	22	*Fête-Dieu.*	*Dim.*	22	s. Paulin.
vendredi	23	s. Didier.	lundi	23	s. Jacques *V. J.*
samedi	24	s. Donatien.	mardi	24	s. *Jean-Bapt.*
Dim.	25	s. Urbain.	mercredi	25	s. Prosper.
lundi	26	s. Quadrat.	jeudi	26	s. Babolein
mardi	27	s. Hildevert.	vendredi	27	s. Crescent.
mercredi	28	s. Germain.	samedi	28	s. Loubert, *V. J.*
jeudi	29	s. Maximin.	*Dim.*	29	*s. Pierre s. P.*
vendredi	30	s. Félix.	lundi	30	Com. s. Paul.
samedi	31	s^e^. Pétronille.			

JUILLET.			AOUT.		
mardi	1	s^{e} Eléonore.	vendredi	1	s^{e}. Sophie.
mercredi	2	*Visit. N. D.*	samedi	2	s. Etienne P.
jeudi	3	s. Thierry.	*Dim.*	3	s^{e}. Lydie.
vendredi	4	s^{e} Berthe.	lundi	4	s. Dominique.
samedi	5	s^{e} Zoé.	mardi	5	s. Yon.
Dim.	6	s. Tranquille.	mercredi	6	Tr. de J.-C.
lundi	7	s^{e}. Aubierge.	jeudi	7	s. Gaétan.
mardi	8	s. Procope.	vendredi	8	s. Justin.
mercredi	9	s. Cyrille.	samedi	9	s. Amour.
jeudi	10	s^{e}. Felicité.	*Dim.*	10	s. Laurent.
vendredi	11	s. Tr. s. Benoît	lundi	11	s^{e}. Suzanne.
samedi	12	s. Gualbert.	mardi	12	s^{e}. Claire.
Dim.	13	s Eugène.	mercredi	13	s. Hippolyte.
lundi	14	s. Bonaventure.	jeudi	14	s. Guer., vig.
mardi	15	s. Henri.	vendredi	15	ASSOMPTION.
mercredi	16	s. Eustate.	samedi	16	s. Roch.
jeudi	17	s. Alexis.	*Dim.*	17	s. Mammès.
vendredi	18	s. Clair, év.	lundi	18	s^{e}. Hélène.
samedi	19	s. Vinc. de P.	mardi	19	s. Louis, év.
Dim.	20	s^{e}. Marguerite	mercredi	20	s. Bernard.
lundi	21	s. Victor.	jeudi	21	s. Privat.
mardi	22	s^{e}. Madeleine.	vendredi	22	s. Symphorien.
mercredi	23	s. Apollinaire.	samedi	23	s. Sidoine.
jeudi	24	s^{e}. Christine.	*Dim.*	24	s. Barthélemi.
vendredi	25	s. Jacq. le Maj.	lundi	25	s. *Louis.*
samedi	26	Tr. s. Marcel.	mardi	26	s. Zéphirin.
Dim.	27	s. Pantaléon.	mercredi	27	s. Césaire.
lundi	28	s^{e}. Anne.	jeudi	28	s. Augustin.
mardi	29	s^{e} Marthe.	vendredi	29	s. Médéric.
mercredi	30	s. Abdon.	samedi	30	s. Fiacre.
jeudi	31	s. Germ. l'Aux.	*Dim.*	31	s. Ovide.

SEPTEMBRE.			OCTOBRE.		
lundi	1	s. Leu, s. Giles	mercredi	1	s. Remi.
mardi	2	s. Lazare.	jeudi	2	sts. Anges Gar.
mercredi	3	s. Grégoire.	vendredi	3	s. Cyprien.
jeudi	4	se. Rosalie.	samedi	4	s. Franç. d'A.
vendredi	5	s. Bertin, ab.	*Dim.*	5	s. Constant.
samedi	6	s. Eleuthère.	lundi	6	s. Bruno.
Dim.	7	s. Cloud.	mardi	7	s. Serge.
lundi	8	*Nativité N. D.*	mercredi	8	s. Thaïs.
mardi	9	s. Omer.	jeudi	9	s. *Denis.*
mercredi	10	se Pulchérie.	vendredi	10	s. Paulin.
jeudi	11	s. Hyacinthe.	samedi	11	s. Gomer.
vendredi	12	s. Raphael.	*Dim.*	12	se. Vilfride.
samedi	13	s. Maurille.	lundi	13	s. Gérant.
Dim.	14	Exal. s. Croix.	mardi	14	s. Caliste.
lundi	15	s. Nicodème.	mercredi	15	se. Thérèse.
mardi	16	s. Corneille.	jeudi	16	s. Gal.
mercredi	17	s. Lamb., 4 T	vendredi	17	s. Cerbonet.
jeudi	18	s. Jean Chrys.	samedi	18	s. Luc., évan.
vendredi	19	s. Janvier.	*Dim.*	19	s. Savinien.
samedi	20	s. Eustache.	lundi	20	s. Caprais.
Dim.	21	s. Mathieu.	mardi	21	se. Ursule.
lundi	22	s. Maurice.	mercredi	22	s. Mellon.
mardi	23	se. Thècle.	jeudi	23	s. Hilarion.
mercredi	24	s. Andoche.	vendredi	24	s. Magloire.
jeudi	25	s. Firmin.	samedi	25	s. Crép. s. Cré
vendredi	26	se. Justine.	*Dim.*	26	s. Rustique.
samedi	27	s. Côme, s. Da.	lundi	27	s Frument.
Dim.	28	s. Venceslas.	mardi	28	s. Simon, s. J.
lundi	29	s. Michel.	mercredi	29	s. Faron.
mardi	30	s. Jérome.	jeudi	30	s. Lucain.
			vendredi	31	s. Quentin, *V. J.*

NOVEMBRE.			DÉCEMBRE.		
samedi	1	TOUSSAINT.	lundi	1	s. Eloi.
Dim.	2	*Trépassés.*	mardi	2	s. Franç. Xav.
lundi	3	s. Marcel.	mercredi	3	s. Eloque.
mardi	4	s. Charles.	jeudi	4	se. Barbe.
mercredi	5	s. Zacharie.	vendredi	5	s. Sabas.
jeudi	6	s. Léonard.	samedi	6	s. Nicolas.
vendredi	7	s. Florent.	*Dim.*	7	se. Fare.
samedi	8	ses. Reliques.	lundi	8	*Concept. N. D*
Dim.	9	s. Mathurin.	mardi	9	se. Gorgonie.
lundi	10	s. Juste.	mercredi	10	se. Valère.
mardi	11	s. Martin.	jeudi	11	s. Daniel.
mercredi	12	s. René.	vendredi	12	s. Valeri.
jeudi	13	s. Brice.	samedi	13	se. Luce.
vendredi	14	s. Bertrand.	*Dim.*	14	s. Nicaise.
samedi	15	s. Malo.	lundi	15	s. Mémin.
Dim.	16	s. Edme.	mardi	16	se. Adélaïde.
lundi	17	s. Agnan.	mercredi	17	se. Olympie. 4T.
mardi	18	se. Odes.	jeudi	18	s. Gatien.
mercredi	19	se. Elizabeth.	vendredi	19	s. Thimothé.
jeudi	20	s. Edmond.	samedi	20	s. Philogone.
vendredi	21	Prés. N. D.	*Dim.*	21	s. Thomas.
samedi	22	se Cécile.	lundi	22	s. Honorat.
Dim.	23	s. Clément.	mardi	23	se. Victoire.
lundi	24	s. Séverin.	mercredi	24	se. Delphine *V. J.*
mardi	25	se. Catherine.	jeudi	25	NOEL.
mercredi	26	se. Genev., ard.	vendredi	26	*s. Etienne.*
jeudi	27	s. Siméon, mel.	samedi	27	*s. Jean, évang.*
vendredi	28	s. Sosthène.	*Dim.*	28	Sts. Innocents.
samedi	29	s. Saturnin.	lundi	29	s. Trophime.
Dim.	30	*Avent.*	mardi	30	s. Sabin.
			mercredi	31	s. Silvestre, p

JANVIER.

mardi	1	*Circoncision.*
mercredi	2	s. Basile.
jeudi	3	se. *Geneviève.*
vendredi	4	s. Rigobert.
samedi	5	s. Sim. st. *Vig*
Dim.	6	*Epiphanie.*
lundi	7	Noces.
mardi	8	s. Lucien.
mercredi	9	s. Pierre, év.
jeudi	10	s. Paul, erm.
vendredi	11	s. Théodore.
samedi	12	s. Arcade, m.
Dim.	13	Bap. de J.-C.
lundi	14	s. Hilaire.
mardi	15	s. Maur.
mercredi	16	s. Guillaume.
jeudi	17	s. Antoine.
vendredi	18	Ch. s. P. à R.
samedi	19	s. Sulpice.
Dim.	20	*Septuagésime.*
lundi	21	se. Agnès.
mardi	22	s. Vincent.
mercredi	23	s. Ildefonse.
jeudi	24	s. Babylas.
vendredi	25	Conv. s. Paul.
samedi	26	se. Paule.
Dim.	27	*Sexagésime*
lundi	28	s. Charlemagne
mardi	29	s. Franç. de S.
mercredi	30	se. Bathilde.
jeudi	31	se. Marcèle.

FÉVRIER.

vendredi	1	s. Ignace.
samedi	2	*Purification.*
Dim.	3	*Quinquagésime*
lundi	4	s. Gilbert.
mardi	5	*Mardi gras.*
mercredi	6	*Cendres.*
jeudi	7	s. Romuald.
vendredi	8	s. Jean de M.
samedi	9	se. Apolline.
Dim.	10	*Quadragésime.*
lundi	11	s. Séverin.
mardi	12	se. Eulalie.
mercredi	13	s. Grégoire. 4 T.
jeudi	14	s. Valentin.
vendredi	15	s. Faustin.
samedi	16	se. Julienne.
Dim.	17	*Reminiscere.*
lundi	18	s. Siméon.
mardi	19	s. Gabin.
mercredi	20	s. Eucher.
jeudi	21	s. Pépin.
vendredi	22	se. Isabelle.
samedi	23	s. Mérault.
Dim.	24	*Oculi.*
lundi	25	s. Césaire.
mardi	26	s. Nestor.
mercredi	27	s. Arille.
jeudi	28	se Honorine.
		s. Romain.

MARS.

vendredi	1	s. Aubin.
samedi	2	s. Simplice.
Dim.	3	*Lætare.*
lundi	4	s. Casimir.
mardi	5	s. Adrien.
mercredi	6	se. Colette.
jeudi	7	s. Thomas d'A.
vendredi	8	s. Jean de D.
samedi	9	se. Françoise.
Dim.	10	*Passion.*
lundi	11	s. Euloge.
mardi	12	s. Paul, év.
mercredi	13	se. Euphrasie.
jeudi	14	s. Lubin.
vendredi	15	s. Zacharie.
samedi	16	s. Cyriaque.
Dim.	17	*Rameaux.*
lundi	18	s. Alexandre.
mardi	19	s. Joseph.
mercredi	20	s. Joachim.
jeudi	21	s. Benoît.
vendredi	22	*Vendredi-Saint*
samedi	23	s. Victorien.
Dim.	24	PAQUES.
lundi	25	s. Irenée.
mardi	26	s. Ludger.
mercredi	27	s. Jean, erm.
jeudi	28	se. Dorothée.
vendredi	29	s. Gontrand.
samedi	30	s. Rieul.
Dim.	31	*Quasimodo.*

AVRIL.

lundi	1	*Annonciation.*
mardi	2	s. Franç. de P.
mercredi	3	s. Richard.
jeudi	4	s. Ambroise.
vendredi	5	s. Albert.
samedi	6	se Prudence.
Dim.	7	s. Clotaire.
lundi	8	s. Edèze.
mardi	9	se. Marie, égy.
mercredi	10	s. Fulbert.
jeudi	11	se. Godeberte.
vendredi	12	s. Jules.
samedi	13	s. Marcelin.
Dim.	14	s. Tiburce.
lundi	15	s. Maxime.
mardi	16	s. Paterne.
mercredi	17	s. Anicet.
jeudi	18	s. Parfait.
vendredi	19	s. Léon.
samedi	20	s. Théotime.
Dim.	21	s. Anselme.
lundi	22	se. Opportune.
mardi	23	s. Georges.
mercredi	24	s. Léger.
jeudi	25	s. Marc.
vendredi	26	s. Clet.
samedi	27	s. Polycarpe.
Dim.	28	s. Vital.
lundi	29	*Rogations.*
mardi	30	s. Eutrope.

MAI.

mercredi	1	s. Jacq. s. Phil.
jeudi	2	ASCENSION.
vendredi	3	Inv. s^{e}. Croix.
samedi	4	s^{e}. Monique.
Dim.	5	Conv. s. Aug.
lundi	6	s. Jean-p.-Lat.
mardi	7	s. Stanislas.
mercredi	8	s^{e}. Désirée.
jeudi	9	Transl. s. Nic.
vendredi	10	s. Gordien.
samedi	11	s. Mamert.
Dim.	12	PENTECOTE.
lundi	13	s. Servais.
mardi	14	s. Pacôme.
mercredi	15	s. Isidore. 4 T.
jeudi	16	s. Honoré.
vendredi	17	s. Pascal.
samedi	18	s. Venance.
Dim.	19	*Trinité.*
lundi	20	s. Bernardin.
mardi	21	s. Sospis.
mercredi	22	s^{e}. Julie.
jeudi	23	*Fête-Dieu.*
vendredi	24	s. Donatien.
samedi	25	s. Urbain.
Dim.	26	s. Quadrat.
lundi	27	s. Hildevert.
mardi	28	s. Germain.
mercredi	29	s. Maximin.
jeudi	30	s. Félix.
vendredi	31	s^{e}. Pétronille.

JUIN.

samedi	1	s. Pamphile.
Dim.	2	s. Pothin.
lundi	3	s^{e}. Clotilde.
mardi	4	s. Optat.
mercredi	5	s. Boniface.
jeudi	6	s. Claude, év.
vendredi	7	s. Lié.
samedi	8	s. Medard.
Dim.	9	s^{e}. Pélagie.
lundi	10	s. Landri.
mardi	11	s. Barnabé.
mercredi	12	s^{e}. Olympe.
jeudi	13	s. Ant. de P.
vendredi	14	s. Ruffin.
samedi	15	s. Modeste.
Dim.	16	s. Cyr.
lundi	17	s. Avit.
mardi	18	s^{e} Marine.
mercredi	19	s. Gerv. s. Prot.
jeudi	20	s. Sylvère.
vendredi	21	s. Leufroi.
samedi	22	s. Paulin.
Dim.	23	s. Jacques. *V. J.*
lundi	24	*s. Jean-Bapt.*
mardi	25	s. Prosper.
mercredi	26	s. Babolein.
jeudi	27	s. Crescent.
vendredi	28	s. Loubert. *V J.*
samedi	29	*s. Pier. s. Paul.*
Dim.	30	Com. s. Paul.

N° 3.

JUILLET.			AOUT.		
lundi	1	se. Eléonore.	jeudi	1	se. Sophie.
mardi	2	*Visitat. N. D.*	vendredi	2	s. Etienne, p.
mercredi	3	s. Thierry.	samedi	3	se. Lydie.
jeudi	4	se. Berthe.	*Dim.*	4	s. Dominique.
vendredi	5	se. Zoé.	lundi	5	s. Yon.
samedi	6	s. Tranquile.	mardi	6	Trans. de J.-C.
Dim.	7	se. Aubierge.	mercredi	7	s. Gaëtan.
lundi	8	s. Procope.	jeudi	8	s. Justin.
mardi	9	s. Cyrille.	vendredi	9	s. Amour.
mercredi	10	se Felicité.	samedi	10	s. Laurent.
jeudi	11	Tr. s. Benoît	*Dim.*	11	se. Suzanne.
vendredi	12	s. Gualbert.	lundi	12	se. Claire.
samedi	13	s. Eugène.	mardi	13	s. Hippolyte.
Dim.	14	s. Bonaventure.	mercredi	14	s. Guer. *Vig.*
lundi	15	s. Henry.	jeudi	15	ASSOMPTION.
mardi	16	s. Eustate.	vendredi	16	s. Roch.
mercredi	17	s. Alexis.	samedi	17	s. Mammès.
jeudi	18	s. Clair, év.	*Dim.*	18	s. Hélène.
vendredi	19	s. Vincent de P.	lundi	19	s. Louis, év.
samedi	20	se. Marguerite.	mardi	20	s. Bernard.
Dim.	21	s. Victor.	mercredi	21	s. Privat.
lundi	22	se. Madeleine.	jeudi	22	s. Symphorien.
mardi	23	s. Apollinaire.	vendredi	23	s. Sidoine.
mercredi	24	se. Christine.	samedi	24	s. Barthèlemy.
jeudi	25	s. Jacq. le maj	*Dim.*	25	*s. Louis.*
vendredi	26	Tr. s. Marcel.	lundi	26	s. Zéphirin.
samedi	27	s. Pantaléon.	mardi	27	s. Césaire.
Dim.	28	se. Anne.	mercredi	28	s. Augustin.
lundi	29	se. Marthe.	jeudi	29	s. Médéric.
mardi	30	s. Abdon.	vendredi	30	s. Fiacre.
mercredi	31	s. Germ. l'Aux.	samedi	31	s. Ovide.

N° 3.

SEPTEMBRE.

Dim.	1	s. Leu, s. Giles.
lundi	2	s. Lazare.
mardi	3	s. Grégoire.
mercredi	4	s^{e}. Rosalie.
jeudi	5	s. Bertin, ab.
vendredi	6	s. Eleuthère.
samedi	7	s. Cloud.
Dim.	8	*Nativité N.-D.*
lundi	9	s. Omer.
mardi	10	s^{e}. Pulchérie.
mercredi	11	s. Hyacinthe.
jeudi	12	s. Raphael.
vendredi	13	s. Maurille.
samedi	14	Exalt. s^{e} Croix.
Dim.	15	s. Nicomède.
lundi	16	s. Corneille.
mardi	17	s Lambert.
mercredi	18	s. Jean Chr. 4 T.
jeudi	19	s. Janvier.
vendredi	20	s. Eustache.
samedi	21	s. Mathieu.
Dim.	22	s. Maurice.
lundi	23	s^{e} Thècle.
mardi	24	s. Andoche.
mercredi	25	s. Firmin.
jeudi	26	s^{e} Justine.
vendredi	27	s. Côme, s. D.
samedi	28	s. Venceslas.
Dim.	29	s. Michel.
lundi	30	s. Jérôme.

OCTOBRE.

mardi	1	s. Remy.
mercredi	2	Sts. Ang. Gard.
jeudi	3	s. Cyprien.
vendredi	4	s. Franç. d'A.
samedi	5	s. Constant.
Dim.	6	s. Bruno.
lundi	7	s. Serge.
mardi	8	s. Thais.
mercredi	9	*s. Denis.*
jeudi	10	s. Paulin.
vendredi	11	s. Gomer.
samedi	12	s. Vilfride.
Dim.	13	s. Gérant.
lundi	14	s. Caliste.
mardi	15	s^{e}. Thérèse.
mercredi	16	s. Gal.
jeudi	17	s. Cerbonet.
vendredi	18	s. Luc, évang.
samedi	19	s. Savinien.
Dim.	20	s. Caprais.
lundi	21	s^{e}. Ursule.
mardi	22	s. Mellon.
mercredi	23	s. Hilarion.
jeudi	24	s. Magloire.
vendredi	25	s. Crép. s. Cré.
samedi	26	s. Rustique.
Dim.	27	s. Frument. *Vi.*
lundi	28	s. Sim. s. Jude.
mardi	29	s. Faron.
mercredi	30	s. Lucain.
jeudi	31	s. Quentin. *V. J.*

NOVEMBRE.

vendredi	1	TOUSSAINT.
samedi	2	*Trépassés.*
Dim.	3	s. Marcel.
lundi	4	s. Charles.
mardi	5	s. Zacharie.
mercredi	6	s. Léonard.
jeudi	7	s. Florent.
vendredi	8	Stes. Reliques.
samedi	9	s. Mathurin.
Dim.	10	s. Juste.
lundi	11	s. Martin.
mardi	12	s. René.
mercredi	13	s. Brice.
jeudi	14	s. Bertrand.
vendredi	15	s. Malo.
samedi	16	s. Edme.
Dim.	17	s. Agnan.
lundi	18	se. Odes.
mardi	19	se. Elizabeth.
mercredi	20	s. Edmond.
jeudi	21	Présent. N.-D
vendredi	22	se. Cécile.
samedi	23	s. Clément.
Dim.	24	s. Séverin, soli.
lundi	25	se. Catherine.
mardi	26	se. Geneviève.
mercredi	27	s. Siméon, met
jeudi	28	s. Sosthène.
vendredi	29	s. Saturnin.
samedi	30	s. André.

DÉCEMBRE.

Dim.	1	*Avent.*
lundi	2	s. Franç. Xav.
mardi	3	s. Eloque.
mercredi	4	se. Barbe.
jeudi	5	s. Sabas.
vendredi	6	s. Nicolas.
samedi	7	se Fare.
Dim.	8	*Concept. N.-D.*
lundi	9	se. Gorgonie.
mardi	10	se. Valère.
mercredi	11	s. Daniel.
jeudi	12	s. Valeri.
vendredi	13	se. Luce.
samedi	14	s. Nicaise.
Dim.	15	s. Mémin.
lundi	16	se. Adelaide.
mardi	17	se. Olympie.
mercredi	18	s. Gatien. 4 T.
jeudi	19	s. Thimothée.
vendredi	20	s. Philogone.
samedi	21	s. Thomas.
Dim.	22	s. Honorat.
lundi	23	se. Victoire.
mardi	24	se. Delphine. V.J
mercredi	25	NOEL.
jeudi	26	*s. Etienne.*
vendredi	27	*s. Jean, évang.*
samedi	28	Sts. Innocents.
Dim.	29	s. Trophime.
lundi	30	s. Sabin.
mardi	31	s. Silvestre, p

JANVIER.

lundi	1	*Circoncision.*
mardi	2	s. Basile.
mercredi	3	s^{e}. *Geneviève.*
jeudi	4	s. Rigobert.
vendredi	5	s. Sim., *s. Vig.*
samedi	6	*Epiphanie.*
Dim.	7	Noces.
lundi	8	s. Lucien.
mardi	9	s. Pierre, év.
mercredi	10	s. Paul, erm.
jeudi	11	s. Théodore.
vendredi	12	s. Arcade, m.
samedi	13	Baptême J.-C.
Dim.	14	s. Hilaire.
lundi	15	s. Maur.
mardi	16	s. Guillaume.
mercredi	17	s. Antoine.
jeudi	18	Ch. s. Pier. à R.
vendredi	19	s. Sulpice.
samedi	20	s. Sébastien.
Dim.	21	*Septuagésime.*
lundi	22	s. Vincent.
mardi	23	s. Ildefonse.
mercredi	24	s. Babylas.
jeudi	25	Conv. s. Paul.
vendredi	26	s^{e}. Paule.
samedi	27	s. Julien.
Dim.	28	*Sexagésime.*
lundi	29	s. Franç. de S.
mardi	30	s^{e}. Bathilde.
mercredi	31	s^{e}. Marcèle.

FÉVRIER.

jeudi	1	s. Ignace.
vendredi	2	*Purification.*
samedi	3	s. Blaise.
Dim.	4	*Quinquagésime.*
lundi	5	s^{e}. Agathe.
mardi	6	*Mardi gras.*
mercredi	7	*Cendres.*
jeudi	8	s. Jean de M.
vendredi	9	s^{e}. Apolline.
samedi	10	s^{e}. Scolastique.
Dim.	11	*Quadragésime.*
lundi	12	s^{e}. Eulalie.
mardi	13	s. Grégoire.
mercredi	14	s. Valentin. 4 T.
jeudi	15	s. Faustin.
vendredi	16	s^{e}. Julienne.
samedi	17	s. Théodule.
Dim.	18	*Reminiscere.*
lundi	19	s. Gabin.
mardi	20	s. Eucher.
mercredi	21	s. Pepin.
jeudi	22	s^{e} Isabelle.
vendredi	23	s. Merault.
samedi	24	s. Mathias.
Dim.	25	*Oculi.*
lundi	26	s. Nestor.
mardi	27	s. Arilie.
mercredi	28	s^{e}. Honorine.
		s. Romain.

N° 4.

MARS.

jeudi	1	s. Aubin.
vendredi	2	s. Simplice.
samedi	3	s^{e}. Cunégonde.
Dim.	4	*Lœtare.*
lundi	5	s. Adrien.
mardi	6	s^{e}. Colette.
mercredi	7	s. Thomas d'A.
jeudi	8	s. Jean de D.
vendredi	9	s^{e}. Françoise.
samedi	10	s. Blanchard.
Dim.	11	*Passion.*
lundi	12	s. Paul, év.
mardi	13	s^{e}. Euphrasie.
mercredi	14	s. Lubin.
jeudi	15	s. Zacharie.
vendredi	16	s. Cyriaque.
samedi	17	s^{e}. Gertrude.
Dim.	18	*Rameaux*
lundi	19	s. Joseph.
mardi	20	s. Joachim.
mercredi	21	s. Benoît.
jeudi	22	s. Emile.
vendredi	23	*Vendredi Saint*
samedi	24	s. Simon, m.
Dim.	25	PAQUES.
lundi	26	s. Ludger.
mardi	27	s. Jean, erm.
mercredi	28	s^{e}. Dorothée.
jeudi	29	s. Gontrand.
vendredi	30	s. Rieul.
samedi	31	s^{e}. Balbine.

AVRIL.

Dim.	1	*Quasimodo.*
lundi	2	*Annonciation.*
mardi	3	s. Richard.
mercredi	4	s. Ambroise.
jeudi	5	s. Albert.
vendredi	6	s^{e}. Prudence.
samedi	7	s. Clotaire.
Dim.	8	s. Edèze.
lundi	9	s^{e}. Marie, égy.
mardi	10	s. Fulbert.
mercredi	11	s^{e}. Godeberte.
jeudi	12	s. Jules.
vendredi	13	s. Marcelin.
samedi	14	s. Tiburce.
Dim.	15	s. Maxime.
lundi	16	s. Paterne.
mardi	17	s. Anicet.
mercredi	18	s. Parfait.
jeudi	19	s. Léon.
vendredi	20	s. Théotime.
samedi	21	s. Anselme.
Dim.	22	s^{e}. Opportune.
lundi	23	s. Georges.
mardi	24	s. Léger.
mercredi	25	s. Marc.
jeudi	26	s. Clet.
vendredi	27	s. Polycarpe.
samedi	28	s. Vital.
Dim.	29	s. Robert.
lundi	30	*Rogations.*

MAI.			JUIN.		
mardi	1	s. Jacq., s. Phil.	vendredi	1	s. Pamphile.
mercredi	2	s. Athanase.	samedi	2	s. Pothin.
jeudi	3	ASCENSION.	*Dim.*	3	se. Clotilde.
vendredi	4	se. Monique.	lundi	4	s. Optat.
samedi	5	Conv. s. Aug.	mardi	5	s. Boniface.
Dim.	6	s. Jean-p.-Lat	mercredi	6	s. Claude, év.
lundi	7	s. Stanislas.	jeudi	7	s. Lié.
mardi	8	se. Désirée.	vendredi	8	s. Médard.
mercredi	9	Trans. s. Nic.	samedi	9	se. Pélagie.
jeudi	10	s. Gordien.	*Dim.*	10	s. Landri.
vendredi	11	s. Mamert.	lundi	11	s. Barnabé.
samedi	12	s. Pancrace.	mardi	12	se. Olympe.
Dim.	13	PENTECOTE.	mercredi	13	s. Ant. de Pad.
lundi	14	s. Pacôme.	jeudi	14	s. Ruffin.
mardi	15	s. Isidore.	vendredi	15	s. Modeste.
mercredi	16	s. Honoré. 4 T.	samedi	16	s. Cyr.
jeudi	17	s. Pascal.	*Dim.*	17	s. Avit.
vendredi	18	s. Venance.	lundi	18	se. Marine.
samedi	19	s. Yves.	mardi	19	s. Gerv. s. Prot.
Dim.	20	*Trinité.*	mercredi	20	s. Sylvère.
lundi	21	s. Sospis.	jeudi	21	s. Leufroi.
mardi	22	se. Julie.	vendredi	22	s. Paulin.
mercredi	23	s. Didier.	samedi	23	s. Jacques. *V. J.*
jeudi	24	*Fête-Dieu.*	*Dim.*	24	*s. Jean-Bapt.*
vendredi	25	s. Urbain.	lundi	25	s. Prosper.
samedi	26	s. Quadrat.	mardi	26	s. Babolein.
Dim.	27	s. Hildevert.	mercredi	27	s. Crescent.
lundi	28	s. Germain.	jeudi	28	s. Loubert. *V. J.*
mardi	29	s. Maximin.	vendredi	29	*s. Pier., s Paul.*
mercredi	30	s. Félix.	samedi	30	Com. s. Paul.
jeudi	31	se. Pétronille.			

JUILLET.		
Dim.	1	s^e^. Eléonore.
lundi	2	*Visitat. N.-D.*
mardi	3	s. Thierry.
mercredi	4	se. Berthe.
jeudi	5	se. Zoé.
vendredi	6	s. Tranquille.
samedi	7	se. Aubierge.
Dim.	8	s. Procope.
lundi	9	s. Cyrille.
mardi	10	se. Félicité.
mercredi	11	Tr. s. Benoît.
jeudi	12	s. Gualbert.
vendredi	13	s. Eugène.
samedi	14	s. Bonaventure.
Dim.	15	s. Henry.
lundi	16	s. Eustate.
mardi	17	s. Alexis.
mercredi	18	s. Clair, év.
jeudi	19	s. Vincent de P.
vendredi	20	se. Marguerite.
samedi	21	s. Victor.
Dim.	22	se. Madeleine.
lundi	23	s. Apollinaire.
mardi	24	se. Christine.
mercredi	25	s. Jacq. le maj.
jeudi	26	Tr. s. Marcel.
vendredi	27	s. Pantaléon.
samedi	28	se. Anne.
Dim.	29	se. Marthe.
lundi	30	s. Abdon.
mardi	31	s. Germ. l'Aux.

AOUT.		
mercredi	1	se. Sophie.
jeudi	2	s. Etienne, p.
vendredi	3	se. Lydie.
samedi	4	s. Dominique.
Dim.	5	s. Yon.
lundi	6	Tr. de J.-C.
mardi	7	s. Gaétan.
mercredi	8	s. Justin.
jeudi	9	s. Amour.
vendredi	10	s. Laurent.
samedi	11	se. Suzanne.
Dim	12	se. Claire.
lundi	13	s. Hippolyte.
mardi	14	s. Guer. *Vig.*
mercredi	15	ASSOMPTION.
jeudi	16	s. Roch.
vendredi	17	s. Mammès.
samedi	18	se. Hélène.
Dim.	19	s. Louis, év.
lundi	20	s. Bernard.
mardi	21	s. Privat.
mercredi	22	s. Symphorien.
jeudi	23	s. Sidoine.
vendredi	24	s. Barthélemy.
samedi	25	*s. Louis.*
Dim.	26	s. Zéphirin.
lundi	27	s. Césaire.
mardi	28	s. Augustin.
mercredi	29	s. Médéric.
jeudi	30	s. Fiacre.
vendredi	31	s. Ovide.

SEPTEMBRE.			OCTOBRE.		
samedi	1	s. Leu, s. Giles.	lundi	1	s. Remi.
Dim.	2	s. Lazare.	mardi	2	Sts. Ang. gard.
lundi	3	s. Grégoire.	mercredi	3	s. Cyprien.
mardi	4	se. Rosalie.	jeudi	4	s. Franç. d'A.
mercredi	5	s. Bertin, ab.	vendredi	5	s. Constant.
jeudi	6	s. Eleuthère.	samedi	6	s. Bruno.
vendredi	7	s. Cloud.	*Dim.*	7	s. Serge.
samedi	8	NAT. DE N.-D.	lundi	8	s. Thais.
Dim.	9	s. Omer.	mardi	9	*s. Denis.*
lundi	10	se. Pulchérie.	mercredi	10	s. Paulin.
mardi	11	s. Hyacinthe.	jeudi	11	s. Gomer.
mercredi	12	s. Raphael.	vendredi	12	se. Vilfride.
jeudi	13	s. Maurille.	samedi	13	s. Gérant.
vendredi	14	Exalt. se. Croix.	*Dim.*	14	s. Caliste.
samedi	15	s. Nicomède.	lundi	15	se. Thérèse.
Dim.	16	s. Corneille.	mardi	16	s. Gal.
lundi	17	s. Lambert.	mercredi	17	s. Cerbonet.
mardi	18	s. Jean Chrys.	jeudi	18	s. Luc, évang.
mercredi	19	s. Janvier. 4 T.	vendredi	19	s. Savinien.
jeudi	20	s. Eustache.	samedi	20	s. Caprais.
vendredi	21	s. Mathieu.	*Dim.*	21	se. Ursule.
samedi	22	s. Maurice.	lundi	22	s. Mellon.
Dim.	23	se. Thècle.	mardi	23	s. Hilarion.
lundi	24	s. Andoche.	mercredi	24	s. Magloire.
mardi	25	s. Firmin.	jeudi	25	s. Crép. s. Cré.
mercredi	26	se. Justine.	vendredi	26	s. Rustique.
jeudi	27	s. Côme, s. D.	samedi	27	s. Frument. *Vi.*
vendredi	28	s. Venceslas.	*Dim.*	28	s. Sim., s. Jud.
samedi	29	s. Michel.	lundi	29	s. Faron.
Dim.	30	s. Jérôme.	mardi	30	s. Lucain.
			mercredi	31	s. Quentin. *V. J.*

N° 4.

NOVEMBRE.			DÉCEMBRE.		
jeudi	1	TOUSSAINT.	samedi	1	s. Eloi.
vendredi	2	*Trépassés.*	*Dim.*	2	*Avent.*
samedi	3	s. Marcel.	lundi	3	s. Eloque.
Dim.	4	s. Charles.	mardi	4	se. Barbe.
lundi	5	s. Zacharie.	mercredi	5	s. Sabas.
mardi	6	s. Léonard.	jeudi	6	s. Nicolas.
mercredi	7	s. Florent.	vendredi	7	se. Fare.
jeudi	8	Stes Reliques.	samedi	8	*Concept. N.-D.*
vendredi	9	s. Mathurin.	*Dim.*	9	se. Gorgonie.
samedi	10	s. Juste.	lundi	10	se. Valere.
Dim.	11	s. Martin.	mardi	11	s. Daniel.
lundi	12	s. René.	mercredi	12	s. Valeri.
mardi	13	s. Brice.	jeudi	13	se. Luce.
mercredi	14	s. Bertrand.	vendredi	14	s. Nicaise.
jeudi	15	s. Malo.	samedi	15	s. Mémin.
vendredi	16	s. Edme.	*Dim.*	16	se. Adelaide
samedi	17	s. Agnan.	lundi	17	se. Olympie.
Dim.	18	se. Odes.	mardi	18	s. Gatien.
lundi	19	se. Elizabeth.	mercredi	19	s. Thimoth. 4 T.
mardi	20	s. Edmond.	jeudi	20	s. Philogone.
mercredi	21	Présent. N.-D	vendredi	21	s. Thomas.
jeudi	22	se. Cécile.	samedi	22	s. Honorat.
vendredi	23	s. Clement.	*Dim.*	23	se. Victoire.
samedi	24	s. Séverin, sol.	lundi	24	se. Delphine. *V. J*
Dim.	25	se. Catherine.	mardi	25	NOEL.
lundi	26	se. Genev., ard.	mercredi	26	*s. Etienne.*
mardi	27	s. Siméon, mèt.	jeudi	27	*s. Jean, évang.*
mercredi	28	s. Sosthène.	vendredi	28	Sts Innocents.
jeudi	29	s. Saturnin.	samedi	29	s. Trophime.
vendredi	30	s. Andre.	*Dim.*	30	s. Sabin.
			lundi	31	s. Silvestre, p.

JANVIER.			FÉVRIER.		
Dim.	1	*Circoncision.*	mercredi	1	s. Ignace.
lundi	2	s. Basile.	jeudi	2	*Purification.*
mardi	3	s^e^ *Geneviève.*	vendredi	3	s. Blaise.
mercredi	4	s. Rigobert.	samedi	4	s. Gilbert.
jeudi	5	s. Siméon, *V.J.*	*Dim.*	5	*Quinquagésime*
vendredi	6	*Epiphanie.*	lundi	6	s. Vaast.
samedi	7	Noces.	mardi	7	*Mardi-gras.*
Dim.	8	s. Lucien.	mercredi	8	*Cendres.*
lundi	9	s. Pierre, év.	jeudi	9	s^e^. Apolline.
mardi	10	s. Paul, erm.	vendredi	10	s^e^. Scolastique
mercredi	11	s. Théodore.	samedi	11	s. Séverin.
jeudi	12	s. Arcade.	*Dim.*	12	*Quadragésime.*
vendredi	13	Bapt. de J.-C.	lundi	13	s. Grégoire.
samedi	14	s. Hilaire.	mardi	14	s. Valentin.
Dim.	15	s. Maur.	mercredi	15	s. Faustin. 4 T.
lundi	16	s. Guillaume.	jeudi	16	se. Julienne.
mardi	17	s. Antoine.	vendredi	17	s. Théodule.
mercredi	18	Ch. s. P. à R.	samedi	18	s. Siméon.
jeudi	19	s. Sulpice.	*Dim.*	19	*Reminiscere.*
vendredi	20	s. Sébastien.	lundi	20	s. Eucher.
samedi	21	se. Agnès.	mardi	21	s. Pépin.
Dim.	22	*Septuagésime.*	mercredi	22	se. Isabelle.
lundi	23	s. Ildefonse.	jeudi	23	s. Mérault.
mardi	24	s. Babylas.	vendredi	24	s. Mathias.
mercredi	25	Conv. s. Paul.	samedi	25	s. Césaire.
jeudi	26	se. Paule.	*Dim.*	26	*Oculi.*
vendredi	27	s. Julien.	lundi	27	s. Arille.
samedi	28	s. Charlemagne.	mardi	28	s^e^. Honorine.
Dim.	29	*Sexagésime.*			s. Romain.
lundi	30	se. Bathilde.			
mardi	31	se. Marcèle.			

MARS.			AVRIL.		
mercredi	1	s. Aubin.	samedi	1	s. Hugues.
jeudi	2	s. Simplice.	*Dim.*	2	*Quasimodo.*
vendredi	3	se. Cunégonde.	lundi	3	*Annonciation.*
samedi	4	s. Casimir.	mardi	4	s. Ambroise.
Dim.	5	*Lætare.*	mercredi	5	s. Albert.
lundi	6	se Colette.	jeudi	6	se. Prudence.
mardi	7	s. Thom. d'A.	vendredi	7	s. Clotaire.
mercredi	8	s. Jean de D.	samedi	8	s. Edèse.
jeudi	9	se. Françoise.	*Dim.*	9	se. Marie, égy.
vendredi	10	s. Blanchard.	lundi	10	s. Fulbert.
samedi	11	s. Euloge.	mardi	11	se. Godeberte.
Dim.	12	*Passion.*	mercredi	12	s. Jules.
lundi	13	se. Euphrasie.	jeudi	13	s. Marcelin.
mardi	14	s. Lubin.	vendredi	14	s. Tiburce.
mercredi	15	s. Zacharie.	samedi	15	s. Maxime.
jeudi	16	s. Cyriaque.	*Dim.*	16	s. Paterne.
vendredi	17	se. Gertrude.	lundi	17	s. Avicet.
samedi	18	s. Alexandre.	mardi	18	s. Parfait.
Dim.	19	*Rameaux.*	mercredi	19	s. Léon.
lundi	20	s. Joachim.	jeudi	20	s. Théotime.
mardi	21	s. Benoît.	vendredi	21	s. Anselme.
mercredi	22	s. Emile.	samedi	22	se. Opportune.
jeudi	23	s. Victorien.	*Dim.*	23	s. Georges.
vendredi	24	*Vend.-Saint.*	lundi	24	s. Léger.
samedi	25	s. Irenée.	mardi	25	s. Marc.
Dim.	26	PAQUES.	mercredi	26	s. Clet.
lundi	27	s. Jean, évang.	jeudi	27	s. Polycarpe.
mardi	28	se. Dorothée.	vendredi	28	s. Vital.
mercredi	29	s. Gontrand.	samedi	29	s. Robert.
jeudi	30	s. Rieul.	*Dim.*	30	s. Eutrope.
vendredi	31	s. Balbine.			

MAI.			JUIN.		
lundi	1	*Rogations.*	jeudi	1	s. Pamphile.
mardi	2	s. Athanase.	vendredi	2	s. Pothin.
mercredi	3	Inv.-s^e^.-Croix.	samedi	3	s^e^. Clotilde.
jeudi	4	ASCENSION.	*Dim.*	4	s. Optat.
vendredi	5	Conv.-s.-Aug.	lundi	5	s. Boniface.
samedi	6	s. Jean-p.-Lat.	mardi	6	s. Claude, év.
Dim.	7	s. Stanislas.	mercredi	7	s. Lié.
lundi	8	s^e^. Désirée.	jeudi	8	s. Médard.
mardi	9	Trans.-s.-Nic.	vendredi	9	s^e^. Pelagie.
mercredi	10	s. Gordien.	samedi	10	s. Landri.
jeudi	11	s. Mamert.	*Dim.*	11	s. Barnabé.
vendredi	12	s. Pancrace.	lundi	12	s^e^. Olympe.
samedi	13	s. Servais, *V. J.*	mardi	13	s. Ant. de P.
Dim.	14	PENTECOTE.	mercredi	14	s. Ruffin.
lundi	15	s. Isidore.	jeudi	15	s. Modeste.
mardi	16	s. Honoré.	vendredi	16	s. Cyr.
mercredi	17	s. Pascal, 4 T.	samedi	17	s. Avit.
jeudi	18	s. Venance.	*Dim.*	18	s^e^. Marine.
vendredi	19	s. Yves.	lundi	19	s. Gerv., s. Pr.
samedi	20	s. Bernardin.	mardi	20	s. Sylvère.
Dim.	21	*Trinité.*	mercredi	21	s. Leufroi.
lundi	22	s^e^. Julie.	jeudi	22	s. Paulin.
mardi	23	s. Didier.	vendredi	23	s. Jacques, *V.-J.*
mercredi	24	s. Donatien.	samedi	24	s. *Jean-Bapt.*
jeudi	25	*Fête-Dieu.*	*Dim.*	25	s. Prosper
vendredi	26	s. Quadrat.	lundi	26	s. Babolein.
samedi	27	s. Ildevert.	mardi	27	s. Crescent.
Dim.	28	s. Germain.	mercredi	28	s. Loubert, *v.-j.*
lundi	29	s. Maximin.	jeudi	29	s. *Pierre, s. P.*
mardi	30	s. Félix.	vendredi	30	Conv. s. Paul.
mercredi	31	s^e^ Pétronille.			

JUILLET.

samedi	1	se. Eléonore.
Dim.	2	*Visit. N.-D.*
lundi	3	s. Thierry.
mardi	4	se. Berthe.
mercredi	5	se. Zoé.
jeudi	6	s. Tranquille.
vendredi	7	se. Aubierge.
samedi	8	s. Procope.
Dim.	9	s. Cyrille.
lundi	10	se. Felicité.
mardi	11	Tr. s. Benoît.
mercredi	12	s. Gualbert.
jeudi	13	s. Eugene.
vendredi	14	s. Bonaventure.
samedi	15	s. Henry.
Dim	16	s. Eustate.
lundi	17	s. Alexis.
mardi	18	s. Clair. év.
mercredi	19	s. Vincent de P.
jeudi	20	se. Marguerite.
vendredi	21	s. Victor.
samedi	22	se. Madeleine.
Dim.	23	s. Apollinaire.
lundi	24	se. Christine.
mardi	25	s. Jacq. le maj.
mercredi	26	Tr. s. Marcel.
jeudi	27	s. Pantaléon.
vendredi	28	se. Anne.
samedi	29	se. Marthe.
Dim.	30	s. Abdon.
lundi	31	s. Germ. l'Aux.

AOUT.

mardi	1	se. Sophie.
mercredi	2	s. Etienne, p.
jeudi	3	se. Lydie.
vendredi	4	s. Dominique.
samedi	5	s. Yon.
Dim.	6	Tr. de J.-C.
lundi	7	s. Gaetan.
mardi	8	s. Justin.
mercredi	9	s. Amour.
jeudi	10	s. Laurent.
vendredi	11	se. Suzanne.
samedi	12	s. Claire.
Dim.	13	s. Hippolyte.
lundi	14	s. Guer. *V.-J.*
mardi	15	ASSOMPTION.
mercredi	16	s. Roch.
jeudi	17	s. Mammès.
vendredi	18	se. Helène.
samedi	19	s. Louis, év.
Dim.	20	s. Bernard.
lundi	21	s. Privat.
mardi	22	s. Symphorien.
mercredi	23	s. Sidoine.
jeudi	24	s. Barthelemy.
vendredi	25	s. *Louis.*
samedi	26	s. Zéphirin.
Dim.	27	s. Césaire.
lundi.	28	s. Augustin.
mardi	29	s. Medéric.
mercredi	30	s. Fiacre.
jeudi	31	s. Ovide.

SEPTEMBRE.			OCTOBRE.		
vendredi	1	s. Leu, s. Giles	*Dim.*	1	s. Remy.
samedi	2	s. Lazare.	lundi	2	Sts. Anges G.
Dim.	3	s. Grégoire.	mardi	3	s. Cyprien.
lundi	4	se. Rosalie.	mercredi	4	s. François d'A.
mardi	5	s. Bertin, ab.	jeudi	5	s. Constant.
mercredi	6	s. Eleuthère.	vendredi	6	s. Bruno.
jeudi	7	s. Cloud.	samedi	7	s. Serge.
vendredi	8	*Nativité N.-D*	*Dim.*	8	s. Thaïs.
samedi	9	s. Omer.	lundi	9	s. *Denis.*
Dim.	10	se. Pulchérie.	mardi	10	s. Paulin.
lundi.	11	s. Hyacinte.	mercredi	11	s. Gomer.
mardi	12	s. Raphael.	jeudi	12	se. Vilfride.
mercredi	13	s. Maurille.	vendredi	13	s. Gérant.
jeudi	14	s. Ex. se. Croix	samedi	14	s. Caliste.
vendredi	15	s. Nicodème.	*Dim.*	15	se. Thérèse.
samedi	16	s. Corneille.	lundi	16	s. Gal.
Dim.	17	s. Lambert.	mardi	17	s. Cerbonet.
lundi	18	s. Jean Chrys.	mercredi	18	s. Luc, évan.
mardi	19	s. Janvier.	jeudi	19	s. Savinien.
mercredi	20	s. Eustache, *4 T.*	vendredi	20	s. Caprais.
jeudi	21	s. Mathieu.	samedi	21	se. Ursule.
vendredi	22	s. Maurice.	*Dim.*	22	s. Mellon.
samedi	23	se. Thècle.	lundi	23	s. Hilarion.
Dim.	24	s. Andoche.	mardi	24	s. Magloire.
lundi	25	s. Firmin.	mercredi	25	s. Crép. s. Cré.
mardi	26	se. Justine.	jeudi	26	s. Rustique.
mercredi	27	s. Côme, s. Da.	vendredi	27	s. Froment.
jeudi	28	s. Venceslas.	samedi	28	s. Simon, s. J.
vendredi	29	s. Michel.	*Dim.*	29	s. Faron.
samedi	30	s. Jérôme.	lundi	30	s. Lucain.
			mardi	31	s. Quentin, *v. j.*

NOVEMBRE.			DÉCEMBRE.		
mercredi	1	TOUSSAINT.	vendredi	1	s. Eloi.
jeudi	2	*Trépassés.*	samedi	2	s. Fran. Xav.
vendredi	3	s. Marcel.	*Dim.*	3	*Avent.*
samedi	4	s. Charles.	lundi	4	se. Barbe.
Dim.	5	s. Zacharie.	mardi	5	s. Sabas.
lundi	6	s. Leonard.	mercredi	6	s. Nicolas.
mardi	7	s. Florent.	jeudi	7	se. Fare.
mercredi	8	Stes. Reliques.	vendredi	8	*Concept. N.-D.*
jeudi	9	s. Mathurin.	samedi	9	se. Gorgonie.
vendredi	10	s. Juste.	*Dim.*	10	se. Valère.
samedi	11	s. Marin.	lundi	11	s. Daniel.
Dim.	12	s. René.	mardi	12	s. Valeri.
lundi	13	s. Brice.	mercredi	13	se. Luce.
mardi	14	s. Bertrand.	jeudi	14	s. Nicaise.
mercredi	15	s. Malo.	vendredi	15	s. Mémin.
jeudi	16	s. Edme.	samedi	16	se. Adélaide.
vendredi	17	s. Agnan.	*Dim.*	17	se Olympe.
samedi	18	se Odes.	lundi	18	s. Gatien.
Dim.	19	se. Elizabeth.	mardi	19	s. Thimothée.
lundi	20	s. Edmond	mercredi	20	s. Philogone. 4 *T.*
mardi	21	Pres. N.-D.	jeudi	21	s. Thomas.
mercredi	22	se. Cécile.	vendredi	22	s. Honorat.
jeudi	23	s. Clément.	samedi	23	se. Victoire.
vendredi	24	s. Séverin.	*Dim.*	24	se. Delphine. *V. J.*
samedi	25	se. Catherine.	lundi	25	NOEL.
Dim.	26	s. Genev., ard.	mardi	26	s. *Etienne.*
lundi	27	s. Siméon, mét.	mercredi	27	s. *Jean, evang.*
mardi	28	s. Sosthène.	jeudi	28	Sts Innocents.
mercredi	29	s. Saturnin.	vendredi	29	s. Trophime.
jeudi	30	s. André.	samedi	30	s. Sabin.
			Dim.	31	s. Silvestre, p.

JANVIER.			FÉVRIER.		
samedi	1	*Circoncision.*	mardi	1	s. Ignace.
Dim.	2	s. Basile.	mercredi	2	*Purification.*
lundi	3	s^e^. *Geneviève.*	jeudi	3	s. Blaise.
mardi	4	s. Rigobert.	vendredi	4	s. Gilbert.
mercredi	5	s. Siméon, s. *Vig.*	samedi	5	s^e^. Agathe.
jeudi	6	*Epiphanie.*	*Dim.*	6	*Quinquagésime.*
vendredi	7	Noces.	lundi	7	s. Romuald.
samedi	8	s. Lucien.	mardi	8	*Mardi gras.*
Dim.	9	s. Pierre, év.	mercredi	9	*Cendres.*
lundi	10	s. Paul, erm.	jeudi	10	s^e^. Scolastique.
mardi	11	s. Théodore.	vendredi	11	s. Séverin.
mercredi	12	s. Arcade, m.	samedi	12	s^e^. Eulalie.
jeudi	13	Bapt. de J.-C.	*Dim.*	13	*Quadragésime.*
vendredi	14	s. Hilaire.	lundi	14	s. Valentin.
samedi	15	s. Maur.	mardi	15	s. Faustin.
Dim.	16	s. Guillaume.	mercredi	16	s^e^ Julienne. 4 T.
lundi	17	s. Antoine.	jeudi	17	s. Théodule.
mardi	18	Ch. s. Pier. à R	vendredi	18	s. Siméon.
mercredi	19	s. Sulpice.	samedi	19	s. Gabin.
jeudi	20	s. Sébastien.	*Dim.*	20	*Reminiscere.*
vendredi	21	s^e^. Agnès.	lundi	21	s. Pépin.
samedi	22	s. Vincent.	mardi	22	s^e^. Isabelle.
Dim.	23	*Septuagésime.*	mercredi	23	s. Merault.
lundi	24	s. Babylas.	jeudi	24	s. Mathias.
mardi	25	Conv. s. Paul.	vendredi	25	s. Césaire.
mercredi	26	s^e^. Paule.	samedi	26	s. Nestor.
jeudi	27	s. Julien.	*Dim.*	27	*Oculi.*
vendredi	28	s. Charlemagne.	lundi	28	s^e^. Honorine.
samedi	29	s. Franç. de S			s. Romain.
Dim.	30	*Sexagésime.*			
lundi	31	s^e^. Marcèle.			

MARS.

mardi	1	s. Aubin.
mercredi	2	s. Simplice.
jeudi	3	se. Cunégonde.
vendredi	4	s. Casimir.
samedi	5	s. Adrien.
Dim.	6	*Lætare.*
lundi	7	s. Thomas d'A.
mardi	8	s. Jean de D.
mercredi	9	se. Françoise.
jeudi	10	s. Blanchard.
vendredi	11	s. Euloge.
samedi	12	s. Paul, év.
Dim.	13	*Passion.*
lundi	14	s. Lubin.
mardi	15	s. Zacharie.
mercredi	16	s. Cyriaque.
jeudi	17	se. Gertrude.
vendredi	18	s. Alexandre.
samedi	19	s. Joseph.
Dim.	20	*Rameaux.*
lundi	21	s. Benoît.
mardi	22	s. Emile.
mercredi	23	s. Victorien.
jeudi	24	s. Simon, m.
vendredi	25	*Vendredi-Saint.*
samedi	26	s. Ludger.
Dim.	27	PAQUES.
lundi	28	se. Dorothée.
mardi	29	s. Gontrand.
mercredi	30	s. Rieul.
jeudi	31	se. Balbine.

AVRIL.

vendredi	1	s. Hugues.
samedi	2	s. Franç. de P.
Dim.	3	*Quasimodo.*
lundi	4	*Annonciation.*
mardi	5	s. Albert.
mercredi	6	se. Prudence.
jeudi	7	s. Clotaire.
vendredi	8	s. Edèze.
samedi	9	se. Marie, égy.
Dim.	10	s. Fulbert.
lundi	11	se. Godeberte.
mardi	12	s. Jules.
mercredi	13	s. Marcelin.
jeudi	14	s. Tiburce.
vendredi	15	s. Maxime.
samedi	16	s. Paterne.
Dim.	17	s. Anicet.
lundi	18	s. Parfait.
mardi	19	s. Léon.
mercredi	20	s. Théotime.
jeudi	21	s. Anselme.
vendredi	22	se. Opportune.
samedi	23	s. Georges.
Dim.	24	s. Léger.
lundi	25	s. Marc.
mardi	26	s. Clet.
mercredi	27	s. Polycarpe.
jeudi	28	s. Vital.
vendredi	29	s. Robert.
samedi	30	s. Eutrope.

MAI.

Dim.	1	s. Jacq., s. Phil.
lundi	2	*Rogations.*
mardi	3	Inv. s^{e}. Croix.
mercredi	4	s^{e}. Monique.
jeudi	5	ASCENSION.
vendredi	6	s. Jean-p.-Lat.
samedi	7	s. Stanislas.
Dim.	8	s^{e}. Désirée.
lundi	9	Trans. s. Nic.
mardi	10	s. Gordien.
mercredi	11	s. Mamert.
jeudi	12	s. Pancrace.
vendredi	13	s. Servais.
samedi	14	s. Pacôme. *V. J.*
Dim.	15	PENTECOTE.
lundi	16	s. Honoré.
mardi	17	s. Pascal.
mercredi	18	s. Venance. 4 T.
jeudi	19	s. Yves.
vendredi	20	s. Bernardin.
samedi	21	s. Sospis.
Dim.	22	*Trinité.*
lundi	23	s. Didier.
mardi	24	s. Donatien.
mercredi	25	s. Urbain.
jeudi	26	*Fête-Dieu.*
vendredi	27	s. Hildevert.
samedi	28	s. Germain.
Dim.	29	s. Maximin.
lundi	30	s. Felix.
mardi	31	s^{e}. Petronille.

JUIN.

mercredi	1	s. Pamphile.
jeudi	2	s. Pothin.
vendredi	3	s^{e}. Clotilde.
samedi	4	s. Optat.
Dim.	5	s. Boniface.
lundi	6	s. Claude, év.
mardi	7	s. Lié.
mercredi	8	s. Médard.
jeudi	9	s^{e}. Pelagie.
vendredi	10	s. Landri.
samedi	11	s. Barnabé.
Dim.	12	s^{e}. Olympe.
lundi	13	s. Ant. de Pad.
mardi	14	s. Ruffin.
mercredi	15	s. Modeste.
jeudi	16	s. Cyr.
vendredi	17	s. Avit.
samedi	18	s^{e}. Marine.
Dim.	19	s. Gerv. s. Prot.
lundi	20	s. Sylvère.
mardi	21	s. Leufroi.
mercredi	22	s. Paulin.
jeudi	23	s. Jacques. *V. J.*
vendredi	24	*s. Jean-Baptiste.*
samedi	25	s. Prosper.
Dim.	26	s. Babolein.
lundi	27	s. Crescent.
mardi	28	s. Loubert. *V. J.*
mercredi	29	*s. Pierr., s. Paul.*
jeudi	30	Com. s. Paul.

N° 6.

JUILLET.

vendredi	1	se. Eléonore.
samedi	2	*Visitat. N.-D.*
Dim.	3	s. Thierry.
lundi	4	se. Berthe.
mardi	5	se. Zoé.
mercredi	6	s. Tranquille.
jeudi	7	se. Aubierge.
vendredi	8	s. Procope.
samedi	9	s. Cyrille.
Dim.	10	se. Félicité.
lundi	11	Tr. s. Benoît.
mardi	12	s. Gualbert.
mercredi	13	s. Eugène.
jeudi	14	s. Bonaventure.
vendredi	15	s. Henry.
samedi	16	s. Eustate.
Dim.	17	s. Alexis.
lundi	18	s. Clair, év.
mardi	19	s. Vincent de P.
mercredi	20	se. Marguerite.
jeudi	21	s. Victor.
vendredi	22	se. Madeleine.
samedi	23	s. Apollinaire.
Dim.	24	se. Christine.
lundi	25	s. Jacq. le maj.
mardi	26	Tr. s. Marcel.
mercredi	27	s. Pantaléon.
jeudi	28	se. Anne.
vendredi	29	se. Marthe.
samedi	30	s. Abdon.
Dim.	31	s. Germ. l'Aux.

AOUT.

lundi	1	se. Sophie.
mardi	2	s. Etienne, p.
mercredi	3	se. Lydie.
jeudi	4	s. Dominique.
vendredi	5	s. Yon.
samedi	6	Trans. de J.-C.
Dim.	7	s. Gaétan.
lundi	8	s. Justin.
mardi	9	s. Amour.
mercredi	10	s. Laurent.
jeudi	11	se. Suzanne.
vendredi	12	se Claire.
samedi	13	s. Hippol. *V. J.*
Dim.	14	s. Guer.
lundi	15	ASSOMPTION.
mardi	16	s. Roch.
mercredi	17	s. Mammès.
jeudi	18	se. Hélène.
vendredi	19	s. Louis, év.
samedi	20	s. Bernard.
Dim.	21	s. Privat.
lundi	22	s. Symphorien.
mardi	23	s. Sidoine.
mercredi	24	s. Barthélemy.
jeudi	25	*s. Louis.*
vendredi	26	s. Zéphirin.
samedi	27	s. Césaire.
Dim.	28	s. Augustin.
lundi	29	s. Médéric.
mardi	30	s. Fiacre.
mercredi	31	s. Ovide.

SEPTEMBRE.

eudi	1	s. Leu, s. Giles.
endredi	2	s. Lazare.
amedi	3	s. Grégoire.
)im.	4	se. Rosalie.
undi	5	s. Bertin, ab.
nardi	6	s. Eleuthère.
nercredi	7	s. Cloud.
ieudi	8	*Nativ de N.-D.*
vendredi	9	s. Omer.
samedi	10	se. Pulchérie
Dim.	11	s. Hyacinthe.
lundi	12	s. Raphael.
mardi	13	s. Maurille.
mercredi	14	Exalt. s. Croix.
jeudi	15	s. Nicomède.
vendredi	16	s. Corneille.
samedi	17	s. Lambert.
Dim.	18	s. Jean Chrys.
lundi	19	s. Janvier.
mardi	20	s. Eustache.
mercredi	21	s. Mathieu. 4 T.
jeudi	22	s. Maurice.
vendredi	23	se. Thècle.
samedi	24	s. Andoche.
Dim.	25	s. Firmin.
lundi	26	se. Justine.
mardi	27	s. Côme, s. D.
mercredi	28	s. Venceslas.
jeudi	29	s. Michel.
vendredi	30	s. Jérôme.

OCTOBRE.

samedi	1	s. Remi.
Dim.	2	Sts. Ang. Gard.
lundi	3	s. Cyprien.
mardi	4	s. Franç. d'A.
mercredi	5	s. Constant.
jeudi	6	s. Bruno.
vendredi	7	s. Serge.
samedi	8	s. Thais.
Dim.	9	s. *Denis.*
lundi	10	s. Paulin.
mardi	11	s. Gomer.
mercredi	12	se. Vilfride.
jeudi	13	s. Gérant.
vendredi	14	s. Caliste.
samedi	15	se. Thérèse.
Dim.	16	s. Gal.
lundi	17	s. Cerbonet.
mardi	18	s. Luc, évang.
mercredi	19	s. Savinien.
jeudi	20	s. Caprais.
vendredi	21	se. Ursule.
samedi	22	s. Mellon.
Dim.	23	s. Hilarion.
lundi	24	s. Magloire.
mardi	25	s. Crép., s. Cr.
mercredi	26	s. Rustique.
jeudi	27	s. Frument.
vendredi	28	s. Simon, s Jud.
samedi	29	s. Faron.
Dim.	30	s. Lucain.
lundi	31	s. Quentin. *V. J.*

N° 6.

NOVEMBRE.

mardi	1	TOUSSAINT.
mercredi	2	*Trépassés.*
jeudi	3	s. Marcel.
vendredi	4	s. Charles.
samedi	5	s. Zacharie.
Dim.	6	s. Léonard.
lundi	7	s. Florent.
mardi	8	Stes. Reliques.
mercredi	9	s. Mathurin.
jeudi	10	s. Juste.
vendredi	11	s. Martin.
samedi	12	s. René.
Dim.	13	s. Brice.
lundi	14	s. Bertrand.
mardi	15	s. Malo.
mercredi	16	s. Edme.
jeudi	17	s. Aguan.
vendredi	18	se Odes.
samedi	19	se. Elizabeth.
Dim.	20	s. Edmond.
lundi	21	Présent. N.-D.
mardi	22	se. Cecile.
mercredi	23	s. Clément.
jeudi	24	s. Séverin, sol.
vendredi	25	se. Catherine.
samedi	26	se. Genev., ard
Dim.	27	*Avent.*
lundi	28	s. Sosthène.
mardi	29	s. Saturnin.
mercredi	30	s. André.

DÉCEMBRE.

jeudi	1	s. Eloi.
vendredi	2	s. Franç. Xav.
samedi	3	s. Eloque.
Dim.	4	se. Barbe.
lundi	5	s. Sabas.
mardi	6	s. Nicolas.
mercredi	7	se. Fare.
jeudi	8	*Concept. N.-D.*
vendredi	9	se. Gorgonie.
samedi	10	se. Valère.
Dim.	11	s. Daniel.
lundi	12	s. Valeri.
mardi	13	se. Luce.
mercredi	14	s. Nicaise. 4 T.
jeudi	15	s. Memin.
vendredi	16	se. Adelaïde.
samedi	17	se. Olympie.
Dim.	18	s. Gatien.
lundi	19	s. Thimothée.
mardi	20	s. Philogone.
mercredi	21	s. Thomas.
jeudi	22	s. Honorat.
vendredi	23	se. Victoire.
samedi	24	s. Delphine. *V.J.*
Dim.	25	NOEL.
lundi	26	*s. Etienne.*
mardi	27	*s. Jean, évang.*
mercredi	28	Sts Innocents.
jeudi	29	s. Trophime.
vendredi	30	s. Sabin.
samedi	31	s. Silvestre, p.

JANVIER.

vendredi	1	*Circoncision.*
samedi	2	s. Basile.
Dim.	3	se *Geneviève.*
lundi	4	s. Rigobert
mardi	5	s. Siméon s. *Vig.*
mercredi	6	*Epiphanie.*
jeudi	7	Noces.
vendredi	8	s. Lucien.
samedi	9	s. Pierre, év.
Dim.	10	s. Paul, erm.
lundi	11	s. Théodore.
mardi	12	s. Arcade.
mercredi	13	Bapt. de J. C.
jeudi	14	s. Hilaire.
vendredi	15	s. Maur.
samedi	16	s. Guillaume.
Dim.	17	s. Antoine.
lundi	18	Ch. s. P. à R.
mardi	19	s. Sulpice,
mercredi	20	s. Sébastien.
jeudi	21	se. Agnès.
vendredi	22	s. Vincent.
samedi	23	s. Ildefonse.
Dim.	24	*Septuagésime.*
lundi	25	Conv. s. Paul.
mardi	26	se. Paule.
mercredi	27	s. Julien.
jeudi	28	s. Charlemagne.
vendredi	29	s. Franç. de S.
samedi	30	se. Bathilde.
Dim.	31	*Sexagésime.*

FÉVRIER.

lundi	1	s. Ignace.
mardi	2	*Purification.*
mercredi	3	s. Blaise.
jeudi	4	s. Gilbert,
vendredi	5	se. Agathe.
samedi	6	s. Vaast.
Dim.	7	*Quinquagésime.*
lundi	8	s. Jean de m.
mardi	9	*Mardi-gras.*
mercredi	10	*Cendres.*
jeudi	11	s. Séverin.
vendredi	12	se. Eulalie.
samedi	13	s. Grégoire.
Dim.	14	*Quadragésime.*
lundi	15	s. Faustin.
mardi	16	se. Julienne.
mercredi	17	s. Théodule. 4 T.
jeudi	18	s. Siméon.
vendredi	19	s. Gabin.
samedi	20	s. Eucher.
Dim.	21	*Reminiscere.*
lundi	22	se. Isabelle.
mardi	23	s. Mérault,
mercredi	24	s. Mathias.
jeudi	25	s. Césaire.
vendredi	26	s. Nestor.
samedi	27	s. Arille.
Dim.	28	*Oculi.* s. Romain.

MARS.

lundi	1	s. Aubin.
mardi	2	s. Simplice.
mercredi	3	se. Cunégonde.
jeudi	4	s. Casimir.
vendredi	5	s. Adrien.
samedi	6	se. Colette.
Dim.	7	*Lœtare.*
lundi	8	s. Jean de D.
mardi	9	se. Françoise.
mercredi	10	s. Blanchard.
jeudi	11	s. Euloge.
vendredi	12	s. Paul, év.
samedi	13	se. Euphrasie.
Dim.	14	*La Passion.*
lundi.	15	s. Zacharie.
mardi	16	s. Cyriaque.
mercredi	17	se. Gertrude.
jeudi	18	s. Alexandre.
vendredi	19	s. Joseph.
samedi	20	s. Joachim.
Dim.	21	*Rameaux.*
lundi	22	s. Emile.
mardi	23	s. Victorien.
mercredi	24	s. Simon, m.
jeudi	25	s. Irenée.
vendredi	26	*Vendredi-Saint.*
samedi	27	s. Jean, évang.
Dim.	28	PAQUES.
lundi	29	s. Gontrand.
mardi	30	s. Rieul.
mercredi	31	se Balbine.

AVRIL.

jeudi	1	s. Hugues.
vendredi	2	s. Franç. de P.
samedi	3	s. Richard.
Dim.	4	*Quasimodo.*
lundi	5	*Annonciation.*
mardi	6	se. Prudence.
mercredi	7	s. Clotaire.
jeudi	8	s. Edèse.
vendredi	9	se. Marie, Egy.
samedi	10	s. Fulbert.
Dim.	11	se. Godeberte.
lundi.	12	s. Jules.
mardi	13	s. Marcelin.
mercredi	14	s. Tiburce.
jeudi	15	s. Maxime.
vendredi	16	s. Paterne.
samedi	17	s. Aviat.
Dim.	18	s. Parfait.
lundi.	19	s. Léon.
mardi	20	s. Théotime.
mercredi	21	s. Anselme.
jeudi	22	se. Opportune.
vendredi	23	s. Georges.
samedi	24	s. Léger.
Dim.	25	s. Marc.
lundi	26	s. Clet.
mardi	27	s. Polycarpe.
mercredi	28	s. Vital.
jeudi	29	s. Robert.
vendredi	30	s. Eutrope.

MAI.			JUIN.		
samedi	1	s. Jacq. s Phil.	mardi	1	s. Pamphile.
Dim.	2	s. Athanase.	mercredi	2	s. Pothin.
lundi	3	*Rogations.*	jeudi	3	se. Clotilde.
mardi	4	se. Monique.	vendredi	4	s. Optat.
mercredi	5	Conv. s. Aug.	samedi	5	s. Boniface.
jeudi	6	ASCENSION.	*Dim.*	6	s. Claude, év.
vendredi	7	s. Stanilas.	lundi	7	s. Lié.
samedi	8	se. Désirée.	mardi	8	s. Médard.
Dim.	9	Tran. s. Nic.	mercredi	9	se. Pélagie.
lundi	10	s. Gordien.	jeudi	10	s. Landri.
mardi	11	s. Mamert.	vendredi	11	s. Barnabé.
mercredi	12	s. Pancrace.	samedi	12	se. Olympe.
jeudi	13	s. Servais.	*Dim.*	13	s. Ant. de P.
vendredi	14	s. Pacôme.	lundi	14	s. Ruffin.
samedi	15	s. Isidore. *V. J.*	mardi	15	s. Modeste.
Dim.	16	PENTECOTE.	mercredi	16	s. Cyr.
lundi	17	s. Pascal.	jeudi	17	s. Avit.
mardi	18	s. Venance.	vendredi	18	se. Marine.
mercredi	19	s. Yves. 4 T.	samedi	19	s. Gerv. s. Prot.
jeudi	20	s. Bernardin.	*Dim.*	20	s. Sylvère.
vendredi	21	s. Sospis.	lundi	21	s. Leufroi.
samedi	22	se. Julie.	mardi	22	s. Paulin.
Dim.	23	*Trinité.*	mercredi	23	s. Jacq. V. J.
lundi	24	s. Donatien.	jeudi	24	s. *Jean-Bapt.*
mardi	25	s. Urbain.	vendredi	25	s. Prosper.
mercredi	26	s. Quadrat.	samedi	26	s. Babolein.
jeudi	27	*Fête-Dieu.*	*Dim.*	27	s. Crescent.
vendredi	28	s. Germain.	lundi	28	s. Loubert. *V J.*
samedi	29	s. Maximin.	mardi	29	*s. Pierre, s. P.*
Dim.	30	s. Félix.	mercredi	30	Com. s. Paul.
lundi	31	se. Pétronille.			

JUILLET.			AOUT.		
jeudi	1	se. Éléonore.	*Dim.*	1	se. Sophie.
vendredi	2	*Visit. N. D.*	lundi	2	s. Étienne, p.
samedi	3	s. Thierry.	mardi	3	se. Lydie.
Dim.	4	se. Berthe.	mercredi	4	s. Dominique.
lundi	5	se. Zoé.	jeudi	5	s. Yon.
mardi	6	s. Tranquille.	vendredi	6	Tr. de J.-C.
mercredi	7	se. Aubierge.	samedi	7	s. Gaétan.
jeudi	8	s. Procope.	*Dim.*	8	s. Justin.
vendredi	9	s. Cyrille.	lundi	9	s. Amour.
samedi	10	se. Félicité.	mardi	10	s. Laurent.
Dim.	11	Tr. s. Benoît.	mercredi	11	se Suzanne.
lundi	12	s. Gualbert.	jeudi	12	se. Claire.
mardi	13	s. Eugène.	vendredi	13	s. Hippolyte.
mercredi	14	s. Bonaventure.	samedi	14	s. Guer. *V. J.*
jeudi	15	s. Henry.	*Dim.*	15	ASSOMPTION
vendredi	16	s. Eustate.	lundi	16	s. Roch.
samedi	17	s. Alexis.	mardi	17	s. Mammès.
Dim.	18	s. Clair, év.	mercredi	18	se. Hélène.
lundi	19	s. Vincent de P.	jeudi	19	s. Louis, év.
mardi	20	se. Marguerite.	vendredi	20	s. Bernard.
mercredi	21	s. Victor.	samedi	21	s. Privat.
jeudi	22	se. Madeleine.	*Dim.*	22	s. Symphorien.
vendredi	23	s. Apollinaire.	lundi	23	s. Sidoine
samedi	24	se. Christine.	mardi	24	s. Barthélemy.
Dim.	25	s. Jacq. le maj.	mercredi	25	s. Louis.
lundi	26	Tr. s. Marcel.	jeudi	26	s. Zéphirin.
mardi	27	s. Pantaléon.	vendredi	27	s. Cesaire.
mercredi	28	se. Anne.	samedi	28	s. Augustin.
jeudi	29	se. Marthe.	*Dim.*	29	s. Médéric.
vendredi	30	s. Abdon.	lundi	30	s. Fiacre.
samedi	31	s. Germ. l'Aux.	mardi	31	s. Ovide.

SEPTEMBRE.			OCTOBRE.		
mercredi	1	s. Leu, s. Giles.	vendredi	1	s. Remi.
jeudi	2	s. Lazare.	samedi	2	Sts. Anges Gard.
vendredi	3	s. Grégoire.	*Dim.*	3	s. Cyprien.
samedi	4	se. Rosalie.	lundi	4	s. Franç. d'A.
Dim.	5	s. Bertin, ab.	mardi	5	s. Constant.
lundi	6	s. Eleuthère.	mercredi	6	s. Bruno.
mardi	7	s. Cloud.	jeudi	7	s. Serge.
mercredi	8	s. *Nativ. N.-D.*	vendredi	8	s. Thais.
jeudi	9	s. Omer.	samedi	9	*s. Denis.*
vendredi	10	se. Pulchérie.	*Dim.*	10	s. Paulin.
samedi	11	s. Hyacinthe.	lundi	11	s. Gomer.
Dim.	12	s. Raphaël.	mardi	12	se. Vilfride.
lundi	13	s. Maurille.	mercredi	13	s. Gérant.
mardi	14	Exalt. se. Croix.	jeudi	14	s. Caliste.
mercredi	15	s. Nicodème. 4 T.	vendredi	15	se. Therèse.
jeudi	16	s. Corneille.	samedi	16	s. Gal.
vendredi	17	. Lambert.	*Dim.*	17	s. Cerbonet.
samedi	18	s. Jean Chrys.	lundi	18	s. Luc, évang.
Dim.	19	s. Janvier.	mardi	19	s. Savinien.
lundi	20	s. Eustache.	mercredi	20	s. Caprais.
mardi	21	s. Mathieu.	jeudi	21	se. Ursule.
mercredi	22	s. Maurice	vendredi	22	s. Mellon.
jeudi	23	se. Thècle.	samedi	23	s. Hilarion.
vendredi	24	s. Andoche.	*Dim.*	24	s. Magloire.
samedi	25	s. Firmin.	lundi	25	s. Crep. s. Cr.
Dim.	26	se. Justine.	mardi	26	s. Rustique.
lundi	27	s. Côme, s. D.	mercredi	27	s. Frument.
mardi	28	s. Vinceslas.	jeudi	28	s. Simon, s. J.
mercredi	29	s. Michel.	vendredi	29	s. Faron.
jeudi	30	s. Jerôme.	samedi	30	s. Lucain. V. J.
			Dim.	31	s. Quentin.

NOVEMBRE.			DÉCEMBRE.		
lundi	1	TOUSSAINT.	mercredi	1	s. Éloi.
mardi	2	*Trépassés.*	jeudi	2	s. Franç. Xav.
mercredi	3	s. Marcel.	vendredi	3	s. Éloque.
jeudi	4	s. Charles.	samedi	4	se. Barbe.
vendredi	5	s. Zacharie.	*Dim.*	5	s. Sabas.
samedi	6	s. Léonard.	lundi	6	s. Nicolas.
Dim.	7	s. Florent.	mardi	7	se. Fare.
lundi	8	ses. Reliques.	mercredi	8	*Concept. N.-D.*
mardi	9	s. Mathurin.	jeudi	9	se. Gorgonie.
mercredi	10	s. Just.	vendredi	10	se. Valère.
jeudi	11	s. Martin.	samedi	11	s. Daniel.
vendredi	12	s. René.	*Dim.*	12	s. Valéry.
samedi	13	s. Brice.	lundi	13	se. Luce.
Dim.	14	s. Bertrand.	mardi	14	s. Nicaise.
lundi	15	s. Malo.	mercredi	15	s. Mémin. 4 T.
mardi	16	s. Edme.	jeudi	16	se. Adélaïde.
mercredi	17	s. Agnan.	vendredi	17	se. Olympie.
jeudi	18	se. Odes.	samedi	18	s. Gatien.
vendredi	19	se. Elisabeth.	*Dim.*	19	s. Thimothée.
samedi	20	s. Edmond.	lundi	20	s. Philogône.
Dim.	21	Présent. N. D.	mardi	21	s. Thomas.
lundi	22	se. Cécile.	mercredi	22	s. Honorat.
mardi	23	s. Clément.	jeudi	23	se. Victoire.
mercredi	24	s. Séverin.	vendredi	24	se. Delphine. *v.-j.*
jeudi	25	se. Catherine.	samedi	25	NOEL.
vendredi	26	se. Genev., ard.	*Dim.*	26	*s. Étienne*
samedi	27	s. Siméon, mét.	lundi	27	*s. Jean, évang.*
Dim.	28	*Avent.*	mardi	28	Sts. Innocents.
lundi	29	s. Saturnin.	mercredi	29	s. Trophime.
mardi	30	s. André.	jeudi	30	s. Sabin.
			vendredi	31	s. Silvestre, p.

JANVIER.		
jeudi	1	*Circoncision.*
vendredi	2	s. Basile.
samedi	3	s^{e}. *Geneviève.*
Dim.	4	s. Rigobert.
lundi	5	s. Siméon s. *Vig.*
mardi	6	*Epiphanie.*
mercredi	7	Noces.
jeudi	8	s. Lucien.
vendredi	9	s. Pierre, év.
samedi	10	s. Paul, serm.
Dim.	11	s. Théodore.
lundi	12	s. Arcade, m.
mardi	13	Bap. de J.-C.
mercredi	14	s. Hilaire.
jeudi	15	s. Maur.
vendredi	16	s. Guillaume.
samedi	17	s. Antoine.
Dim.	18	Ch. s. P. à R.
lundi	19	s. Sulpice.
mardi	20	s. Sèbastien.
mercredi	21	s^{e}. Agnès.
jeudi	22	s. Vincent.
vendredi	23	s. Ildefonse.
samedi	24	s. Babylas.
Dim.	25	*Septuagésime.*
lundi	26	s^{e}. Paule.
mardi	27	s. Julien.
mercredi	28	s. Charlemag.
jeudi	29	s. Franç. de S.
vendredi	30	s^{e}. Bathilde.
samedi	31	s^{e}. Marcèle.

FÉVRIER.		
Dim.	1	*Sexagésime.*
lundi	2	*Purification.*
mardi	3	s. Blaise.
mercredi	4	s. Gilbert.
jeudi	5	s^{e}. Agathe.
vendredi	6	s. Vaast.
samedi	7	s. Romuald.
Dim.	8	*Quinquagésime.*
lundi	9	s^{e}. Apolline.
mardi	10	*Mardi gras.*
mercredi	11	*Cendres.*
jeudi	12	s^{e}. Eulalie.
vendredi	13	s. Grégoire.
samedi	14	s. Valentin.
Dim.	15	*Quadragésime.*
lundi	16	s^{e}. Julienne.
mardi	17	s. Théodule.
mercredi	18	s. Siméon. 4 T.
jeudi	19	s. Gabin.
vendredi	20	s. Eucher.
samedi	21	s. Pépin.
Dim.	22	*Reminiscere.*
lundi	23	s. Mérault.
mardi	24	s. Mathias.
mercredi	25	s. Césaire.
jeudi	26	s. Nestor.
vendredi	27	s. Arille.
samedi	28	s^{e}. Honorine. s. Romain.

N°.8.

MARS.

Dim.	1	*Oculi.*
lundi	2	s. Simplice.
mardi	3	se. Cunégonde.
mercredi	4	s. Casimir.
jeudi	5	s. Adrien.
vendredi	6	se. Colette.
samedi	7	s. Thomas. d'A.
Dim.	8	*Lætare.*
lundi	9	se. Françoise.
mardi	10	s. Blanchard.
mercredi	11	s. Euloge.
jeudi	12	s. Paul, év.
vendredi	13	se. Euphrasie.
samedi	14	s. Lubin.
Dim.	15	*La Passion.*
lundi	16	s. Cyriaque.
mardi	17	se. Gertrude.
mercredi	18	s. Alexandre.
jeudi	19	s. Joseph.
vendredi	20	s. Joachim.
samedi	21	s. Benoît.
Dim.	22	*Rameaux.*
lundi	23	s. Victorien.
mardi	24	s. Simon, m.
mercredi	25	s. Irenée.
jeudi	26	s. Ludger.
vendredi	27	*Vendredi-Saint*
samedi	28	se Dorothée.
Dim.	29	PAQUES.
lundi	30	s. Rieul.
mardi	31	se. Balbine.

AVRIL.

mercredi	1	s. Hugues.
jeudi	2	s. Franç. de P.
vendredi	3	s. Richard.
samedi	4	s. Ambroise.
Dim.	5	*Quasimodo.*
lundi	6	*Annonciation.*
mardi	7	s. Clotaire.
mercredi	8	s. Edèze.
jeudi	9	se. Marie, égy.
vendredi	10	s. Fulbert.
samedi	11	se. Godeberte.
Dim.	12	s. Jules.
lundi	13	s. Marcelin.
mardi	14	s. Tiburce.
mercredi	15	s. Maxime.
jeudi	16	s. Paterne.
vendredi	17	s. Anicet.
samedi	18	s. Parfait.
Dim.	19	s. Leon.
lundi	20	s. Théotime.
mardi	21	s. Anselme.
mercredi	22	se. Opportune
jeudi	23	s. Georges.
vendredi	24	s. Léger.
samedi	25	s. Marc.
Dim.	26	s. Clet.
lundi	27	s. Polycarpe.
mardi	28	s. Vital.
mercredi	29	s. Robert.
jeudi	30	s. Eutrope.

MAI.

vendredi	1	s Jacq., s Phil.
samedi	2	s. Athanase.
Dim.	3	Inv. se Croix.
lundi	4	*Rogations.*
mardi	5	Conv. s. Aug.
mercredi	6	s. Jean-de-Lat.
jeudi	7	ASCENSION.
vendredi	8	se. Désirée.
samedi	9	Trans. s Nic. *V. J.*
Dim.	10	s. Gordien.
lundi	11	s. Mamert.
mardi	12	s. Pancrace.
mercredi	13	s. Servais.
jeudi	14	s. Pacome.
vendredi	15	s. Isidore.
samedi	16	s. Honoré. *V. J.*
Dim.	17	PENTECOTE.
lundi	18	s. Venance.
mardi	19	s. Yves.
mercredi	20	s. Bernard. 4 T.
jeudi	21	s. Sospis.
vendredi	22	se. Julie.
samedi	23	s. Didier.
Dim.	24	*Trinité.*
lundi	25	s. Urbain.
mardi	26	s. Quadrat.
mercredi	27	s. Hildevert.
jeudi	28	*Fête-Dieu.*
vendredi	29	s. Maximin.
samedi	30	s. Félix.
Dim.	31	se. Pétronille.

JUIN.

lundi	1	s. Pamphile.
mardi	2	s. Pothin.
mercredi	3	se. Clotilde.
jeudi	4	s. Optat.
vendredi	5	s. Boniface.
samedi	6	s. Claude, év.
Dim.	7	s. Lié.
lundi	8	s. Médard.
mardi	9	se. Pélagie.
mercredi	10	s. Landri.
jeudi	11	s. Barnabé.
vendredi	12	se. Olympe.
samedi	13	s. Ant. de Pad.
Dim.	14	s. Ruffin.
lundi	15	s. Modeste.
mardi	16	s. Cyr.
mercredi	17	s. Avit.
jeudi	18	se. Marine.
vendredi	19	s. Gerv. s. Prot.
samedi	20	s. Sylvère.
Dim.	21	s. Leufroi.
lundi	22	s. Paulin.
mardi	23	s. Jacques. *V. J.*
mercredi	24	s. *Jean-Bapt.*
jeudi	25	s. Prosper.
vendredi	26	s. Babolein.
samedi	27	s. Crescent.
Dim.	28	s. Loubert. *V. J.*
lundi	29	s. *Pierre*, s. *P.*
mardi	30	Conv. s. Paul.

JUILLET.			AOUT.		
mercredi	1	s^e^. Eléonore.	samedi	1	s^e^. Sophie.
jeudi	2	*Visitat. N.-D.*	*Dim.*	2	s. Etienne, p.
vendredi	3	s. Thierry.	lundi	3	s^e^. Lydie.
samedi	4	s^e^. Berthe.	mardi	4	s. Dominique.
Dim.	5	s^e^. Zoé.	mercredi	5	s. Yon.
lundi	6	s. Tranquille.	jeudi	6	Tr. de J.-C.
mardi	7	s^e^. Aubierge.	vendredi	7	s. Gaétan.
mercredi	8	s. Procope.	samedi	8	s. Justin.
jeudi	9	s. Cyrille.	*Dim.*	9	s. Amour. *Vig.*
vendredi	10	s^e^. Felicité.	lundi	10	s. Laurent.
samedi	11	Tr. s. Benoît.	mardi	11	s^e^. Suzanne.
Dim.	12	s. Gualbert.	mercredi	12	s^e^. Claire.
lundi	13	s. Eugène.	jeudi	13	s. Hippolyte.
mardi	14	s. Bonaventure.	vendredi	14	s. Guer. *Vig.*
mercredi	15	s. Henry.	samedi	15	ASSOMPTION.
jeudi	16	s. Eustate.	*Dim.*	16	s. Roch.
vendredi	17	s. Alexis.	lundi	17	s. Mammès.
samedi	18	s. Clair, év.	mardi	18	s^e^. Helène.
Dim.	19	s. Vinc. de P.	mercredi	19	s. Louis, év.
lundi	20	s^e^. Marguerite.	jeudi	20	s. Bernard.
mardi	21	s. Victor.	vendredi	21	s. Privat.
mercredi	22	s^e^. Madeleine.	samedi	22	s. Symphorien.
jeudi	23	s. Apollinaire.	*Dim.*	23	s. Sidoine.
vendredi	24	s^e^. Christine.	lundi	24	s. Barthélemy.
samedi	25	s. Jacq. le maj.	mardi	25	s. *Louis.*
Dim.	26	Tr. s. Marcel.	mercredi	26	s. Zéphirin.
lundi	27	s. Pantaléon.	jeudi	27	s. Césaire.
mardi	28	s^e^. Anne.	vendredi	28	s. Augustin.
mercredi	29	s^e^. Marthe.	samedi	29	s. Médéric.
jeudi	30	s. Abdon.	*Dim.*	30	s. Fiacre.
vendredi	31	s. Germ. l'Aux.	lundi	31	s. Ovide.

SEPTEMBRE.			OCTOBRE.		
mardi	1	s. Leu et s. Gil.	jeudi	1	s. Remi.
mercredi	2	s. Lazare.	vendredi	2	Sts Anges gard.
jeudi	3	s. Grégoire.	samedi	3	s. Cyprien.
vendredi	4	se. Rosalie.	*Dim.*	4	s. Franç. d'A.
samedi	5	s. Bertin Ab.	lundi	5	s. Constant.
Dim.	6	s. Eleuthère.	mardi	6	s. Bruno.
lundi	7	s. Cloud.	mercredi	7	s. Serge.
mardi	8	NAT. DE N.-D.	jeudi	8	s. Thaïs.
mercredi	9	s. Omer.	vendredi	9	s. *Denis.*
jeudi	10	se. Pulchérie.	samedi	10	s. Paulin.
vendredi	11	s. Hyacinthe.	*Dim.*	11	s. Gomer.
samedi	12	s. Raphaël.	lundi	12	se Vilfride.
Dim.	13	s. Maurille.	mardi	13	s. Gérant.
lundi	14	Ex. se Croix. V.	mercredi	14	s. Caliste.
mardi	15	s. Nicodème.	jeudi	15	se Thérèse.
mercredi	16	s. Corneille. 4 T.	vendredi	16	s. Gal.
jeudi	17	s. Lambert.	samedi	17	s. Cerbonet.
vendredi	18	s. Jean Chrys.	*Dim.*	18	s. Luc, évang.
samedi	19	s. Janvier.	lundi	19	s. Savinien.
Dim.	20	s. Eustache. *Vi.*	mardi	20	s. Caprais.
lundi	21	s. Mathieu.	mercredi	21	se. Ursule.
mardi	22	s. Maurice.	jeudi	22	s. Mellon.
mercredi	23	se. Thècle.	vendredi	23	s. Hilarion.
jeudi	24	s. Andoche.	samedi	24	s. Magloire.
vendredi	25	s. Firmin.	*Dim.*	25	s. Crép., s. Cré.
samedi	26	se. Justine.	lundi	26	s. Rustique.
Dim.	27	s. Côme, s Dam.	mardi	27	s. Frument. *Vi.*
lundi	28	s. Venceslas.	mercredi	28	s. Simon, s. Jud.
mardi	29	s. Michel.	jeudi	29	s. Faron.
mercredi	30	s. Jérôme.	vendredi	30	s. Lucain.
			samedi	31	s. Quent. *V. J.*

N° 8.

NOVEMBRE.			DÉCEMBRE.		
Dim.	1	TOUSSAINT.	mardi	1	s. Eloi.
lundi	2	*Trépassés.*	mercredi	2	s. Franç. Xav.
mardi	3	s. Marcel.	jeudi	3	s. Eloque.
mercredi	4	s. Charles.	vendredi	4	se Barbe. *Jeû.*
jeudi	5	s. Zacharie.	samedi	5	s. Sabas. *Jeû.*
vendredi	6	s. Leonard.	*Dim.*	6	s. Nicolas.
samedi	7	s. Florent.	lundi	7	se Fare.
Dim.	8	Stes Reliques.	mardi	8	*Concep. N.-D.*
lundi	9	s. Mathurin.	mercredi	9	se Gorgonie.
mardi	10	s. Juste.	jeudi	10	se Valère.
mercredi	11	s. Martin.	vendredi	11	s. Daniel. *Jeû.*
jeudi	12	s. René.	samedi	12	s. Valéri. *Jeû.*
vendredi	13	s. Brice.	*Dim.*	13	se. Luce, vi.
samedi	14	s. Bertrand.	lundi	14	s. Nicaise.
Dim.	15	s. Malo.	mardi	15	s. Mémin.
lundi	16	s. Edme.	mercredi	16	se Adelaïde. 4T.
mardi	17	s. Agnan.	jeudi	17	se Olympie.
mercredi	18	se. Odes.	vendredi	18	s. Gatien.
jeudi	19	se. Elizabeth.	samedi	19	s. Thimothé.
vendredi	20	s. Edmond.	*Dim.*	20	s. Philogone.
samedi	21	Présent. N.-D.	lundi	21	s. Thomas.
Dim.	22	se. Cécile.	mardi	22	s. Honorat.
lundi	23	s. Clément.	mercredi	23	se. Victoire.
mardi	24	s. Séverin.	jeudi	24	se. Delph. *V. J.*
mercredi	25	se. Catherine.	vendredi	25	NOEL.
jeudi	26	se. Genev. ard.	samedi	26	*s. Etienne.*
vendredi	27	s. Siméon mét.	*Dim.*	27	*s. Jean, évang.*
samedi	28	s. Sosthène.	lundi	28	Sts. Innocents.
Dim.	29	*Avent.*	mardi	29	s. Trophime.
lundi	30	s. André.	mercredi	30	s. Sabin.
			jeudi	31	s. Silvestre, p.

JANVIER.

mercredi	1	*Circoncision.*
jeudi	2	s. Basile.
vendredi	3	s^e^. *Geneviève.*
samedi	4	s. Rigobert.
Dim.	5	s. Siméon. V. J.
lundi	6	*Epiphanie.*
mardi	7	Noces.
mercredi	8	s. Lucien.
jeudi	9	s. Pierre, év.
vendredi	10	s. Paul, erm.
samedi	11	s. Théodore.
Dim.	12	s. Arcade, m.
lundi	13	Bapt. de J.-C.
mardi	14	s. Hilaire.
mercredi	15	s. Maur.
jeudi	16	s. Guillaume.
vendredi	17	s. Antoine.
samedi	18	Ch. s. P. à R.
Dim.	19	s. Sulpice.
lundi	20	s. Sébastien.
mardi	21	s^e^. Agnès.
mercredi	22	s. Vincent.
jeudi	23	s. Ildefonse.
vendredi	24	s. Babylas.
samedi	25	Conv.-s.-Paul.
Dim.	26	*S ptuagésime.*
lundi	27	s. Julien.
mardi	28	s. Charlemagne
mercredi	29	s. Franç., de S.
jeudi	30	s^e^. Bathilde.
vendredi	31	s^e^. Macèle.

FÉVRIER.

samedi	1	s. Ignace.
Dim.	2	*Purification.*
lundi	3	s. Blaise.
mardi	4	s. Gilbert.
mercredi	5	s^e^. Agathe.
jeudi	6	s. Vaast.
vendredi	7	s. Romuald.
samedi	8	s. Jean de M.
Dim.	9	*Quinquagésime.*
lundi	10	s^e^. Scolastique.
mardi	11	*Mardi gras.*
mercredi	12	*Cendres.*
jeudi	13	s. Grégoire.
vendredi	14	s. Valentin.
samedi	15	s. Faustin.
Dim.	16	*Quadragésime.*
lundi	17	s. Théodule.
mardi	18	s. Siméon.
mercredi	19	s. Gabin. 4 T.
jeudi	20	s. Eucher.
vendredi	21	s. Pepin.
samedi	22	s^e^. Isabelle.
Dim.	23	*Reminiscere.*
lundi	24	s. Mathias.
mardi	25	s. Césaire.
mercredi	26	s. Nestor.
jeudi	27	s. Arille.
vendredi	28	s^e^. Honorine.
		s. Romain.

MARS.			AVRIL.		
samedi	1	s. Aubin.	mardi	1	s. Hugues.
Dim.	2	*Oculi.*	mercredi	2	s. Franç. de P.
lundi	3	se. Cunégonde.	jeudi	3	s. Richard.
mardi	4	s. Casimir.	vendredi	4	s. Ambroise.
mercredi	5	s. Adrien.	samedi	5	s. Albert.
jeudi	6	se. Colette.	*Dim.*	6	*Quasimodo.*
vendredi	7	s. Thomas d'A.	lundi	7	*Annonciation.*
samedi	8	s. Jean de D.	mardi	8	s. Edèze.
Dim.	9	*Lætare.*	mercredi	9	se. Marie, Egy.
lundi	10	s. Blanchard.	jeudi	10	s. Fulbert.
mardi	11	s. Euloge.	vendredi	11	se Godeberte.
mercredi	12	s. Paul, évêq.	samedi	12	s. Jules.
jeudi	13	se. Euphrasie.	*Dim.*	13	s. Marcelin.
vendredi	14	s. Lubin.	lundi	14	s. Tiburce.
samedi	15	s. Zacharie.	mardi	15	s. Maxime.
Dim.	16	*La Passion.*	mercredi	16	s. Paterne.
lundi	17	se Gertrude.	jeudi	17	s. Anicet.
mardi	18	s. Alexandre.	vendredi	18	s. Parfait.
mercredi	19	s. Joseph.	samedi	19	s. Léon.
jeudi	20	s. Joachim.	*Dim.*	20	s. Théotime.
vendredi	21	s. Benoît.	lundi	21	s. Anselme.
samedi	22	s. Emile.	mardi	22	se. Opportune.
Dim.	23	*Rameaux.*	mercredi	23	s. Georges.
lundi	24	s. Simon, m.	jeudi	24	s. Léger.
mardi	25	s. Irenée.	vendredi	25	s. Marc.
mercredi	26	s. Ludger.	samedi	26	s. Clet.
jeudi	27	s. Jean, erm.	*Dim.*	27	s. Polycarpe.
vendredi	28	*Vendredi-Saint.*	lundi	28	s. Vital.
samedi	29	s. Gontrand.	mardi	29	s. Robert.
Dim.	30	PAQUES.	mercredi	30	s. Eutrope.
lundi	31	se. Balbine.			

MAI.			JUIN.		
jeudi	1	s. Jacq. s. Phil.	*Dim.*	1	s. Pamphile.
vendredi	2	s. Athanase.	lundi	2	s. Pothin.
samedi	3	Inv. se. Croix.	mardi	3	se Clotilde.
Dim.	4	se. Monique.	mercredi	4	s. Optat.
lundi	5	*Rogations.*	jeudi	5	s. Boniface.
mardi	6	s. Jean-p.-Lat	vendredi	6	s. Claude, év.
mercredi	7	s. Stanislas.	samedi	7	s. Lié.
jeudi	8	ASCENSION.	*Dim.*	8	s. Médard.
vendredi	9	Trans. s. Nic.	lundi	9	se. Pélagie.
samedi	10	s. Gordien.	mardi	10	s. Landri.
Dim.	11	s. Mamert.	mercredi	11	s. Barnabé.
lundi	12	s. Pancrace.	jeudi	12	se. Olympe.
mardi	13	s. Servais.	vendredi	13	s. Ant. de Pad.
mercredi	14	s. Pacome.	samedi	14	s. Ruffin.
jeudi	15	s. Isidore.	*Dim.*	15	s. Modeste.
vendredi	16	s. Honoré.	lundi	16	s. Cyr.
samedi	17	s. Pascal. *V. J.*	mardi	17	s. Avit.
Dim.	18	PENTECOTE.	mercredi	18	s. Maxime.
lundi	19	s. Yves.	jeudi	19	s. Gerv. s. Prot.
mardi	20	s. Bernardin.	vendredi	20	s. Sylvère.
mercredi	21	s. Sospis. 4 T.	samedi	21	s. Leufroi.
jeudi	22	se. Julie.	*Dim.*	22	s. Paulin.
vendredi	23	s. Didier.	lundi	23	s. Jacques *V. J.*
samedi	24	s. Donatien.	mardi	24	s. *Jean-Bapt.*
Dim.	25	*Trinité.*	mercredi	25	s. Prosper.
lundi	26	s. Quadrat.	jeudi	26	s. Babolein
mardi	27	s. Hildevert.	vendredi	27	s. Crescent.
mercredi	28	s. Germain.	samedi	28	s. Loubert, *V. J.*
jeudi	29	*Fête-Dieu.*	*Dim.*	29	*s. Pierre s. P.*
vendredi	30	s. Félix.	lundi	30	Com. s. Paul.
samedi	31	se. Pétronille.			

JUILLET.			AOUT.		
mardi	1	se Eléonore.	vendredi	1	se. Sophie.
mercredi	2	*Visit. N. D.*	samedi	2	s. Etienne P.
jeudi	3	s. Thierry.	*Dim.*	3	se. Lydie.
vendredi	4	se Berthe.	lundi	4	s. Dominique.
samedi	5	se Zoé.	mardi	5	s. Yon.
Dim.	6	s. Tranquille.	mercredi	6	Tr. de J.-C.
lundi	7	se. Aubierge.	jeudi	7	s. Gaétan.
mardi	8	s. Procope.	vendredi	8	s. Justin.
mercredi	9	s. Cyrille.	samedi	9	s. Amour.
jeudi	10	se. Felicité.	*Dim.*	10	s. Laurent.
vendredi	11	s. Tr. s. Benoît.	lundi	11	se. Suzanne.
samedi	12	s. Gualbert.	mardi	12	se. Claire.
Dim.	13	s. Eugène.	mercredi	13	s. Hippolyte.
lundi	14	s. Bonaventure.	jeudi	14	s. Guer., vig.
mardi	15	s. Henri.	vendredi	15	ASSOMPTION.
mercredi	16	s. Eustate.	samedi	16	s. Roch.
jeudi	17	s. Alexis.	*Dim.*	17	s. Mammès.
vendredi	18	s. Clair, év.	lundi	18	se. Hélène.
samedi	19	s. Vinc. de P.	mardi	19	s. Louis, év.
Dim.	20	se. Marguerite.	mercredi	20	s. Bernard.
lundi	21	s. Victor.	jeudi	21	s. Privat.
mardi	22	se. Madeleine.	vendredi	22	s. Symphorien.
mercredi	23	s. Apollinaire.	samedi	23	s. Sidoine.
jeudi	24	se. Christine.	*Dim.*	24	s. Barthélemi.
vendredi	25	s. Jacq. le Maj.	lundi	25	*s. Louis.*
samedi	26	Tr. s. Marcel.	mardi	26	s. Zephirin.
Dim.	27	s. Pantaléon.	mercredi	27	s. Césaire.
lundi	28	se. Anne.	jeudi	28	s. Augustin.
mardi	29	se Marthe.	vendredi	29	s. Médéric.
mercredi	30	s. Abdon.	samedi	30	s. Fiacre.
jeudi	31	s. Germ. l'Aux.	*Dim.*	31	s. Ovide.

SEPTEMBRE.			OCTOBRE.		
lundi	1	s. Leu, s. Giles.	mercredi	1	s. Remi.
mardi	2	s. Lazare.	jeudi	2	sts. Anges Gar.
mercredi	3	s. Grégoire.	vendredi	3	s. Cyprien.
jeudi	4	s°. Rosalie.	samedi	4	s. Franç. d'A.
vendredi	5	s. Bertin, ab.	*Dim.*	5	s. Constant.
samedi	6	s. Eleuthère.	lundi	6	s. Bruno.
Dim.	7	s. Cloud.	mardi	7	s. Serge.
lundi	8	*Nativité N. D.*	mercredi	8	s. Thais.
mardi	9	s. Omer.	jeudi	9	s. *Denis.*
mercredi	10	se Pulchérie.	vendredi	10	s. Paulin.
jeudi	11	s. Hyacinthe.	samedi	11	s. Gomer.
vendredi	12	s. Raphael.	*Dim.*	12	se. Vilfride.
samedi	13	s. Maurille.	lundi	13	s. Gérant.
Dim.	14	Exal. s. Croix.	mardi	14	s. Caliste.
lundi	15	s. Nicodème.	mercredi	15	se. Thérèse.
mardi	16	s. Corneille.	jeudi	16	s. Gal.
mercredi	17	s. Lamb., 4 T.	vendredi	17	s. Cerbonet.
jeudi	18	s. Jean Chrys.	samedi	18	s. Luc., évan.
vendredi	19	s. Janvier.	*Dim.*	19	s. Savinien.
samedi	20	s. Eustache.	lundi	20	s. Caprais.
Dim.	21	s. Mathieu.	mardi	21	se. Ursule.
lundi	22	s. Maurice.	mercredi	22	s. Mellon.
mardi	23	se. Thècle.	jeudi	23	s. Hilarion.
mercredi	24	s. Andoche.	vendredi	24	s. Magloire.
jeudi	25	s. Firmin.	samedi	25	s. Crép. s. Cré.
vendredi	26	se. Justine.	*Dim.*	26	s. Rustique.
samedi	27	s. Côme, s. Da.	lundi	27	s. Frument.
Dim.	28	s. Venceslas.	mardi	28	s. Simon, s. J.
lundi	29	s. Michel.	mercredi	29	s. Faron.
mardi	30	s. Jérome.	jeudi	30	s. Lucain.
			vendredi	31	s. Quentin, *V. J.*

N° 9.

NOVEMBRE.

samedi	1	Toussaint.
Dim.	2	*Trépassés.*
lundi	3	s. Marcel.
mardi	4	s. Charles.
mercredi	5	s. Zacharie.
jeudi	6	s. Léonard.
vendredi	7	s. Florent.
samedi	8	ses. Reliques.
Dim.	9	s. Mathurin.
lundi	10	s. Juste.
mardi	11	s. Martin.
mercredi	12	s. René.
jeudi	13	s. Brice.
vendredi	14	s. Bertrand.
samedi	15	s. Malo.
Dim.	16	s. Edme.
lundi	17	s. Agnan.
mardi	18	se. Odes.
mercredi	19	se. Elizabeth.
jeudi	20	s. Edmond.
vendredi	21	Prés. N. D.
samedi	22	so Cécile.
Dim.	23	s. Clément.
lundi	24	s. Séverin.
mardi	25	se. Catherine.
mercredi	26	se. Genev., ard
jeudi	27	s. Siméon, mct.
vendredi	28	s. Sosthène.
samedi	29	s. Saturnin.
Dim.	30	*Avent.*

DÉCEMBRE.

lundi	1	s. Eloi.
mardi	2	s. Franç. Xav.
mercredi	3	s. Eloque.
jeudi	4	se. Barbe.
vendredi	5	s. Sabas.
samedi	6	s. Nicolas.
Dim.	7	se. Fare.
lundi	8	*Concept. N. D*
mardi	9	se. Gorgonie.
mercredi	10	se. Valère.
jeudi	11	s. Daniel.
vendredi	12	s. Valeri.
samedi	13	se. Luce.
Dim.	14	s. Nicaise.
lundi	15	s. Mémin.
mardi	16	se. Adélaide.
mercredi	17	se. Olympie. 4T.
jeudi	18	s. Gatien.
vendredi	19	s. Thimothé.
samedi	20	s. Philogone.
Dim.	21	s. Thomas.
lundi	22	s. Honorat.
mardi	23	se. Victoire.
mercredi	24	se. Delphine *V. J.*
jeudi	25	Noel.
vendredi	26	*s. Etienne.*
samedi	27	*s. Jean, évang*
Dim.	28	Sts. Innocents.
lundi	29	s. Trophime.
mardi	30	s. Sabin.
mercredi	31	s. Silvestre, p

N° 10.

JANVIER.

mardi	1	*Circoncision.*
mercredi	2	s. Basile.
jeudi	3	se. *Geneviève.*
vendredi	4	s. Rigobert.
samedi	5	s. Sim. st. *Vig*
Dim.	6	*Epiphanie.*
lundi	7	Noces.
mardi	8	s. Lucien.
mercredi	9	s. Pierre, év.
jeudi	10	s. Paul, erm.
vendredi	11	s. Théodore.
samedi	12	s. Arcade, m.
Dim.	13	Bap. de J.-C.
lundi	14	s. Hilaire.
mardi	15	s. Maur.
mercredi	16	s. Guillaume.
jeudi	17	s. Antoine.
vendredi	18	Ch. s. P. à R.
samedi	19	s. Sulpice.
Dim.	20	s. Sébastien.
lundi	21	se. Agnès.
mardi	22	s. Vincent.
mercredi	23	s. Ildefonse.
jeudi	24	s. Babylas.
vendredi	25	Conv. s. Paul.
samedi	26	se. Paule.
Dim.	27	*Septuagésime.*
lundi	28	s. Charlemagne
mardi	29	s. Franç. de S
mercredi	30	se. Bathilde.
jeudi	31	se. Marcèle.

FÉVRIER.

vendredi	1	s. Ignace.
samedi	2	*Purification.*
Dim.	3	*Sexagésime.*
lundi	4	s. Gilbert.
mardi	5	se. Agathe.
mercredi	6	s. Vaast.
jeudi	7	s. Romuald.
vendredi	8	s. Jean de M.
samedi	9	se. Apolline.
Dim.	10	*Quinquagésime*
lundi	11	s. Séverin.
mardi	12	*Mardi gras.*
mercredi	13	*Cendres.*
jeudi	14	s. Valentin.
vendredi	15	s. Faustin.
samedi	16	se. Julienne.
Dim.	17	*Quadragésime.*
lundi	18	s. Siméon.
mardi	19	s. Gabin.
mercredi	20	s. Eucher. 4T.
jeudi	21	s. Pépin.
vendredi	22	se. Isabelle.
samedi	23	s. Mérault.
Dim.	24	*Reminiscere.*
lundi	25	s. Césaire.
mardi	26	s. Nestor.
mercredi	27	s. Arille.
jeudi	28	se Honorine.
		s. Romain.

MARS.			AVRIL.		
vendredi	1	s. Aubin.	lundi	1	s. Hugues.
samedi	2	s. Simplice.	mardi	2	s. Franç. de P.
Dim.	3	*Oculi.*	mercredi	3	s. Richard.
lundi	4	s. Casimir.	jeudi	4	s. Ambroise.
mardi	5	s. Adrien.	vendredi	5	s. Albert.
mercredi	6	se. Colette.	samedi	6	se Prudente.
jeudi	7	s. Thomas d'A.	*Dim.*	7	*Quasimodo.*
vendredi	8	s. Jean de D.	lundi	8	*Annonciation.*
samedi	9	se. Françoise.	mardi	9	se. Marie, égy.
Dim.	10	*Lætare.*	mercredi	10	s. Fulbert.
lundi	11	s. Euloge.	jeudi	11	se. Godeberte.
mardi	12	s. Paul, év.	vendredi	12	s. Jules.
mercredi	13	se. Euphrasie.	samedi	13	s. Marcelin.
jeudi	14	s. Lubin.	*Dim.*	14	s. Tiburce.
vendredi	15	s. Zacharie.	lundi	15	s. Maxime.
samedi	16	s. Cyriaque.	mardi	16	s. Paterne.
Dim.	17	*La Passion.*	mercredi	17	s. Anicet.
lundi	18	s. Alexandre.	jeudi	18	s. Parfait.
mardi	19	s. Joseph.	vendredi	19	s. Léon.
mercredi	20	s. Joachim.	samedi	20	s. Théotime.
jeudi	21	s. Benoît.	*Dim.*	21	s. Anselme.
vendredi	22	s. Emile.	lundi	22	se. Opportune.
samedi	23	s. Victorien.	mardi	23	s. Georges.
Dim.	24	*Rameaux.*	mercredi	24	s. Léger.
lundi	25	s. Irenée.	jeudi	25	s. Marc.
mardi	26	s. Ludger.	vendredi	26	s. Clet.
mercredi	27	s. Jean, erm.	samedi	27	s. Polycarpe.
jeudi	28	se. Dorothée.	*Dim.*	28	s. Vital.
vendredi	29	*Vendredi-Saint*	lundi	29	s. Robert.
samedi	30	s. Rieul.	mardi	30	s. Eutrope.
Dim.	31	PAQUES.			

MAI.			JUIN.		
mercredi	1	s. Jacq. s. Phil.	samedi	1	s. Pamphile.
jeudi	2	s. Athanase.	*Dim.*	2	s. Pothin.
vendredi	3	Inv. se. Croix.	lundi	3	se. Clotilde.
samedi	4	se. Monique.	mardi	4	s. Optat.
Dim.	5	Conv. s. Aug.	mercredi	5	s. Boniface.
lundi	6	*Rogations.*	jeudi	6	s. Claude, év.
mardi	7	s. Stanislas.	vendredi	7	s. Lié.
mercredi	8	se. Desirée.	samedi	8	s. Medard.
jeudi	9	ASCENSION.	*Dim.*	9	se. Pélagie.
vendredi	10	s. Gordien.	lundi	10	s. Landri.
samedi	11	s. Mamert.	mardi	11	s. Barnabé.
Dim.	12	s. Pancrace.	mercredi	12	se. Olympe.
lundi	13	s. Servais.	jeudi	13	s. Ant. de P.
mardi	14	s. Pacôme.	vendredi	14	s. Ruffin.
mercredi	15	s. Isidore.	samedi	15	s. Modeste.
jeudi	16	s. Honoré.	*Dim.*	16	s. Cyr.
vendredi	17	s. Pascal.	lundi	17	s. Avit.
samedi	18	s. Venance. *V.J.*	mardi	18	se Marine.
Dim.	19	PENTECOTE.	mercredi	19	s. Gerv. s. Prot.
lundi	20	s. Bernardin.	jeudi	20	s. Sylvère.
mardi	21	s. Sospis.	vendredi	21	s. Leufroi.
mercredi	22	se. Julie. 4 T.	samedi	22	s. Paulin.
jeudi	23	s. Didier.	*Dim.*	23	s. Jacques. *V. J.*
vendredi	24	s. Donatien.	lundi	24	*s. Jean-Bapt.*
samedi	25	s. Urbain.	mardi	25	s. Prosper.
Dim.	26	*Trinité.*	mercredi	26	s. Babolein.
lundi	27	s. Hildevert.	jeudi	27	s. Crescent.
mardi	28	s. Germain.	vendredi	28	s. Loubert. *V.J.*
mercredi	29	s. Maximin.	samedi	29	*s. Pier. s. Paul.*
jeudi	30	*Fête-Dieu.*	*Dim.*	30	Com. s. Paul.
vendredi	31	se. Petronille.			

JUILLET.			AOUT.		
lundi	1	se. Eléonore.	jeudi	1	se. Sophie.
mardi	2	*Visitat. N. D.*	vendredi	2	s. Etienne, p.
mercredi	3	s. Thierry.	samedi	3	se. Lydie.
jeudi	4	se. Berthe.	*Dim.*	4	s. Dominique.
vendredi	5	se. Zoé.	lundi	5	s. Yon.
samedi	6	s. Tranquille.	mardi	6	Trans. de J.-C.
Dim.	7	se. Aubierge.	mercredi	7	s. Gaëtan.
lundi	8	s. Procope.	jeudi	8	s. Justin.
mardi	9	s. Cyrille.	vendredi	9	s. Amour.
mercredi	10	se Félicité.	samedi	10	s. Laurent.
jeudi	11	Tr. s. Benoît.	*Dim.*	11	se. Suzanne.
vendredi	12	s. Gualbert.	lundi	12	se. Claire.
samedi	13	s. Eugène.	mardi	13	s. Hippolyte.
Dim.	14	s. Bonaventure.	mercredi	14	s. Guer. *Vig.*
lundi	15	s. Henry.	jeudi	15	ASSOMPTION.
mardi	16	s. Eustate.	vendredi	16	s. Roch.
mercredi	17	s. Alexis.	samedi	17	s. Mammès.
jeudi	18	s. Clair, év.	*Dim.*	18	s. Helène.
vendredi	19	s. Vincent de P.	lundi	19	s. Louis, év.
samedi	20	se. Marguerite.	mardi	20	s. Bernard.
Dim.	21	s. Victor.	mercredi	21	s. Privat.
lundi	22	se. Madeleine.	jeudi	22	s. Symphorien.
mardi	23	s. Apollinaire.	vendredi	23	s. Sidoine.
mercredi	24	se. Christine.	samedi	24	s. Barthelemy.
jeudi	25	s. Jacq. le maj	*Dim.*	25	*s. Louis.*
vendredi	26	Tr. s. Marcel.	lundi	26	s. Zéphirin.
samedi	27	s. Pantaléon.	mardi	27	s. Cesaire.
Dim.	28	se. Anne.	mercredi	28	s. Augustin.
lundi	29	se. Marthe.	jeudi	29	s. Medéric.
mardi	30	s. Abdon.	vendredi	30	s. Fiacre.
mercredi	31	s. Germ. l'Aux.	samedi	31	s. Ovide.

SEPTEMBRE.			OCTOBRE.		
Dim.	1	s. Leu, s. Giles.	mardi	1	s. Remy.
lundi	2	s. Lazare.	mercredi	2	Sts. Ang. Gard.
mardi	3	s. Grégoire.	jeudi	3	s. Cyprien.
mercredi	4	se. Rosalie.	vendredi	4	s. Franç. d'A.
jeudi	5	s. Bertin, ab.	samedi	5	s. Constant.
vendredi	6	s. Eleuthère.	*Dim.*	6	s. Bruno.
samedi	7	s. Cloud.	lundi	7	s. Serge.
Dim.	8	*Nativité N.-D.*	mardi	8	s. Thais.
lundi	9	s. Omer.	mercredi	9	*s. Denis.*
mardi	10	se. Pulchérie.	jeudi	10	s. Paulin.
mercredi	11	s. Hyacinthe.	vendredi	11	s. Gomer.
jeudi	12	s. Raphael.	samedi	12	s. Vilfride.
vendredi	13	s. Maurille.	*Dim.*	13	s. Gérant.
samedi	14	Exalt. se Croix.	lundi	14	s. Caliste.
Dim.	15	s. Nicomède.	mardi	15	se. Thérèse.
lundi	16	s. Corneille.	mercredi	16	s. Gal.
mardi	17	s. Lambert.	jeudi	17	s. Cerbonet.
mercredi	18	s. Jean Chr. 4 T.	vendredi	18	s. Luc, evang.
jeudi	19	s. Janvier.	samedi	19	s. Savinien.
vendredi	20	s. Eustache.	*Dim.*	20	s. Caprais.
samedi	21	s. Mathieu.	lundi	21	se. Ursule.
Dim.	22	s. Maurice.	mardi	22	s. Mellon.
lundi	23	se Thècle.	mercredi	23	s. Hilarion.
mardi	24	s. Andoche.	jeudi	24	s. Magloire.
mercredi	25	s. Firmin.	vendredi	25	s. Crép. s. Cré.
jeudi	26	se Justine.	samedi	26	s. Rustique.
vendredi	27	s. Côme, s. D.	*Dim.*	27	s. Frument. *Vi.*
samedi	28	s. Venceslas.	lundi	28	s. Sim. s. Jude.
Dim.	29	s. Michel.	mardi	29	s. Faron.
lundi	30	s. Jérôme.	mercredi	30	s. Lucain.
			jeudi	31	s. Quentin. *V.J.*

NOVEMBRE.			DÉCEMBRE.		
vendredi	1	Toussaint.	*Dim.*	1	*Avent.*
samedi	2	*Trépassés.*	lundi	2	s. Franç. Xav.
Dim.	3	s. Marcel.	mardi	3	s. Eloque.
lundi	4	s. Charles.	mercredi	4	se. Barbe.
mardi	5	s. Zacharie.	jeudi	5	s. Sabas.
mercredi	6	s. Léonard.	vendredi	6	s. Nicolas.
jeudi	7	s. Florent.	samedi	7	se Fare.
vendredi	8	Stes. Reliques.	*Dim.*	8	*Concept. N.-D.*
samedi	9	s. Mathurin.	lundi	9	se. Gorgonie.
Dim.	10	s. Juste.	mardi	10	se. Valère.
lundi	11	s. Martin.	mercredi	11	s. Daniel.
mardi	12	s. René.	jeudi	12	s. Valeri.
mercredi	13	s. Brice.	vendredi	13	se. Luce.
jeudi	14	s. Bertrand.	samedi	14	s. Nicaise.
vendredi	15	s. Malo.	*Dim.*	15	s. Mémin.
samedi	16	s. Edme.	lundi	16	se. Adelaide.
Dim.	17	s. Agnan.	mardi	17	se. Olympie.
lundi	18	se. Odes.	mercredi	18	s. Gatien. 4 T.
mardi	19	se. Elizabeth.	jeudi	19	s. Thimothée.
mercredi	20	s. Edmond.	vendredi	20	s. Philogone.
jeudi	21	Présent. N.-D.	samedi	21	s. Thomas.
vendredi	22	se. Cécile.	*Dim.*	22	s. Honorat.
samedi	23	s. Clément.	lundi	23	se. Victoire.
Dim.	24	s. Séverin, soli.	mardi	24	se. Delphine. *V. J*
lundi	25	se. Catherine.	mercredi	25	Noel.
mardi	26	se. Geneviève.	jeudi	26	*s. Etienne.*
mercredi	27	s. Siméon, met	vendredi	27	*s. Jean, évang.*
jeudi	28	s. Sosthène.	samedi	28	Sts. Innocents.
vendredi	29	s. Saturnin.	*Dim.*	29	s. Trophime.
samedi	30	s. André.	lundi	30	s. Sabin.
			mardi	31	s. Silvestre, p

JANVIER.

lundi	1	*Circoncision.*
mardi	2	s. Basile.
mercredi	3	s^{e}. *Geneviève.*
jeudi	4	s. Rigobert.
vendredi	5	s. Sim., *s. Vig.*
samedi	6	*Epiphanie.*
Dim.	7	Noces.
lundi	8	s. Lucien.
mardi	9	s. Pierre, év.
mercredi	10	s. Paul, erm.
jeudi	11	s. Théodore.
vendredi	12	s. Arcade, m.
samedi	13	Baptême J.-C.
Dim.	14	s. Hilaire.
lundi	15	s. Maur.
mardi	16	s. Guillaume.
mercredi	17	s. Antoine.
jeudi	18	Ch. s. Pier. à R.
vendredi	19	s. Sulpice.
samedi	20	s. Sébastien.
Dim.	21	s^{e}. Agnès.
lundi	22	s. Vincent.
mardi	23	s. Ildefonse.
mercredi	24	s. Babylas.
jeudi	25	Conv. s. Paul.
vendredi	26	s^{e}. Paule.
samedi	27	s. Julien.
Dim.	28	*Septuagésime.*
lundi	29	s. Franç. de S.
mardi	30	s^{e}. Bathilde.
mercredi	31	s^{e}. Marcèle.

FÉVRIER.

jeudi	1	s. Ignace.
vendredi	2	*Purification.*
samedi	3	s. Blaise.
Dim.	4	*Sexagésime.*
lundi	5	s^{e}. Agathe.
mardi	6	s. Vaast.
mercredi	7	s. Romuald.
jeudi	8	s. Jean de M.
vendredi	9	s^{e}. Apolline.
samedi	10	s^{e}. Scolastique.
Dim.	11	*Quinquagésime.*
lundi	12	s^{e}. Eulalie.
mardi	13	*Mardi gras.*
mercredi	14	*Cendres.*
jeudi	15	s. Faustin.
vendredi	16	s^{e}. Julienne.
samedi	17	s. Théodule.
Dim.	18	*Quadragésime.*
lundi	19	s. Gabin.
mardi	20	s. Eucher.
mercredi	21	s. Pépin. 4 T.
jeudi	22	s^{e} Isabelle.
vendredi	23	s. Mérault.
samedi	24	s. Mathias.
Dim.	25	*Reminiscere.*
lundi	26	s. Nestor.
mardi	27	s. Arille.
mercredi	28	s^{e}. Honorine.
		s. Romain.

N° 11.

MARS.

jeudi	1	s. Aubin.
vendredi	2	s. Simplice.
samedi	3	s^{e}. Cunégonde.
Dim.	4	*Oculi.*
lundi	5	s. Adrien.
mardi	6	s^{e}. Colette.
mercredi	7	s. Thomas d'A.
jeudi	8	s. Jean de D.
vendredi	9	s^{e}. Françoise.
samedi	10	s. Blanchard.
Dim.	11	*Lætare.*
lundi	12	s. Paul, év.
mardi	13	s^{e}. Euphrasie.
mercredi	14	s. Lubin.
jeudi	15	s. Zacharie.
vendredi	16	s. Cyriaque.
samedi	17	s^{e}. Gertrude.
Dim.	18	*La Passion.*
lundi	19	s. Joseph.
mardi	20	s. Joachim.
mercredi	21	s. Benoît.
jeudi	22	s. Emile.
vendredi	23	s. Victorien.
samedi	24	s. Simon, m.
Dim.	25	*Rameaux.*
lundi	26	s. Ludger.
mardi	27	s. Jean, erm.
mercredi	28	s^{e}. Dorothée.
jeudi	29	s. Gontrand.
vendredi	30	*Vendredi-Saint*
samedi	31	s^{e}. Balbine.

AVRIL.

Dim.	1	PAQUES.
lundi	2	s. Franç. de P.
mardi	3	s. Richard.
mercredi	4	s. Ambroise.
jeudi	5	s. Albert.
vendredi	6	s^{e}. Prudence.
samedi	7	s. Clotaire.
Dim.	8	*Quasimodo.*
lundi	9	*Annonciation.*
mardi	10	s. Fulbert.
mercredi	11	s^{e}. Godeberte.
jeudi	12	s. Jules.
vendredi	13	s. Marcelin
samedi	14	s. Tiburce.
Dim.	15	s. Maxime.
lundi	16	s. Paterne.
mardi	17	s. Anicet.
mercredi	18	s. Parfait.
jeudi	19	s. Léon.
vendredi	20	s. Théotime.
samedi	21	s. Anselme.
Dim.	22	s^{e}. Opportune.
lundi	23	s. Georges.
mardi	24	s. Léger.
mercredi	25	s. Marc.
jeudi	26	s. Clet.
vendredi	27	s. Polycarpe.
samedi	28	s. Vital.
Dim.	29	s. Robert.
lundi	30	s. Eutrope.

MAI.			JUIN.		
mardi	1	s. Jacq., s. Phil.	vendredi	1	s. Pamphile.
mercredi	2	s. Athanase.	samedi	2	s. Pothin.
jeudi	3	Inv. se. Croix.	*Dim.*	3	se. Clotilde.
vendredi	4	se. Monique.	lundi	4	s. Optat.
samedi	5	Conv. s. Aug.	mardi	5	s. Boniface.
Dim.	6	s. Jean-p.-Lat.	mercredi	6	s. Claude, év.
lundi	7	*Rogations.*	jeudi	7	s. Lié.
mardi	8	se. Désirée.	vendredi	8	s. Médard.
mercredi	9	Trans. s. Nic.	samedi	9	se. Pélagie.
jeudi	10	ASCENSION.	*Dim.*	10	s. Landri.
vendredi	11	s. Mamert.	lundi	11	s. Barnabé.
samedi	12	s. Pancrace.	mardi	12	se. Olympe.
Dim.	13	s. Isidore.	mercredi	13	s. Ant. de Pad.
lundi	14	s. Pacôme.	jeudi	14	s. Ruffin.
mardi	15	s. Isidore.	vendredi	15	s. Modeste.
mercredi	16	s. Honoré.	samedi	16	s. Cyr.
jeudi	17	s. Pascal.	*Dim.*	17	s. Avit.
vendredi	18	s. Venance.	lundi	18	se. Marine.
samedi	19	s. Yves. *Vig. J.*	mardi	19	s. Gerv. s. Prot.
Dim.	20	PENTECOTE.	mercredi	20	s. Sylvère.
lundi	21	s. Sospis.	jeudi	21	s. Leufroi.
mardi	22	se. Julie.	vendredi	22	s. Paulin.
mercredi	23	s. Didier. 4 T.	samedi	23	s. Jacques. *V. J.*
jeudi	24	s. Donatien.	*Dim.*	24	*s. Jean-Bapt.*
vendredi	25	s. Urbain.	lundi	25	s. Prosper.
samedi	26	s. Quadrat.	mardi	26	s. Babolein.
Dim.	27	*Trinité.*	mercredi	27	s. Crescent.
lundi	28	s. Germain.	jeudi	28	s. Loubert. *V. J.*
mardi	29	s. Maximin.	vendredi	29	*s. Pier., s Paul.*
mercredi	30	s. Felix.	samedi	30	Com. s. Paul.
jeudi	31	*Fête-Dieu.*			

N° 11.

JUILLET.

Dim.	1	se. Eléonore.
lundi	2	*Visitat. N.-D.*
mardi	3	s. Thierry.
mercredi	4	se. Berthe.
jeudi	5	se. Zoé.
vendredi	6	s. Tranquille.
samedi	7	se. Aubierge.
Dim.	8	s. Procope.
lundi	9	s. Cyrille.
mardi	10	se. Felicité.
mercredi	11	Tr. s. Benoît.
jeudi	12	s. Gualbert.
vendredi	13	s. Eugène.
samedi	14	s. Bonaventure.
Dim.	15	s. Henry.
lundi	16	s. Eustate.
mardi	17	s. Alexis.
mercredi	18	s. Clair, év.
jeudi	19	s. Vincent de P.
vendredi	20	se. Marguerite.
samedi	21	s. Victor.
Dim.	22	se. Madeleine.
lundi	23	s. Apollinaire.
mardi	24	se. Christine.
mercredi	25	s. Jacq. le maj.
jeudi	26	Tr. s. Marcel.
vendredi	27	s. Pantaléon.
samedi	28	se. Anne.
Dim.	29	se. Marthe.
lundi	30	s. Abdon.
mardi	31	s. Germ. l'Aux.

AOUT.

mercredi	1	se. Sophie.
jeudi	2	s. Etienne, p.
vendredi	3	se. Lydie.
samedi	4	s. Dominique.
Dim.	5	s. Yon.
lundi	6	Tr. de J.-C.
mardi	7	s. Gaëtan.
mercredi	8	s. Justin.
jeudi	9	s. Amour.
vendredi	10	s. Laurent.
samedi	11	se. Suzanne.
Dim.	12	se. Claire.
lundi	13	s. Hippolyte.
mardi	14	s. Guer. *Vig.*
mercredi	15	ASSOMPTION.
jeudi	16	s. Roch.
vendredi	17	s. Mammès.
samedi	18	se. Helène.
Dim.	19	s. Louis, év.
lundi	20	s. Bernard.
mardi	21	s. Privat.
mercredi	22	s. Symphorien.
jeudi	23	s. Sidoine.
vendredi	24	s. Barthélemy.
samedi	25	*s. Louis.*
Dim.	26	s. Zephirin.
lundi	27	s. Césaire.
mardi	28	s. Augustin.
mercredi	29	s. Médéric.
jeudi	30	s. Fiacre.
vendredi	31	s. Ovide.

SEPTEMBRE.			OCTOBRE.		
samedi	1	s. Leu, s. Giles.	lundi	1	s. Remi.
Dim.	2	s. Lazare.	mardi	2	Sts. Ang. gard.
lundi	3	s. Grégoire.	mercredi	3	s. Cyprien.
mardi	4	se. Rosalie.	jeudi	4	s. Franç. d'A.
mercredi	5	s. Bertin, ab.	vendredi	5	s. Constant.
jeudi	6	s. Eleuthère.	samedi	6	s. Bruno.
vendredi	7	s. Cloud.	*Dim.*	7	s. Serge.
samedi	8	NAT. DE N.-D.	lundi	8	s. Thais.
Dim.	9	s. Omer.	mardi	9	*s. Denis.*
lundi	10	se. Pulchérie.	mercredi	10	s. Paulin.
mardi	11	s. Hyacinthe.	jeudi	11	s. Gomer.
mercredi	12	s. Raphael.	vendredi	12	se. Vilfride.
jeudi	13	s. Maurille.	samedi	13	s. Gérant.
vendredi	14	Exalt. se. Croix.	*Dim.*	14	s. Caliste.
samedi	15	s. Nicomède.	lundi	15	se. Thérèse.
Dim.	16	s. Corneille.	mardi	16	s. Gal.
lundi	17	s. Lambert.	mercredi	17	s. Cerbonet.
mardi	18	s. Jean Chrys.	jeudi	18	s. Luc, évang.
mercredi	19	s. Janvier. 4 T.	vendredi	19	s. Savinien.
jeudi	20	s. Eustache.	samedi	20	s. Caprais.
vendredi	21	s. Mathieu.	*Dim.*	21	se. Ursule.
samedi	22	s. Maurice.	lundi	22	s. Mellon.
Dim.	23	se. Thècle.	mardi	23	s. Hilarion.
lundi	24	s. Andoche.	mercredi	24	s. Magloire.
mardi	25	s. Firmin.	jeudi	25	s. Crép. s. Cré.
mercredi	26	se. Justine.	vendredi	26	s. Rustique.
jeudi	27	s. Côme, s. D.	samedi	27	s. Frument. *Vi.*
vendredi	28	s. Venceslas.	*Dim.*	28	s. Sim., s. Jud.
samedi	29	s. Michel.	lundi	29	s. Faron.
Dim.	30	s. Jérôme.	mardi	30	s. Lucain.
			mercredi	31	s. Quentin. *V. J.*

NOVEMBRE.

jeudi	1	TOUSSAINT.
vendredi	2	*Trépassés.*
samedi	3	s. Marcel.
Dim.	4	s. Charles.
lundi	5	s. Zacharie.
mardi	6	s. Léonard.
mercredi	7	s. Florent.
jeudi	8	Stes Reliques.
vendredi	9	s. Mathurin.
samedi	10	s. Juste.
Dim.	11	s. Martin.
lundi	12	s. René.
mardi	13	s. Brice.
mercredi	14	s. Bertrand.
jeudi	15	s. Malo.
vendredi	16	s. Edme.
samedi	17	s. Agnan.
Dim.	18	se. Odes.
lundi	19	se. Elizabeth.
mardi	20	s. Edmond.
mercredi	21	Présent. N.-D.
jeudi	22	se. Cécile.
vendredi	23	s. Clément.
samedi	24	s. Séverin, sol.
Dim.	25	se. Catherine
lundi	26	se. Genev., ard.
mardi	27	s. Siméon, mèt.
mercredi	28	s. Sosthène.
jeudi	29	s. Saturnin.
vendredi	30	s. André.

DÉCEMBRE.

samedi	1	s. Eloi.
Dim.	2	*Avent.*
lundi	3	s. Eloque.
mardi	4	se. Barbe.
mercredi	5	s. Sabas.
jeudi	6	s. Nicolas.
vendredi	7	se. Fare.
samedi	8	*Concept. N.-D.*
Dim.	9	se. Gorgonie.
lundi	10	se. Valère.
mardi	11	s. Daniel.
mercredi	12	s. Valeri.
jeudi	13	se. Luce.
vendredi	14	s. Nicaise.
samedi	15	s. Mémin.
Dim.	16	se. Adelaide.
lundi	17	se. Olympie.
mardi	18	s. Gatien.
mercredi	19	s. Timoth. 4 T
jeudi	20	s. Philogone.
vendredi	21	s. Thomas.
samedi	22	s. Honorat.
Dim.	23	se. Victoire.
lundi	24	se. Delphine. *V. J*
mardi	25	NOEL.
mercredi	26	*s. Etienne.*
jeudi	27	*s. Jean, évang.*
vendredi	28	Sts Innocents.
samedi	29	s. Trophime.
Dim.	30	s. Sabin.
lundi	31	s. Silvestre, p.

JANVIER.

Dim.	1	*Circoncision.*
lundi	2	s. Basile.
mardi	3	se *Geneviève.*
mercredi	4	s. Rigobert.
jeudi	5	s. Siméon, *V.J.*
vendredi	6	*Epiphanie.*
samedi	7	Noces.
Dim.	8	s. Lucien.
lundi	9	s. Pierre, év.
mardi	10	s. Paul, erm.
mercredi	11	s. Théodore.
jeudi	12	s. Arcade.
vendredi	13	Bapt. de J.-C.
samedi	14	s. Hilaire.
Dim.	15	s. Maur.
lundi	16	s. Guillaume.
mardi	17	s. Antoine.
mercredi	18	Ch. s. P. à R.
jeudi	19	s. Sulpice.
vendredi	20	s. Sebastien.
samedi	21	se. Agnès.
Dim.	22	s. Vincent.
lundi	23	s. Ildefonse.
mardi	24	s. Babylas.
mercredi	25	Conv. s. Paul.
jeudi	26	se. Paule.
vendredi	27	s. Julien.
samedi	28	s. Charlemagne.
Dim.	29	*Septuagésime.*
lundi	30	se. Bathilde.
mardi	31	se. Marcèle.

FÉVRIER.

mercredi	1	s. Ignace.
jeudi	2	*Purification.*
vendredi	3	s. Blaise.
samedi	4	s. Gilbert.
Dim.	5	*Sexagésime.*
lundi	6	s. Vaast.
mardi	7	s. Romuald.
mercredi	8	s. Jean de M.
jeudi	9	se. Apolline.
vendredi	10	se. Scolastique.
samedi	11	s. Séverin.
Dim.	12	*Quinquagésime.*
lundi	13	s. Grégoire.
mardi	14	*Mardi-gras.*
mercredi	15	*Cendres.*
jeudi	16	se. Julienne.
vendredi	17	s. Théodule.
samedi	18	s. Simeon.
Dim.	19	*Quadragésime.*
lundi	20	s. Eucher.
mardi	21	s. Pépin.
mercredi	22	se. Isabelle. 4 T.
jeudi	23	s. Mérault.
vendredi	24	s. Mathias.
samedi	25	s. Césaire.
Dim.	26	*Reminiscere.*
lundi	27	s. Arille.
mardi	28	se. Honorine.
		s. Romain.

MARS.

mercredi	1	s. Aubin.
jeudi	2	s. Simplice.
vendredi	3	se. Cunégonde.
samedi	4	s. Casimir.
Dim.	5	*Oculi.*
lundi	6	se Colette.
mardi	7	s. Thom. d'A.
mercredi	8	s. Jean de D.
jeudi	9	se. Françoise.
vendredi	10	s. Blanchard.
samedi	11	s. Euloge.
Dim.	12	*Lœtare.*
lundi	13	se. Euphrasie.
mardi	14	s. Lubin.
mercredi	15	s. Zacharie.
jeudi	16	s. Cyriaque.
vendredi	17	se. Gertrude.
samedi	18	s. Alexandre.
Dim.	19	*La Passion.*
lundi	20	s. Joachim.
mardi	21	s. Benoît.
mercredi	22	s. Emile.
jeudi	23	s. Victorien.
vendredi	24	s. Simon, m.
samedi	25	*Annonciation.*
Dim.	26	*Rameaux.*
lundi	27	s. Jean, évang.
mardi	28	se. Dorothée.
mercredi	29	s. Gontrand.
jeudi	30	s. Rieul.
vendredi	31	*Vend.-Saint.*

AVRIL.

samedi	1	s. Hugues.
Dim.	2	PAQUES.
lundi	3	s. Richard.
mardi	4	s. Ambroise.
mercredi	5	s. Albert.
jeudi	6	se. Prudence.
vendredi	7	s. Clotaire.
samedi	8	s. Edèse.
Dim.	9	*Quasimodo.*
lundi	10	s. Fulbert.
mardi	11	se. Godeberte.
mercredi	12	s. Jules.
jeudi	13	s. Marcelin.
vendredi	14	s. Tiburce.
samedi	15	s. Maxime.
Dim.	16	s. Paterne.
lundi	17	s. Anicet.
mardi	18	s. Parfait.
mercredi	19	s. Léon.
jeudi	20	s. Théotime.
vendredi	21	s. Anselme.
samedi	22	se. Opportune.
Dim.	23	s. Georges.
lundi	24	s. Léger.
mardi	25	s. Marc.
mercredi	26	s. Clet.
jeudi	27	s. Polycarpe.
vendredi	28	s. Vital.
samedi	29	s. Robert.
Dim.	30	s. Eutrope.

MAI.			JUIN.		
lundi	1	s. Jacq. s. Phil.	jeudi	1	*Fête-Dieu.*
mardi	2	s. Athanase.	vendredi	2	s. Pothin.
mercredi	3	Inv.-se.-Croix.	samedi	3	se. Clotilde.
jeudi	4	se. Monique.	*Dim.*	4	s. Optat.
vendredi	5	Conv.-s.-Aug.	lundi	5	s. Boniface.
samedi	6	s. Jean-p.-Lat.	mardi	6	s. Claude, év.
Dim.	7	s. Stanislas.	mercredi	7	s. Lié.
lundi	8	*Rogations.*	jeudi	8	s. Médard.
mardi	9	Trans.-s.-Nic.	vendredi	9	se. Pélagie.
mercredi	10	s. Gordien.	samedi	10	s. Landri.
jeudi	11	ASCENSION.	*Dim.*	11	s. Barnabé.
vendredi	12	s. Pancrace.	lundi	12	se. Olympe.
samedi	13	s. Servais.	mardi	13	s. Ant. de P.
Dim.	14	s. Pacôme.	mercredi	14	s. Ruffin.
lundi	15	s. Isidore.	jeudi	15	s. Modeste.
mardi	16	s. Honoré.	vendredi	16	s. Cyr.
mercredi	17	s. Pascal.	samedi	17	s. Avit.
jeudi	18	s. Venance.	*Dim.*	18	se. Marine.
vendredi	19	s. Yves.	lundi	19	s. Gerv., s. Pr.
samedi	20	s. Bepnard. *V.J.*	mardi	20	s. Sylvère.
Dim.	21	PENTECOTE.	mercredi	21	s. Leufroi.
lundi	[illegible]	[illegible]. Julie.	jeudi	22	s. Paulin.
mardi	2[illegible]	[illegible]. Didier.	vendredi	23	s. Jacques, *V.-J.*
merc[illegible]	[illegible]4	s. Donatien. 4 T.	samedi	24	s. *Jean-Bapt.*
jeudi	25	s. Urbain.	*Dim.*	25	s. Prosper
vendredi	26	s. Quadrat.	lundi	26	s. Babolein.
samedi	27	s. Ildevert.	mardi	27	s. Crescent.
Dim.	28	*Trinité.*	mercredi	28	s. Loubert. *V J.*
lundi	29	s. Maximin.	jeudi	29	s. *Pierre, s. P.*
mardi	30	s. Félix.	vendredi	30	Conv. s. Paul.
mercredi	31	se Petronille.			

JUILLET.			AOUT.		
samedi	1	s^e^. Eléonore.	mardi	1	s^e^. Sophie.
Dim.	2	*Visit. N.-D.*	mercredi	2	s. Etienne, p.
lundi	3	s. Thierry.	jeudi	3	s^e^. Lydie.
mardi	4	s^e^. Berthe.	vendredi	4	s. Dominique.
mercredi	5	s^e^. Zoé.	samedi	5	s. Yon.
jeudi	6	s. Tranquille.	*Dim.*	6	Tr. de J.-C.
vendredi	7	s^e^. Aubierge.	lundi	7	s. Gaétan.
samedi	8	s. Procope.	mardi	8	s. Justin.
Dim.	9	s. Cyrille.	mercredi	9	s. Amour.
lundi	10	s^e^. Félicité.	jeudi	10	s. Laurent.
mardi	11	Tr. s. Benoît.	vendredi	11	s^e^. Suzanne.
mercredi	12	s. Gualbert.	samedi	12	s. Claire.
jeudi	13	s. Eugène.	*Dim.*	13	s. Hippolyte.
vendredi	14	s. Bonaventure.	lundi	14	s. Guer. *V.-J.*
samedi	15	s. Henry.	mardi	15	ASSOMPTION.
Dim.	16	s. Eustate.	mercredi	16	s. Roch.
lundi	17	s. Alexis.	jeudi	17	s. Mammès.
mardi	18	s. Clair. év.	vendredi	18	s^e^. Hélène.
mercredi	19	s. Vincent de P.	samedi	19	s. Louis, év.
jeudi	20	s^e^. Marguerite.	*Dim.*	20	s. Bernard.
vendredi	21	s. Victor.	lundi	21	s. Privat.
samedi	22	s^e^. Madeleine.	mardi	22	[illegible]mphorien.
Dim.	23	s. Apollinaire.	mercredi	2[illegible]	s[illegible]ne.
lundi	24	s^e^. Christine.	jeudi	24	s. [illegible]elemy.
mardi	25	s. Jacq. le maj.	vendredi	25	s. *Lo*[illegible]
mercredi	26	Tr. s. Marcel.	samedi	26	s. Zéph[illegible].
jeudi	27	s. Pantaléon.	*Dim.*	27	s. Césaire.
vendredi	28	s^e^. Anne.	lundi.	28	s. Augustin.
samedi	29	s^e^. Marthe.	mardi	29	s. Méderic.
Dim.	30	s. Abdon.	mercredi	30	s. Fiacre.
lundi	31	s. Germ. l'Aux	jeudi	31	s. Ovide.

SEPTEMBRE.		
vendredi	1	s. Leu, s. Giles
samedi	2	s. Lazare.
Dim.	3	s. Gregoire.
lundi	4	se. Rosalie.
mardi	5	s. Bertin, ab.
mercredi	6	s. Eleuthère.
jeudi	7	s. Cloud.
vendredi	8	*Nativite N.-D*
samedi	9	s. Omer.
Dim.	10	se. Pulchérie.
lundi.	11	s. Hyacinte.
mardi	12	s. Raphael.
mercredi	13	s. Maurille.
jeudi	14	s. Ex. se. Croix
vendredi	15	s. Nicodème.
samedi	16	s. Corneille.
Dim.	17	s. Lambert.
lundi	18	s. Jean Chrys.
mardi	19	s. Janvier.
mercredi	20	s Eustache, 4 *T.*
jeudi	21	s. Mathieu.
vendredi	22	s. Maurice.
samedi	23	se. Thècle.
Dim.	24	s. Andoche.
lundi	25	s. Firmin.
mardi	26	se. Justine.
mercredi	27	s. Côme, s. Da.
jeudi	28	s. Venceslas.
vendredi	29	s. Michel.
samedi	30	s. Jerôme.

OCTOBRE.		
Dim.	1	s. Remy.
lundi	2	Sts. Anges G.
mardi	3	s. Cyprien.
mercredi	4	s. François d'A.
jeudi	5	s. Constant.
vendredi	6	s. Bruno.
samedi	7	s. Serge.
Dim.	8	s. Thais.
lundi	9	s. *Denis.*
mardi	10	s. Paulin.
mercredi	11	s. Gomer.
jeudi	12	se. Vilfride.
vendredi	13	s. Gérant.
samedi	14	s. Caliste.
Dim.	15	se. Thérèse.
lundi	16	s. Gal.
mardi	17	s. Cerbonet.
mercredi	18	s. Luc, évan.
jeudi	19	s. Savinien.
vendredi	20	s. Caprais.
samedi	21	se. Ursule.
Dim.	22	s. Mellon.
lundi	23	s. Hilarion.
mardi	24	s. Magloire.
mercredi	25	s. Crép. s. Cré.
jeudi	26	s. Rustique.
vendredi	27	s. Frument.
samedi	28	s. Simon, s. J.
Dim.	29	s. Faron.
lundi	30	s. Lucain.
mardi	31	s. Quentin, *v. j.*

N° 12.

NOVEMBRE.

mercredi	1	TOUSSAINT.
jeudi	2	*Trépassés.*
vendredi	3	s. Marcel.
samedi	4	s. Charles.
Dim.	5	s. Zacharie.
lundi	6	s. Léonard.
mardi	7	s. Florent.
mercredi	8	Stes. Reliques.
jeudi	9	s. Mathurin.
vendredi	10	s. Juste.
samedi	11	s. Marin.
Dim.	12	s. René.
lundi	13	s. Brice.
mardi	14	s. Bertrand.
mercredi	15	s. Malo.
jeudi	16	s. Edme.
vendredi	17	s. Agnan.
samedi	18	se. Odes.
Dim.	19	se. Elizabeth.
lundi	20	s. Edmond
mardi	21	Prés. N.-D.
mercredi	22	se. Cécile.
jeudi	23	s. Clément.
vendredi	24	s. Séverin.
samedi	25	se. Catherine.
Dim.	26	s. Genev., ard.
lundi	27	s. Siméon, mét.
mardi	28	s. Sosthène.
mercredi	29	s. Saturnin.
jeudi	30	s. André.

DÉCEMBRE.

vendredi	1	s. Eloi.
samedi	2	s. Fran. Xav.
Dim.	3	*Avent.*
lundi	4	se. Barbe.
mardi	5	s. Sabas.
mercredi	6	s. Nicolas.
jeudi	7	se. Fare.
vendredi	8	*Concept. N.-D.*
samedi	9	se. Gorgonie.
Dim.	10	se. Valère.
lundi	11	s. Daniel.
mardi	12	s. Valeri.
mercredi	13	se. Luce.
jeudi	14	s. Nicaise.
vendredi	15	s. Mêmin.
samedi	16	se. Adélaide.
Dim.	17	se Olympe.
lundi	18	s. Gatien.
mardi	19	s. Thimothée.
mercredi	20	s. Philogone. 4 *T.*
jeudi	21	s. Thomas.
vendredi	22	s. Honorat.
samedi	23	se. Victoire. *V. J*
Dim.	24	se. Delphine.
lundi	25	NOEL.
mardi	26	s. *Etienne.*
mercredi	27	s. *Jean, évang.*
jeudi	28	Sts Innocents.
vendredi	29	s. Trophime.
samedi	30	s. Sabin.
Dim.	31	s. Silvestre, p.

JANVIER.

samedi	1	*Circoncision.*
Dim.	2	s. Basile.
lundi	3	s^{e}. *Geneviève.*
mardi	4	s. Rigobert.
mercredi	5	s. Siméon, s. *Vig*
jeudi	6	*Epiphanie.*
vendredi	7	Noces.
samedi	8	s. Lucien.
Dim.	9	s. Pierre, év.
lundi	10	s. Paul, erm.
mardi	11	s. Théodore.
mercredi	12	s. Arcade, m.
jeudi	13	Bapt. de J.-C.
vendredi	14	s. Hilaire.
samedi	15	s. Maur.
Dim.	16	s. Guillaume.
lundi	17	s. Antoine.
mardi	18	Ch. s. Pier. à R
mercredi	19	s. Sulpice.
jeudi	20	s. Sébastien.
vendredi	21	s^{e}. Agnès.
samedi	22	s. Vincent.
Dim.	23	s. Ildefonse.
lundi	24	s. Babylas.
mardi	25	Conv. s. Paul.
mercredi	26	s^{e}. Paule.
jeudi	27	s. Julien.
vendredi	28	s. Charlemagne
samedi	29	s. Franç. de S
Dim.	30	*Septuagésime.*
lundi	31	s^{e}. Marcèle.

FÉVRIER.

mardi	1	s. Ignace.
mercredi	2	*Purification.*
jeudi	3	s. Blaise.
vendredi	4	s. Gilbert.
samedi	5	s^{e}. Agathe.
Dim.	6	*Sexagésime.*
lundi	7	s. Romuald.
mardi	8	s. Jean de M.
mercredi	9	s^{e}. Apolline.
jeudi	10	s^{e}. Scolastique.
vendredi	11	s. Séverin.
samedi	12	s^{e}. Eulalie.
Dim.	13	*Quinquagésime.*
lundi	14	s. Valentin.
mardi	15	*Mardi gras.*
mercredi	16	*Cendres.*
jeudi	17	s. Théodule.
vendredi	18	s. Siméon.
samedi	19	s. Gabin.
Dim.	20	*Quadragésime.*
lundi	21	s. Pépin.
mardi	22	s^{e}. Isabelle.
mercredi	23	s. Mérault. 4 T.
jeudi	24	s. Mathias.
vendredi	25	s. Césaire.
samedi	26	s. Nestor.
Dim.	27	*Reminiscere.*
lundi	28	s^{e}. Honorine.
		s. Romain.

N° 13.

MARS.			AVRIL.		
mardi	1	s. Aubin.	vendredi	1	*Vendredi-Saint*
mercredi	2	s. Simplice.	samedi	2	s. Franç. de P.
jeudi	3	s^{e}. Cunégonde.	*Dim.*	3	PAQUES.
vendredi	4	s. Casimir.	lundi	4	s. Ambroise.
samedi	5	s. Adrien.	mardi	5	s. Albert.
Dim.	6	*Oculi.*	mercredi	6	s^{e}. Prudence.
lundi	7	s. Thomas d'A.	jeudi	7	s. Clotaire
mardi	8	s. Jean de D.	vendredi	8	s. Edèze.
mercredi	9	s^{e}. Françoise.	samedi	9	s^{e}. Marie, égy.
jeudi	10	s. Blanchard.	*Dim.*	10	*Quasimodo.*
vendredi	11	s. Euloge.	lundi	11	s^{e}. Godeberte.
samedi	12	s. Paul, év.	mardi	12	s. Jules.
Dim.	13	*Lætare.*	mercredi	13	s. Marcelin.
lundi	14	s. Lubin.	jeudi	14	s. Tiburce.
mardi	15	s. Zacharie.	vendredi	15	s. Maxime.
mercredi	16	s. Cyriaque.	samedi	16	s. Paterne.
jeudi	17	s^{e}. Gertrude.	*Dim.*	17	s. Anicet.
vendredi	18	s. Alexandre.	lundi	18	s. Parfait.
samedi	19	s. Joseph.	mardi	19	s. Léon.
Dim.	20	*La Passion.*	mercredi	20	s. Théotime.
lundi	21	s. Benoît.	jeudi	21	s. Anselme.
mardi	22	s. Emile.	vendredi	22	s^{e}. Opportune.
mercredi	23	s. Victorien.	samedi	23	s. Georges.
jeudi	24	s. Simon, m	*Dim.*	24	s. Léger.
vendredi	25	*Annonciation.*	lundi	25	s. Marc.
samedi	26	s. Ludger.	mardi	26	s. Clet.
Dim.	27	*Rameaux.*	mercredi	27	s. Polycarpe.
lundi	28	s^{e}. Dorothée.	jeudi	28	s. Vital.
mardi	29	s. Gontrand.	vendredi	29	s. Robert.
mercredi	30	s. Rieul.	samedi	30	s. Eutrope.
jeudi	31	s^{e}. Balbine.			

MAI.

Dim.	1	s. Jacq., s. Phil.
lundi	2	s. Athanase.
mardi	3	Inv. s^e^. Croix.
mercredi	4	s^e^. Monique.
jeudi	5	Conv. s. Aug.
vendredi	6	s. Jean-p.-Lat.
samedi	7	s. Stanislas.
Dim.	8	s^e^. Désirée.
lundi	9	*Rogations.*
mardi	10	s. Gordien.
mercredi	11	s. Mamert.
jeudi	12	ASCENSION.
vendredi	13	s. Servais.
samedi	14	s. Pacôme.
Dim.	15	s. Isidore.
lundi	16	s. Honoré.
mardi	17	s. Pascal.
mercredi	18	s. Venance.
jeudi	19	s. Yves.
vendredi	20	s. Bernardin.
samedi	21	s. Sospis. *V. J.*
Dim.	22	PENTECOTE.
lundi	23	s. Didier.
mardi	24	s. Donatien.
mercredi	25	s. Urbain. 4T.
jeudi	26	s. Quadrat.
vendredi	27	s. Hildevert.
samedi	28	s. Germain.
Dim.	29	*Trinité.*
lundi	30	s. Félix.
mardi	31	s^e^. Pétronille.

JUIN.

mercredi	1	s. Pamphile.
jeudi	2	*Fête-Dieu.*
vendredi	3	s^e^. Clotilde.
samedi	4	s. Optat.
Dim.	5	s. Boniface.
lundi	6	s. Claude, év.
mardi	7	s. Lié.
mercredi	8	s. Médard.
jeudi	9	s^e^. Pélagie.
vendredi	10	s. Landri.
samedi	11	s. Barnabé.
Dim.	12	s^e^. Olympe.
lundi	13	s. Ant. de Pad.
mardi	14	s. Ruffin.
mercredi	15	s. Modeste.
jeudi	16	s. Cyr.
vendredi	17	s. Avit.
samedi	18	s^e^. Marine.
Dim.	19	s. Gerv. s. Prot.
lundi	20	s. Sylvère.
mardi	21	s. Leufroi.
mercredi	22	s. Paulin.
jeudi	23	s. Jacques. *V. J.*
vendredi	24	*s. Jean-Baptiste.*
samedi	25	s. Prosper.
Dim.	26	s. Babolein.
lundi	27	s. Crescent.
mardi	28	s. Loubert. *V. J.*
mercredi	29	*s. Pier., s. Paul.*
jeudi	30	Com. s. Paul.

N° 13.

JUILLET.			AOUT.		
vendredi	1	se. Eléonore.	lundi	1	se. Sophie.
samedi	2	*Visitat. N.-D.*	mardi	2	s. Etienne, p.
Dim.	3	s. Thierry.	mercredi	3	se. Lydie.
lundi	4	se. Berthe.	jeudi	4	s. Dominique.
mardi	5	se. Zoé.	vendredi	5	s. Yon.
mercredi	6	s. Tranquille.	samedi	6	Trans. de J.-C.
jeudi	7	se. Aubierge.	*Dim.*	7	s. Gaétan.
vendredi	8	s. Procope.	lundi	8	s. Justin.
samedi	9	s. Cyrille.	mardi	9	s. Amour.
Dim.	10	se. Félicité.	mercredi	10	s. Laurent.
lundi	11	Tr. s. Benoît.	jeudi	11	se. Suzanne.
mardi	12	s. Gualbert.	vendredi	12	se Claire.
mercredi	13	s. Eugène.	samedi	13	s. Hippol. *V. J.*
jeudi	14	s. Bonaventure.	*Dim.*	14	s. Guer.
vendredi	15	s. Henry.	lundi	15	ASSOMPTION.
samedi	16	s. Eustate.	mardi	16	s. Roch.
Dim.	17	s. Alexis.	mercredi	17	s. Mammès.
lundi	18	s. Clair, év.	jeudi	18	se. Helene.
mardi	19	s. Vincent de P.	vendredi	19	s. Louis, év.
mercredi	20	se. Marguerite.	samedi	20	s. Bernard.
jeudi	21	s. Victor.	*Dim.*	21	s. Privat.
vendredi	22	se. Madeleine.	lundi	22	s. Symphorien.
samedi	23	s. Apollinaire.	mardi	23	s. Sidoine.
Dim.	24	se. Christine.	mercredi	24	s. Barthelemy.
lundi	25	s. Jacq. le maj.	jeudi	25	*s. Louis.*
mardi	26	Tr. s. Marcel.	vendredi	26	s. Zephirin.
mercredi	27	s. Pantaléon.	samedi	27	s. Cesaire.
jeudi	28	se. Anne.	*Dim.*	28	s. Augustin.
vendredi	29	se. Marthe.	lundi	29	s. Mederic.
samedi	30	s. Abdon.	mardi	30	s. Fiacre.
Dim.	31	s. Germ. l'Aux.	mercredi	31	s. Ovide.

SEPTEMBRE.

jeudi	1	s. Leu, s. Giles.
vendredi	2	s. Lazare.
samedi	3	s. Grégoire.
Dim.	4	s^{e}. Rosalie.
lundi	5	s. Bertin, ab.
mardi	6	s. Eleuthère.
mercredi	7	s. Cloud.
jeudi	8	*Nativ. de N.-D.*
vendredi	9	s. Omer.
samedi	10	s^{e}. Pulchérie
Dim.	11	s. Hyacinthe.
lundi	12	s. Raphael.
mardi	13	s. Maurille.
mercredi	14	Exalt. s. Croix.
jeudi	15	s. Nicomède.
vendredi	16	s. Corneille.
samedi	17	s. Lambert.
Dim.	18	s. Jean Chrys.
lundi	19	s. Janvier.
mardi	20	s. Eustache.
mercredi	21	s. Mathieu. 4 T.
jeudi	22	s. Maurice.
vendredi	23	s^{e}. Thècle.
samedi	24	s. Andoche.
Dim.	25	s. Firmin.
lundi	26	s^{e}. Justine.
mardi	27	s. Côme, s. D.
mercredi	28	s. Venceslas.
jeudi	29	s. Michel.
vendredi	30	s. Jérôme.

OCTOBRE.

samedi	1	s. Remi.
Dim.	2	Sts. Ang. Gard.
lundi	3	s. Cyprien.
mardi	4	s. Franç. d'A.
mercredi	5	s. Constant.
jeudi	6	s. Bruno.
vendredi	7	s. Serge.
samedi	8	s. Thais.
Dim.	9	s. *Denis.*
lundi	10	s. Paulin.
mardi	11	s. Gomer.
mercredi	12	s^{e}. Vilfride.
jeudi	13	s. Gérant.
vendredi	14	s. Caliste.
samedi	15	s^{e}. Thérèse.
Dim.	16	s. Gal.
lundi	17	s. Cerbonet.
mardi	18	s. Luc, évang.
mercredi	19	s. Savinien.
jeudi	20	s. Caprais
vendredi	21	s^{e}. Ursule.
samedi	22	s. Mellon.
Dim.	23	s. Hilarion.
lundi	24	s. Magloire.
mardi	25	s. Crép., s. Cr.
mercredi	26	s. Rustique.
jeudi	27	s. Frument.
vendredi	28	s. Simon, s. Jud.
samedi	29	s. Faron.
Dim.	30	s. Lucain.
lundi	31	s. Quentin. *V. J.*

N° 13.

NOVEMBRE.

mardi	1	TOUSSAINT.
mercredi	2	*Trépassés.*
jeudi	3	s. Marcel.
vendredi	4	s. Charles.
samedi	5	s. Zacharie.
Dim.	6	s. Leonard.
lundi	7	s. Florent.
mardi	8	Stes. Reliques.
mercredi	9	s. Mathurin.
jeudi	10	s. Juste.
vendredi	11	s. Martin.
samedi	12	s. René.
Dim.	13	s. Brice.
lundi	14	s. Bertrand.
mardi	15	s. Malo.
mercredi	16	s. Edme.
jeudi	17	s. Agnan.
vendredi	18	se. Odes.
samedi	19	se. Elizabeth.
Dim.	20	s. Edmond.
lundi	21	Présent. N.-D.
mardi	22	se. Cecile.
mercredi	23	s. Clement.
jeudi	24	s. Séverin, sol
vendredi	25	se. Catherine.
samedi	26	se. Genev., ard
Dim.	27	*Avent.*
lundi	28	s. Sosthène.
mardi	29	s. Saturnin.
mercredi	30	s. André.

DÉCEMBRE.

jeudi	1	s. Eloi.
vendredi	2	s. Franç. Xav.
samedi	3	s. Eloque.
Dim.	4	se. Barbe.
lundi	5	s. Sabas.
mardi	6	s. Nicolas.
mercredi	7	se. Fare.
jeudi	8	*Concept. N.-D.*
vendredi	9	se. Gorgonie.
samedi	10	se. Valere.
Dim.	11	s. Daniel.
lundi	12	s. Valeri.
mardi	13	se. Luce.
mercredi	14	s. Nicaise. 4 T.
jeudi	15	s. Mesmin.
vendredi	16	se. Adelaide.
samedi	17	se. Olympie.
Dim.	18	s. Gatien.
lundi	19	s. Thimothée.
mardi	20	s. Philogone.
mercredi	21	s. Thomas.
jeudi	22	s. Honorat.
vendredi	23	se. Victoire.
samedi	24	s. Delphine. *V.J.*
Dim.	25	NOEL.
lundi	26	*s. Etienne.*
mardi	27	*s. Jean, évang.*
mercredi	28	Sts Innocents.
jeudi	29	s. Trophime.
vendredi	30	s. Sabin.
samedi	31	s. Silvestre, p.

N° 14.

JANVIER.			FÉVRIER.		
vendredi	1	*Circoncision.*	lundi	1	s. Ignace.
samedi	2	s. Basile.	mardi	2	*Purification.*
Dim.	3	s^{e} *Geneviève.*	mercredi	3	s. Blaise.
lundi	4	s. Rigobert	jeudi	4	s. Gilbert.
mardi	5	s. Siméon s. *Vig*	vendredi	5	s^{e}. Agathe.
mercredi	6	*Epiphanie.*	samedi	6	s. Vaast.
jeudi	7	Noces.	*Dim.*	7	*Sexagésime.*
vendredi	8	s. Lucien.	lundi	8	s. Jean de m.
samedi	9	s. Pierre, év.	mardi	9	s^{e}. Apolline.
Dim.	10	s. Paul, erm.	mercredi	10	s^{e} Scolastique.
lundi	11	s. Theodore.	jeudi	11	s. Severin.
mardi	12	s. Arcade.	vendredi	12	s^{e}. Eulalie.
mercredi	13	Bapt. de J. C.	samedi	13	s. Gregoire.
jeudi	14	s. Hilaire.	*Dim.*	14	*Quinquagésime.*
vendredi	15	s. Maur.	lundi	15	s. Faustin.
samedi	16	s. Guillaume.	mardi	16	*Mardi-gras.*
Dim.	17	s. Antoine.	mercredi	17	*Cendres.*
lundi	18	Ch. s. P. à R.	jeudi	18	s. Siméon.
mardi	19	s. Sulpice,	vendredi	19	s. Gabin.
mercredi	20	s. Sebastien.	samedi	20	s. Eucher.
jeudi	21	s^{e}. Agnès.	*Dim.*	21	*Quadragésime.*
vendredi	22	s. Vincent.	lundi	22	s^{e}. Isabelle.
samedi	23	s. Ildefonse.	mardi	23	s. Merault.
Dim.	24	s. Babylas.	mercredi	24	s. Mathias. 4 T.
lundi	25	Conv. s. Paul.	jeudi	25	s. Cesaire.
mardi	26	s^{e}. Paule.	vendredi	26	s. Nestor.
mercredi	27	s. Julien.	samedi	27	s. Arille.
jeudi	28	s. Charlemagne.	*Dim.*	28	*Reminiscere.*
vendredi	29	s. Franç. de S.			s. Romain.
samedi	30	s^{e}. Bathilde.			
Dim.	31	*Septuagésime.*			

N° 14.

MARS.

lundi	1	s. Aubin.
mardi	2	s. Simplice.
mercredi	3	se. Cunégonde.
jeudi	4	s. Casimir.
vendredi	5	s. Adrien.
samedi	6	se. Colette.
Dim.	7	*Oculi.*
lundi	8	s. Jean de D.
mardi	9	se. Françoise.
mercredi	10	s. Blanchard.
jeudi	11	s. Euloge.
vendredi	12	s. Paul, év.
samedi	13	se. Euphrasie.
Dim.	14	*Lœtare.*
lundi.	15	s. Zacharie.
mardi	16	s. Cyriaque.
mercredi	17	se. Gertrude.
jeudi	18	s. Alexandre.
vendredi	19	s. Joseph.
samedi	20	s. Joachim.
Dim.	21	*La Passion.*
lundi	22	s. Emile.
mardi	23	s. Victorien.
mercredi	24	s. Simon, m.
jeudi	25	*Annonciation.*
vendredi	26	s. Ludger.
samedi	27	s. Jean, évang.
Dim.	28	*Rameaux.*
lundi	29	s. Gontrand.
mardi	30	s. Rieul.
mercredi	31	se. Balbine.

AVRIL.

jeudi	1	s. Hugues.
vendredi	2	*Vendredi-Saint.*
samedi	3	s. Richard.
Dim.	4	PAQUES.
lundi	5	s. Albert.
mardi	6	se. Prudence.
mercredi	7	s. Clotaire.
jeudi	8	s. Edèse.
vendredi	9	se. Marie, égy.
samedi	10	s. Fulbert.
Dim.	11	*Quasimodo.*
lundi.	12	s. Jules.
mardi	13	s. Marcelin.
mercredi	14	s. Tiburce.
jeudi	15	s. Maxime.
vendredi	16	s. Paterne.
samedi	17	s. Aviat.
Dim.	18	s. Parfait.
lundi.	19	s. Léon.
mardi	20	s. Théotime.
mercredi	21	s. Anselme.
jeudi	22	se. Opportune.
vendredi	23	s. Georges.
samedi	24	s. Léger.
Dim.	25	s. Marc.
lundi	26	s. Clet.
mardi	27	s. Polycarpe.
mercredi	28	s. Vital.
jeudi	29	s. Robert.
vendredi	30	s. Eutrope.

MAI.			JUIN.		
samedi	1	s. Jacq. s. Phil.	mardi	1	s. Pamphile.
Dim.	2	s. Athanase.	mercredi	2	s. Pothin.
lundi	3	Inv. se Croix.	jeudi	3	*Fête-Dieu.*
mardi	4	se. Monique.	vendredi	4	s. Optat.
mercredi	5	Conv. s. Aug.	samedi	5	s. Boniface.
jeudi	6	s. Jean P.-Lat.	*Dim.*	6	s. Claude, év.
vendredi	7	s. Stanislas.	lundi	7	s. Lié.
samedi	8	se. Désirée.	mardi	8	s. Médard.
Dim.	9	Tran. s. Nic.	mercredi	9	se. Pelagie.
lundi	10	*Rogations.*	jeudi	10	s. Landri.
mardi	11	s. Mamert.	vendredi	11	s. Barnabé.
mercredi	12	s. Pancrace.	samedi	12	se. Olympe.
jeudi	13	ASCENSION.	*Dim.*	13	s. Ant. de P.
vendredi	14	s. Pacôme.	lundi	14	s. Ruffin.
samedi	15	s. Isidore.	mardi	15	s. Modeste.
Dim.	16	s. Honoré.	mercredi	16	s. Cyr.
lundi	17	s. Pascal.	jeudi	17	s. Avit.
mardi	18	s. Venance.	vendredi	18	se. Marine.
mercredi	19	s. Yves.	samedi	19	s. Gerv. s. Prot
jeudi	20	s. Bernardin.	*Dim.*	20	s. Sylvère.
vendredi	21	s. Sospis.	lundi	21	s. Leufroi.
samedi	22	se. Julie. *V. J.*	mardi	22	s. Paulin.
Dim.	23	PENTECOTE.	mercredi	23	s. Jacq. V. J.
lundi	24	s. Donatien.	jeudi	24	s. *Jean-Bapt.*
mardi	25	s. Urbain.	vendredi	25	s. Prosper.
mercredi	26	s. Quadrat. 4 T.	samedi	26	s. Baboleín.
jeudi	27	s. Ildevert.	*Dim.*	27	s. Crescent.
vendredi	28	s. Germain.	lundi	28	s. Loubert. *V J.*
samedi	29	s. Maximin.	mardi	29	s. *Pierre, s. P.*
Dim.	30	*Trinité.*	mercredi	30	Com. s. Paul.
lundi	31	se. Pétronille.			

JUILLET.			AOUT.		
jeudi	1	s^e^. Éléonore.	*Dim.*	1	s^e^. Sophie.
vendredi	2	*Visit. N. D.*	lundi	2	s. Étienne, p.
samedi	3	s. Thierry.	mardi	3	s^e^. Lydie.
Dim.	4	s^e^. Berthe.	mercredi	4	s. Dominique.
lundi	5	s^e^. Zoé.	jeudi	5	s. Yon.
mardi	6	s. Tranquille.	vendredi	6	Tr. de J.-C.
mercredi	7	s^e^. Aubierge.	samedi	7	s. Gaëtan.
jeudi	8	s. Procope.	*Dim.*	8	s. Justin.
vendredi	9	s. Cyrille.	lundi	9	s. Amour.
samedi	10	s^e^. Félicité.	mardi	10	s. Laurent.
Dim.	11	Tr. s. Benoît.	mercredi	11	s^e^ Suzanne.
lundi	12	s. Gualbert.	jeudi	12	s^e^. Claire.
mardi	13	s. Eugène.	vendredi	13	s. Hippolyte.
mercredi	14	s. Bonaventure.	samedi	14	s. Guer. *V. J.*
jeudi	15	s. Henry.	*Dim.*	15	ASSOMPTION.
vendredi	16	s. Eustate.	lundi	16	s. Roch.
samedi	17	s. Alexis.	mardi	17	s. Mammès.
Dim.	18	s. Clair, év.	mercredi	18	s^e^. Hélène.
lundi	19	s. Vincent de P.	jeudi	19	s. Louis, év.
mardi	20	s^e^. Marguerite.	vendredi	20	s. Bernard.
mercredi	21	s. Victor.	samedi	21	s. Privat.
jeudi	22	s^e^. Madeleine.	*Dim.*	22	s. Symphorien.
vendredi	23	s. Apollinaire.	lundi	23	s. Sidoine
samedi	24	s^e^. Christine.	mardi	24	s. Barthelemy.
Dim.	25	s. Jacq. le maj.	mercredi	25	s. Louis.
lundi	26	Tr. s. Marcel.	jeudi	26	s. Zéphirin.
mardi	27	s. Pantaléon.	vendredi	27	s. Cesaire.
mercredi	28	s^e^. Anne.	samedi	28	s. Augustin.
jeudi	29	s^e^. Marthe.	*Dim.*	29	s. Medéric.
vendredi	30	s. Abdon.	lundi	30	s. Fiacre.
samedi	31	s. Germ. l'Aux.	mardi	31	s. Ovide.

SEPTEMBRE.		
ıercredi	1	s. Leu, s. Giles.
·udi	2	s. Lazare.
endredi	3	s. Grégoire.
ımedi	4	s^e^. Rosalie.
'im.	5	s. Berlin, ab.
·ndi	6	s. Eleuthère.
ıardi	7	s. Cloud.
ıercredi	8	s. *Nativ. N.-D.*
·udi	9	s. Omer.
endred'	10	s^e^. Pulchérie.
amedi	11	s. Hyacinthe.
)im.	12	s. Raphael.
ındi	13	s. Maurille.
ıardi	14	Exalt. s^e^. Croix.
ıercred'	15	s. Nicodème. 4 T.
eudi	16	s. Corneille.
endredi	17	s. Lambert.
amedi	18	s. Jean Chrys.
)im.	19	s. Janvier.
undi	20	s. Eustache.
ıardi	21	s. Mathieu.
ıercredi	22	s. Maurice
eudi	23	s^e^. Thècle.
'endredi	24	s. Andoche.
amedi	25	s. Firmin.
Dim.	26	s^e^. Justine.
undi	27	s. Côme, s. D.
mardi	28	s. Vinceslas.
mercredi	29	s. Michel.
jeudi	30	s. Jérôme.

OCTOBRE.		
vendredi	1	s. Remi.
samedi	2	Sts. AngesGard.
Dim.	3	s. Cyprien.
lundi	4	s. Franç d'A.
mardi	5	s. Constant.
mercredi	6	s. Bruno.
jeudi	7	s. Serge.
vendredi	8	s. Thaïs.
samedi	9	s. *Denis.*
Dim.	10	s. Paulin.
lundi	11	s. Gomer.
mardi	12	s^e^. Vilfride.
mercredi	13	s. Gérant.
jeudi	14	s. Caliste.
vendredi	15	s^e^. Thérèse.
samedi	16	s. Gal.
Dim.	17	s. Cerbonet.
lundi	18	s. Luc, évang.
mardi	19	s. Savinien.
mercredi	20	s. Caprais.
jeudi	21	s^e^. Ursule.
vendredi	22	s. Mellon.
samedi	23	s. Hilarion.
Dim.	24	s. Magloire.
lundi	25	s. Crép. s. Cr.
mardi	26	s. Rustique.
mercredi	27	s. Frument.
jeudi	28	s. Simon, s. J.
vendredi	29	s. Faron.
samedi	30	s. Lucain. *V. J.*
Dim.	31	s. Quentin.

NOVEMBRE.		
lundi	1	TOUSSAINT.
mardi	2	*Trépassés.*
mercredi	3	s. Marcel.
jeudi	4	s. Charles.
vendredi	5	s. Zacharie.
samedi	6	s. Leonard.
Dim.	7	s. Florent.
lundi	8	ses. Reliques.
mardi	9	s. Mathurin.
mercredi	10	s. Just.
jeudi	11	s. Martin.
vendredi	12	s. René.
samedi	13	s. Brice.
Dim.	14	s. Bertrand.
lundi	15	s. Malo.
mardi	16	s. Edme.
mercredi	17	s. Agnan.
jeudi	18	se. Odes.
vendredi	19	se Elisabeth.
samedi	20	s. Edmond.
Dim.	21	Présent. N. D.
lundi	22	se. Cecile.
mardi	23	s. Clément.
mercredi	24	s. Severin.
jeudi	25	se. Catherine.
vendredi	26	se. Genev., ard.
samedi	27	s. Siméon, mét.
Dim.	28	*Avent.*
lundi	29	s. Saturnin.
mardi	30	s. André.

DÉCEMBRE.		
mercredi	1	s. Éloi.
jeudi	2	s. Franç. Xav.
vendredi	3	s. Éloque.
samedi	4	se. Barbe.
Dim.	5	s. Sabas.
lundi	6	s. Nicolas.
mardi	7	se. Fare.
mercredi	8	*Concept. N.-D.*
jeudi	9	se. Gorgonie.
vendredi	10	se. Valère.
samedi	11	s. Daniel.
Dim.	12	s. Valery.
lundi	13	se. Luce.
mardi	14	s. Nicaise.
mercredi	15	s. Memin. 4 T.
jeudi	16	se. Adelaide.
vendredi	17	se. Olympie.
samedi	18	s. Gatien.
Dim.	19	s. Thimothée.
lundi	20	s. Philogône.
mardi	21	s. Thomas.
mercredi	22	s. Honorat.
jeudi	23	se. Victoire.
vendredi	24	se. Delphine. *v.-j.*
samedi	25	NOEL.
Dim.	26	*s. Étienne.*
lundi	27	*s. Jean, évang.*
mardi	28	Sts. Innocents.
mercredi	29	s. Trophime.
jeudi	30	s. Sabin.
vendredi	31	s. Silvestre, p.

JANVIER.		
jeudi	1	*Circoncision.*
vendredi	2	s. Basile.
samedi	3	s^e. *Geneviève.*
Dim.	4	s. Rigobert.
lundi	5	s. Siméon s. *Vig.*
mardi	6	*Epiphanie.*
mercredi	7	Noces.
jeudi	8	s. Lucien.
vendredi	9	s. Pierre, év.
samedi	10	s. Paul, serm.
Dim.	11	s. Théodore.
lundi	12	s. Arcade, m.
mardi	13	Bap. de J.-C.
mercredi	14	s. Hilaire.
jeudi	15	s. Maur.
vendredi	16	s. Guillaume.
samedi	17	s. Antoine.
Dim.	18	Ch. s. P. à R.
lundi	19	s. Sulpice.
mardi	20	s. Sébastien.
mercredi	21	s^e. Agnès.
jeudi	22	s. Vincent.
vendredi	23	s. Ildefonse.
samedi	24	s. Babylas.
Dim.	25	Conv. s. Paul.
lundi	26	s^e. Paule.
mardi	27	s. Julien.
mercredi	28	s. Charlemag.
jeudi	29	s. Franç. de S.
vendredi	30	s^e. Bathilde.
samedi	31	s^e. Marcèle.

FÉVRIER.		
Dim.	1	*Septuagésime.*
lundi	2	*Purification.*
mardi	3	s. Blaise.
mercredi	4	s. Gilbert.
jeudi	5	s^e. Agathe.
vendredi	6	s. Vaast.
samedi	7	s. Romuald.
Dim.	8	*Sexagésime.*
lundi	9	s^e. Apolline.
mardi	10	s^e. Scolastique.
mercredi	11	s. Séverin.
jeudi	12	s^e. Eulalie.
vendredi	13	s. Grégoire.
samedi	14	s. Valentin.
Dim.	15	*Quinquagésime.*
lundi	16	s^e. Julienne.
mardi	17	*Mardi gras.*
mercredi	18	*Cendres.*
jeudi	19	s. Gabin.
vendredi	20	s. Eucher.
samedi	21	s. Pépin.
Dim.	22	*Quadragésime.*
lundi	23	s. Mérault.
mardi	24	s. Mathias.
mercredi	25	s. Césaire. 4T.
jeudi	26	s. Nestor.
vendredi	27	s. Arille.
samedi	28	s^e. Honorine.
		s. Romain.

N° 15.

MARS.

Dim.	1	*Reminiscere.*
lundi	2	s. Simplice.
mardi	3	se. Cunégonde
mercredi	4	s. Casimir.
jeudi	5	s. Adrien.
vendredi	6	se. Colette.
samedi	7	s. Thomas. d'A.
Dim.	8	*Oculi.*
lundi	9	se. Françoise.
mardi	10	s. Blanchard.
mercredi	11	s. Euloge.
jeudi	12	s. Paul, év.
vendredi	13	se. Euphrasie.
samedi	14	s. Lubin.
Dim.	15	*Lætare.*
lundi	16	s. Cyriaque.
mardi	17	se. Gertrude.
mercredi	18	s. Alexandre.
jeudi	19	s. Joseph.
vendredi	20	s. Joachim.
samedi	21	s. Benoît.
Dim.	22	*La Passion.*
lundi	23	s. Victorien.
mardi	24	s. Simon, m.
mercredi	25	*Annonciation.*
jeudi	26	s. Ludger.
vendredi	27	s. Jean, erm.
samedi	28	se Dorothée.
Dim.	29	*Rameaux.*
lundi	30	s. Rieul.
mardi	31	se. Balbine.

AVRIL.

mercredi	1	s. Hugues.
jeudi	2	s. Franç. de P.
vendredi	3	*Vendredi-Saint.*
samedi	4	s. Ambroise.
Dim.	5	PAQUES.
lundi	6	se. Prudence.
mardi	7	s. Clotaire.
mercredi	8	s. Edèze.
jeudi	9	se. Marie, égy.
vendredi	10	s. Fulbert.
samedi	11	se. Godeberte.
Dim.	12	*Quasimodo.*
lundi	13	s. Marcelin.
mardi	14	s. Tiburce.
mercredi	15	s. Maxime.
jeudi	16	s. Paterne.
vendredi	17	s. Anicet.
samedi	18	s. Parfait.
Dim.	19	s. Léon.
lundi	20	s. Théotime.
mardi	21	s. Anselme.
mercredi	22	se. Opportune
jeudi	23	s. Georges.
vendredi	24	s. Léger.
samedi	25	s. Marc.
Dim.	26	s. Clet.
lundi	27	s. Polycarpe.
mardi	28	s. Vital.
mercredi	29	s. Robert.
jeudi	30	s. Eutrope.

MAI.

vendredi	1	s. Jacq., s. Phil.
samedi	2	s. Athanase.
Dim.	3	Inv. se Croix.
lundi	4	se. Monique.
mardi	5	Conv. s. Aug.
mercredi	6	s. Jean-de-Lat.
jeudi	7	s. Stanislas.
vendredi	8	se. Désirée.
samedi	9	Trans. s Nic. *V. J.*
Dim.	10	s. Gordien.
lundi	11	*Rogations.*
mardi	12	s. Pancrace.
mercredi	13	s. Servais.
jeudi	14	ASCENSION.
vendredi	15	s. Isidore.
samedi	16	s. Honoré.
Dim.	17	s. Pascal.
lundi	18	s. Venance.
mardi	19	s. Yves.
mercredi	20	s. Bernard.
jeudi	21	s. Sospis.
vendredi	22	se. Julie.
samedi	23	s. Didier. *V. J.*
Dim.	24	PENTECOTE.
lundi	25	s. Urbain.
mardi	26	s. Quadrat.
mercredi	27	s. Hildevert. 4T
jeudi	28	s. Germain.
vendredi	29	s. Maximin.
samedi	30	s. Felix.
Dim.	31	*Trinité.*

JUIN.

lundi	1	s. Pamphile.
mardi	2	s. Pothin.
mercredi	3	se. Clotilde.
jeudi	4	*Fête-Dieu.*
vendredi	5	s. Boniface.
samedi	6	s Claude, év.
Dim.	7	s. Lié.
lundi	8	s. Médard.
mardi	9	se. Pélagie.
mercredi	10	s. Landri.
jeudi	11	s. Barnabé.
vendredi	12	se. Olympe.
samedi	13	s. Ant. de Pad.
Dim.	14	s. Ruffin.
lundi	15	s Modeste.
mardi	16	s. Cyr.
mercredi	17	s. Avit.
jeudi	18	se. Marine.
vendredi	19	s. Gerv. s. Prot.
samedi	20	s. Sylvère.
Dim.	21	s. Leufroi.
lundi	22	s. Paulin.
mardi	23	s. Jacques. *V. J.*
mercredi	24	s. *Jean-Bapt.*
jeudi	25	s. Prosper.
vendredi	26	s. Babolein.
samedi	27	s. Crescent.
Dim.	28	s. Loubert. *V. J.*
lundi	29	s. *Pierre*, s. *P.*
mardi	30	Conv. s. Paul.

N° 15.

JUILLET.		
mercredi	1	s^{e}. Eléonore.
jeudi	2	*Visitat. N.-D.*
vendredi	3	s. Thierry.
samedi	4	s^{e}. Berthe.
Dim.	5	s^{e}. Zoé.
lundi	6	s. Tranquille.
mardi	7	s^{e}. Aubierge.
mercredi	8	s. Procope.
jeudi	9	s. Cyrille.
vendredi	10	s^{e}. Felicité.
samedi	11	Tr. s. Benoît.
Dim.	12	s. Gualbert.
lundi	13	s. Eugène.
mardi	14	s. Bonaventure.
mercredi	15	s. Henry.
jeudi	16	s. Eustate.
vendredi	17	s. Alexis.
samedi	18	s. Clair, év.
Dim.	19	s. Vinc. de P.
lundi	20	s^{e}. Marguerite.
mardi	21	s. Victor.
mercredi	22	s^{e}. Madeleine.
jeudi	23	s. Apollinaire.
vendredi	24	s^{e}. Christine.
samedi	25	s. Jacq. le maj.
Dim.	26	Tr. s. Marcel.
lundi	27	s. Pantaléon.
mardi	28	s^{e}. Anne.
mercredi	29	s^{e}. Marthe.
jeudi	30	s. Abdon.
vendredi	31	s. Germ. l'Aux.

AOUT.		
samedi	1	s^{e}. Sophie.
Dim.	2	s. Etienne, p.
lundi	3	s^{e}. Lydie.
mardi	4	s. Dominique.
mercredi	5	s. Yon.
jeudi	6	Tr. de J.-C.
vendredi	7	s. Gaétan.
samedi	8	s. Justin.
Dim.	9	s. Amour. *Vig.*
lundi	10	s. Laurent.
mardi	11	s^{e}. Suzanne.
mercredi	12	s^{e}. Claire.
jeudi	13	s. Hippolyte.
vendredi	14	s. Guer. *Vig.*
samedi	15	ASSOMPTION.
Dim.	16	s. Roch.
lundi	17	s. Mammès.
mardi	18	s^{e}. Hélène.
mercredi	19	s. Louis, év.
jeudi	20	s. Bernard.
vendredi	21	s. Privat.
samedi	22	s. Symphorien.
Dim.	23	s. Sidoine.
lundi	24	s. Barthélemy.
mardi	25	s. *Louis*.
mercredi	26	s. Zéphirin.
jeudi	27	s. Cesaire.
vendredi	28	s. Augustin.
samedi	29	s. Méderic.
Dim.	30	s. Fiacre.
lundi	31	s. Ovide.

SEPTEMBRE.		
mardi	1	s. Leu et s. Gil.
mercredi	2	s. Lazare.
jeudi	3	s. Grégoire.
vendredi	4	se. Rosalie.
samedi	5	s. Bertin, ab.
Dim.	6	s. Eleuthère.
lundi	7	s. Cloud.
mardi	8	NAT. DE N.-D.
mercredi	9	s. Omer.
jeudi	10	se. Pulchérie.
vendredi	11	s. Hyacinthe.
samedi	12	s. Raphael.
Dim.	13	s. Maurille.
lundi	14	Ex. se Croix. V.
mardi	15	s. Nicodème.
mercredi	16	s. Corneille. 4 T.
jeudi	17	s. Lambert.
vendredi	18	s. Jean Chrys.
samedi	19	s. Janvier.
Dim.	20	s. Eustache. *Vi.*
lundi	21	s. Mathieu.
mardi	22	s. Maurice.
mercredi	23	se. Thècle.
jeudi	24	s. Andoche.
vendredi	25	s. Firmin.
samedi	26	se. Justine.
Dim.	27	s. Côme, s. Dam
lundi	28	s. Venceslas.
mardi	29	s. Michel.
mercredi	30	s. Jérôme.

OCTOBRE.		
jeudi	1	s. Remi.
vendredi	2	Sts Anges gard.
samedi	3	s. Cyprien.
Dim.	4	s. Franç. d'A.
lundi	5	s. Constant.
mardi	6	s. Bruno.
mercredi	7	s. Serge.
jeudi	8	s. Thais.
vendredi	9	s. *Denis.*
samedi	10	s. Paulin.
Dim.	11	s. Gomer.
lundi	12	se Vilfride.
mardi	13	s. Gérant.
mercredi	14	s. Caliste.
jeudi	15	se Thérèse.
vendredi	16	s. Gal.
samedi	17	s. Cerbonet.
Dim.	18	s. Luc, évang.
lundi	19	s. Savinien.
mardi	20	s. Caprais.
mercredi	21	se. Ursule.
jeudi	22	s. Mellon.
vendredi	23	s. Hilarion.
samedi	24	s. Magloire.
Dim.	25	s. Crép., s. Cré.
lundi	26	s. Rustique.
mardi	27	s. Frument. *Vi.*
mercredi	28	s. Simon, s. Jud
jeudi	29	s. Faron.
vendredi	30	s. Lucain.
samedi	31	s. Quent. *V. J.*

N° 15.

NOVEMBRE.			DÉCEMBRE.		
Dim.	1	TOUSSAINT.	mardi	1	s. Eloi.
lundi	2	*Trépassés.*	mercredi	2	s. Franç. Xav.
mardi	3	s. Marcel.	jeudi	3	s. Eloque.
mercredi	4	s. Charles.	vendredi	4	se Barbe. *Jeû.*
jeudi	5	s. Zacharie.	samedi	5	s. Sabas. *Jeû.*
vendredi	6	s. Léonard.	*Dim.*	6	s. Nicolas.
samedi	7	s. Florent.	lundi	7	se Fare.
Dim.	8	Stes Reliques.	mardi	8	*Concep. N.-D.*
lundi	9	s. Mathurin.	mercredi	9	se Gorgonie.
mardi	10	s. Juste.	jeudi	10	se Valere.
mercredi	11	s. Martin.	vendredi	11	s. Daniel. *Jeû.*
jeudi	12	s. René.	samedi	12	s. Valeri. *Jeû.*
vendredi	13	s. Brice.	*Dim.*	13	se. Luce.
samedi	14	s. Bertrand.	lundi	14	s. Nicaise.
Dim.	15	s. Malo.	mardi	15	s. Mesmin.
lundi	16	s. Edme.	mercredi	16	se Adelaide.4T.
mardi	17	s. Agnan.	jeudi	17	se Olympie.
mercredi	18	se. Odes.	vendredi	18	s. Gatien.
jeudi	19	se. Elizabeth.	samedi	19	s. Thimothé.
vendredi	20	s. Edmond.	*Dim.*	20	s. Philogone.
samedi	21	Présent. N.-D.	lundi	21	s. Thomas.
Dim.	22	se. Cecile.	mardi	22	s. Honorat.
lundi	23	s. Clément.	mercredi	23	se. Victoire.
mardi	24	s. Séverin.	jeudi	24	se. Delph. *V. J.*
mercredi	25	se. Catherine.	vendredi	25	NOEL.
jeudi	26	se. Genev. ard.	samedi	26	*s. Etienne.*
vendredi	27	s. Siméon mét.	*Dim.*	27	*s. Jean, évang.*
samedi	28	s. Sosthene.	lundi	28	Sts. Innocents.
Dim.	29	*Avent.*	mardi	29	s. Trophime.
lundi	30	s. André.	mercredi	30	s. Sabin.
			jeudi	31	s. Silvestre, p.

JANVIER.		
mercredi	1	*Circoncision.*
jeudi	2	s. Basile.
vendredi	3	se. *Geneviève.*
samedi	4	s. Rigobert.
Dim.	5	s. Siméon. V.J.
lundi	6	*Epiphanie.*
mardi	7	Noces.
mercredi	8	s. Lucien.
jeudi	9	s. Pierre, év.
vendredi	10	s. Paul, erm.
samedi	11	s. Théodore.
Dim.	12	s. Arcade, m.
lundi	13	Bapt. de J.-C.
mardi	14	s. Hilaire.
mercredi	15	s. Maur.
jeudi	16	s. Guillaume.
vendredi	17	s. Antoine.
samedi	18	Ch. s. P. à R.
Dim.	19	s. Sulpice.
lundi	20	s. Sebastien.
mardi	21	se. Agnes.
mercredi	22	s. Vincent
jeudi	23	s. Ildefonse.
vendredi	24	s. Babylas.
samedi	25	Conv.-s.-Paul.
Dim.	26	se. Paule.
lundi	27	s. Julien.
mardi	28	s. Charlemagne
mercredi	29	s. Franç., de S
jeudi	30	se. Bathilde.
vendredi	31	se. Marcèle.

FÉVRIER.		
samedi	1	s. Ignace.
Dim.	2	*Purification.*
lundi	3	s. Blaise.
mardi	4	s. Gilbert.
mercredi	5	se. Agathe.
jeudi	6	s. Vaast.
vendredi	7	s. Romuald.
samedi	8	s. Jean de M.
Dim.	9	*Sexagésime.*
lundi	10	se. Scolastique.
mardi	11	s. Séverin.
mercredi	12	se. Eulalie.
jeudi	13	s. Grégoire.
vendredi	14	s. Valentin.
samedi	15	s. Faustin.
Dim.	16	*Quinquagésime.*
lundi	17	s. Théodule.
mardi	18	*Mardi gras.*
mercredi	19	*Cendres.*
jeudi	20	s. Eucher.
vendredi	21	s. Pepin.
samedi	22	se. Isabelle.
Dim.	23	*Quadragésime.*
lundi	24	s. Mathias.
mardi	25	s. Césaire.
mercredi	26	s. Nestor. 4 T.
jeudi	27	s. Arille.
vendredi	28	se. Honorine.
		s. Romain.

N° 16.

MARS.

samedi	1	s. Aubin.
Dim.	2	*Reminiscere.*
lundi	3	se. Cunégonde.
mardi	4	s. Casimir.
mercredi	5	s. Adrien.
jeudi	6	se. Colette.
vendredi	7	s. Thomas d'A.
samedi	8	s. Jean de D.
Dim.	9	*Oculi.*
lundi	10	s. Blanchard.
mardi	11	s. Euloge.
mercredi	12	s. Paul, évêq.
jeudi	13	se. Euphrasie.
vendredi	14	s. Lubin.
samedi	15	s. Zacharie.
Dim.	16	*Lætare.*
lundi	17	se Gertrude.
mardi	18	s. Alexandre.
mercredi	19	s. Joseph.
jeudi	20	s. Joachim.
vendredi	21	s. Benoît.
samedi	22	s. Emile.
Dim.	23	*La Passion.*
lundi	24	s. Simon, m.
mardi	25	*Annonciation.*
mercredi	26	s. Ledger.
jeudi	27	s Jean, erm.
vendredi	28	se. Dorothée.
samedi	29	s. Gontrand.
Dim.	30	*Rameaux.*
lundi	31	se. Balbine.

AVRIL.

mardi	1	s. Hugues.
mercredi	2	s. Franç. de P.
jeudi	3	s. Richard.
vendredi	4	*Vendredi-Saint.*
samedi	5	s. Albert.
Dim.	6	**PAQUES.**
lundi	7	s. Clotaire.
mardi	8	s. Edèze.
mercredi	9	se. Marie, Egy
jeudi	10	s. Fulbert.
vendredi	11	se Godeberte.
samedi	12	s. Jules.
Dim.	13	*Quasimodo.*
lundi	14	s. Tiburce.
mardi	15	s. Maxime.
mercredi	16	s. Paterne.
jeudi	17	s. Anicet.
vendredi	18	s. Parfait.
samedi	19	s. Léon.
Dim.	20	s. Théotime.
lundi	21	s. Anselme.
mardi	22	se. Opportune.
mercredi	23	s. Georges.
jeudi	24	s. Léger.
vendredi	25	s. Marc.
samedi	26	s. Clet.
Dim.	27	s. Polycarpe.
lundi	28	s. Vital.
mardi	29	s. Robert.
mercredi	30	s. Eutrope.

MAI.

jeudi	1	s. Jacq. s. Phil.
vendredi	2	s. Athanase.
samedi	3	Inv. se. Croix.
Dim.	4	se. Monique.
lundi	5	Conv. s. Aug.
mardi	6	s. Jean-p.-Lat
mercredi	7	s. Stanislas.
jeudi	8	se Desirée.
vendredi	9	Trans. s. Nic.
samedi	10	s. Gordien.
Dim.	11	s. Mamert.
lundi	12	*Rogations.*
mardi	13	s. Servais.
mercredi	14	s. Pacome.
jeudi	15	ASCENSION.
vendredi	16	s. Honoré.
samedi	17	s. Pascal.
Dim.	18	s. Venance.
lundi	19	s. Yves.
mardi	20	s. Bernardin.
mercredi	21	s. Sospis.
jeudi	22	se. Julie.
vendredi	23	s. Didier.
samedi	24	s. Donatien. *V. J*
Dim.	25	PENTECOTE.
lundi	26	s. Quadrat.
mardi	27	s. Hildevert.
mercredi	28	s. Germain. 4 T.
jeudi	29	s. Maximin.
vendredi	30	s. Felix.
samedi	31	se. Pétronille.

JUIN.

Dim.	1	*Trinité.*
lundi	2	s. Pothin.
mardi	3	se Clotilde.
mercredi	4	s. Optat.
jeudi	5	*Fête-Dieu.*
vendredi	6	s. Claude, év.
samedi	7	s. Lié.
Dim.	8	s. Médard.
lundi	9	se. Pélagie.
mardi	10	s. Landri.
mercredi	11	s. Barnabé.
jeudi	12	se. Olympe.
vendredi	13	s. Ant. de Pad.
samedi	14	s. Ruffin.
Dim.	15	s. Modeste.
lundi	16	s. Cyr.
mardi	17	s. Avit.
mercredi	18	s. Maxime.
jeudi	19	s. Gerv. s. Prot.
vendredi	20	s. Sylvère.
samedi	21	s. Leufroi.
Dim.	22	s. Paulin.
lundi	23	s. Jacques *V. J.*
mardi	24	s. *Jean-Bapt.*
mercredi	25	s. Prosper.
jeudi	26	s. Babolein
vendredi	27	s. Crescent.
samedi	28	s. Loubert, *V. J.*
Dim.	29	*s. Pierre s. P.*
lundi	30	Com. s. Paul.

JUILLET.			AOUT.		
mardi	1	se Eléonore.	vendredi	1	se. Sophie.
mercredi	2	*Visit. N. D.*	samedi	2	s. Etienne P.
jeudi	3	s. Thierry.	*Dim.*	3	se. Lydie.
vendredi	4	se Berthe.	lundi	4	s. Dominique.
samedi	5	se Zoé.	mardi	5	s. Yon.
Dim.	6	s. Tranquille.	mercredi	6	Tr. de J.-C.
lundi	7	se. Aubierge.	jeudi	7	s. Gaétan.
mardi	8	s. Procope.	vendredi	8	s. Justin.
mercredi	9	s. Cyrille.	samedi	9	s. Amour.
jeudi	10	se. Felicité.	*Dim.*	10	s. Laurent.
vendredi	11	s. Tr. s. Benoît.	lundi	11	se. Suzanne.
samedi	12	s. Gualbert.	mardi	12	se. Claire.
Dim.	13	s Eugène.	mercredi	13	s. Hippolyte.
lundi	14	s. Bonaventure	jeudi	14	s. Guer., vig.
mardi	15	s. Henri.	vendredi	15	ASSOMPTION.
mercredi	16	s. Eustate.	samedi	16	s. Roch.
jeudi	17	s. Alexis.	*Dim.*	17	s. Mammès.
vendredi	18	s. Clair, év.	lundi	18	se. Helene.
samedi	19	s. Vinc. de P.	mardi	19	s. Louis, év.
Dim.	20	se. Marguerite	mercredi	20	s. Bernard.
lundi	21	s. Victor.	jeudi	21	s. Privat.
mardi	22	se. Madeleine.	vendredi	22	s. Symphorien.
mercredi	23	s. Apollinaire.	samedi	23	s. Sidoine.
jeudi	24	se. Christine.	*Dim.*	24	s. Barthélemi.
vendredi	25	s. Jacq. le Maj.	lundi	25	*s. Louis.*
samedi	26	Tr. s. Marcel.	mardi	26	s. Zephirin.
Dim.	27	s. Pantaléon.	mercredi	27	s. Césaire.
lundi	28	se. Anne.	jeudi	28	s. Augustin.
mardi	29	se Marthe.	vendredi	29	s. Méderic.
mercredi	30	s. Abdon.	samedi	30	s. Fiacre.
jeudi	31	s. Germ. l'Aux.	*Dim.*	31	s. Ovide.

SEPTEMBRE.			OCTOBRE.		
lundi	1	s. Leu, s. Giles.	mercredi	1	s. Remi.
mardi	2	s. Lazare.	jeudi	2	sts. Anges Gar
mercredi	3	s. Grégoire.	vendredi	3	s. Cyprien.
jeudi	4	se. Rosalie.	samedi	4	s. Franç. d'A.
vendredi	5	s. Bertin, ab.	*Dim.*	5	s. Constant.
samedi	6	s. Eleuthère.	lundi	6	s. Bruno.
Dim.	7	s. Cloud.	mardi	7	s. Serge.
lundi	8	*Nativité N. D.*	mercredi	8	s. Thaïs.
mardi	9	s. Omer.	jeudi	9	s. *Denis.*
mercredi	10	se Pulchérie.	vendredi	10	s. Paulin.
jeudi	11	s. Hyacinthe.	samedi	11	s. Gomer.
vendredi	12	s. Raphael.	*Dim.*	12	se. Vilfride.
samedi	13	s. Maurille.	lundi	13	s. Gérant.
Dim.	14	Exal. s. Croix.	mardi	14	s. Caliste.
lundi	15	s. Nicodème.	mercredi	15	se. Thérese.
mardi	16	s. Corneille.	jeudi	16	s. Gal.
mercredi	17	s. Lamb., 4 T	vendredi	17	s. Cerbonet.
jeudi	18	s. Jean Chrys.	samedi	18	s. Luc., évan.
vendredi	19	s. Janvier.	*Dim.*	19	s. Savinien.
samedi	20	s. Eustache.	lundi	20	s. Caprais.
Dim.	21	s. Mathieu.	mardi	21	se. Ursule.
lundi	22	s. Maurice.	mercredi	22	s. Mellon.
mardi	23	se. Thècle.	jeudi	23	s. Hilarion.
mercredi	24	s. Andoche.	vendredi	24	s. Magloire.
jeudi	25	s. Firmin.	samedi	25	s. Crép. s. Cré.
vendredi	26	se. Justine.	*Dim.*	26	s. Rustique.
samedi	27	s. Côme, s. Da.	lundi	27	s. Frument.
Dim.	28	s. Venceslas.	mardi	28	s. Simon, s. J
lundi	29	s. Michel.	mercredi	29	s. Faron.
mardi	30	s. Jerome.	jeudi	30	s. Lucain.
			vendredi	31	s. Quentin, V. J

NOVEMBRE.

samedi	1	Toussaint.
Dim.	2	*Trépassés.*
lundi	3	s. Marcel.
mardi	4	s. Charles.
mercredi	5	s. Zacharie.
jeudi	6	s. Léonard.
vendredi	7	s. Florent.
samedi	8	ses. Reliques.
Dim.	9	s. Mathurin.
lundi	10	s. Juste.
mardi	11	s. Martin.
mercredi	12	s. René.
jeudi	13	s. Brice.
vendredi	14	s. Bertrand.
samedi	15	s. Malo.
Dim.	16	s. Edme.
lundi	17	s. Agnan.
mardi	18	se. Odes.
mercredi	19	se. Elizabeth.
jeudi	20	s. Edmond.
vendredi	21	Prés. N. D.
samedi	22	se Cécile.
Dim.	23	s. Clément.
lundi	24	s. Séverin.
mardi	25	se. Catherine.
mercredi	26	se. Genev., ard.
jeudi	27	s. Siméon, met.
vendredi	28	s. Sosthène.
samedi	29	s. Saturnin.
Dim.	30	*Avent.*

DÉCEMBRE.

lundi	1	s. Eloi.
mardi	2	s. Franç. Xav.
mercredi	3	s. Eloque.
jeudi	4	se. Barbe.
vendredi	5	s. Sabas.
samedi	6	s. Nicolas.
Dim.	7	st. Fare.
lundi	8	*Concept. N. D.*
mardi	9	se. Gorgonie.
mercredi	10	se. Valère.
jeudi	11	s. Daniel.
vendredi	12	s. Valeri.
samedi	13	se. Luce.
Dim.	14	s. Nicaise.
lundi	15	s. Mémin.
mardi	16	se. Adelaide.
mercredi	17	se. Olympie. 4 T.
jeudi	18	s. Gatien.
vendredi	19	s. Thimothé.
samedi	20	s. Philogone.
Dim.	21	s. Thomas.
lundi	22	s. Honorat.
mardi	23	se. Victoire.
mercredi	24	se. Delphine *V. J.*
jeudi	25	Noël.
vendredi	26	*s. Etienne.*
samedi	27	*s. Jean, évang*
Dim.	28	Sts. Innocents.
lundi	29	s. Trophime.
mardi	30	s. Sabin.
mercredi	31	s. Silvestre, p

JANVIER.

mardi	1	*Circoncision.*
mercredi	2	s. Basile.
jeudi	3	s^e^. *Geneviève.*
vendredi	4	s. Rigobert.
samedi	5	s. Sim. st. *Vig*
Dim.	6	*Epiphanie.*
lundi	7	Noces.
mardi	8	s. Lucien.
mercredi	9	s. Pierre, év.
jeudi	10	s. Paul, erm.
vendredi	11	s. Théodore.
samedi	12	s. Arcade, m.
Dim.	13	Bap. de J.-C.
lundi	14	s. Hilaire.
mardi	15	s. Maur.
mercredi	16	s. Guillaume.
jeudi	17	s. Antoine.
vendredi	18	Ch. s. P. à R.
samedi	19	s. Sulpice.
Dim.	20	s. Sébastien.
lundi	21	se. Agnès.
mardi	22	s. Vincent.
mercredi	23	s. Ildefonse.
jeudi	24	s. Babylas.
vendredi	25	Conv. s. Paul.
samedi	26	se. Paule.
Dim.	27	s. Julien.
lundi	28	s. Charlemagne
mardi	29	s. Franç. de S.
mercredi	30	se. Bathilde.
jeudi	31	se. Marcèle.

FÉVRIER.

vendredi	1	s. Ignace.
samedi	2	*Purification.*
Dim.	3	*Septuagésime.*
lundi	4	s. Gilbert.
mardi	5	se. Agathe.
mercredi	6	s. Vaast.
jeudi	7	s. Romuald.
vendredi	8	s. Jean de M.
samedi	9	se. Apolline.
Dim.	10	*Sexagésime.*
lundi	11	s. Séverin.
mardi	12	se Eulalie.
mercredi	13	s. Grégoire.
jeudi	14	s. Valentin.
vendredi	15	s. Faustin.
samedi	16	se. Julienne.
Dim.	17	*Quinquagésime*
lundi	18	s. Siméon.
mardi	19	*Mardi gras.*
mercredi	20	*Cendres.*
jeudi	21	s. Pépin.
vendredi	22	se. Isabelle.
samedi	23	s. Mérault.
Dim.	24	*Quadragésime.*
lundi	25	s. Cesaire.
mardi	26	s. Nestor.
mercredi	27	s. Arille. 4 T.
jeudi	28	se Honorine.
		s. Romain.

MARS.

vendredi	1	s. Aubin.
samedi	2	s. Simplice.
Dim.	3	*Reminiscere.*
lundi	4	s. Casimir.
mardi	5	s. Adrien.
mercredi	6	se. Colette.
jeudi	7	s. Thomas d'A
vendredi	8	s. Jean de D.
samedi	9	se. Françoise.
Dim.	10	*Oculi.*
lundi	11	s. Euloge.
mardi	12	s. Paul, év.
mercredi	13	se. Euphrasie.
jeudi	14	s. Lubin.
vendredi	15	s. Zacharie.
samedi	16	s. Cyriaque.
Dim.	17	*Laetare.*
lundi	18	s. Alexandre.
mardi	19	s. Joseph.
mercredi	20	s. Joachim.
jeudi	21	s. Benoît.
vendredi	22	s. Emile.
samedi	23	s. Victorien.
Dim.	24	*La Passion.*
lundi	25	*Annonciation.*
mardi	26	s. Ludger.
mercredi	27	s. Jean, erm.
jeudi	28	se. Dorothée.
vendredi	29	s. Gontrand.
samedi	30	s. Rieul.
Dim.	31	*Rameaux.*

AVRIL.

lundi	1	s. Hugues.
mardi	2	s. Franç. de P.
mercredi	3	s. Richard.
jeudi	4	s. Ambroise.
vendredi	5	*Vendredi-Saint.*
samedi	6	se Prudente.
Dim.	7	PAQUES.
lundi	8	s. Edèse.
mardi	9	se. Marie, égy.
mercredi	10	s. Fulbert.
jeudi	11	se. Godeberte.
vendredi	12	s. Jules.
samedi	13	s. Marcelin.
Dim.	14	*Quasimodo.*
lundi	15	s. Maxime.
mardi	16	s. Paterne.
mercredi	17	s. Anicet.
jeudi	18	s. Parfait.
vendredi	19	s. Léon.
samedi	20	s. Théotime.
Dim.	21	s. Anselme.
lundi	22	se. Opportune.
mardi	23	s. Georges.
mercredi	24	s. Léger.
jeudi	25	s. Marc.
vendredi	26	s. Clet.
samedi	27	s. Polycarpe.
Dim.	28	s. Vital.
lundi	29	s. Robert.
mardi	30	s. Eutrope.

MAI.

mercredi	1	s. Jacq. s. Phil.
jeudi	2	s. Athanase.
vendredi	3	Inv. s^{e}. Croix.
samedi	4	s^{e}. Monique.
Dim.	5	Conv. s. Aug.
lundi	6	s. Jean-p.-Lat.
mardi	7	s. Stanislas.
mercredi	8	s^{e}. Désirée.
jeudi	9	Trans. s. Nic.
vendredi	10	s. Gordien.
samedi	11	s. Mamert.
Dim.	12	s. Pancrace.
lundi	13	*Rogations.*
mardi	14	s. Pacôme.
mercredi	15	s. Isidore.
jeudi	16	ASCENSION.
vendredi	17	s. Pascal.
samedi	18	s. Venance.
Dim.	19	s. Yves.
lundi	20	s. Bernardin.
mardi	21	s. Sospis.
mercredi	22	s^{e}. Julie.
jeudi	23	s. Didier.
vendredi	24	s. Donatien.
samedi	25	s. Urbain. *V. J.*
Dim.	26	PENTECOTE.
lundi	27	s. Hildevert.
mardi	28	s. Germain.
mercredi	29	s. Maximin. 4 T.
jeudi	30	s. Felix.
vendredi	31	s^{e}. Pétronille.

JUIN.

samedi	1	s. Pamphile.
Dim.	2	*Trinité.*
lundi	3	s^{e}. Clotilde.
mardi	4	s. Optat.
mercredi	5	s. Boniface.
jeudi	6	*Fête-Dieu.*
vendredi	7	s. Lié.
samedi	8	s. Médard.
Dim.	9	s^{e}. Pélagie.
lundi	10	s. Landri.
mardi	11	s. Barnabé.
mercredi	12	s^{e}. Olympe.
jeudi	13	s. Ant. de P.
vendredi	14	s. Ruffin.
samedi	15	s. Modeste.
Dim.	16	s. Cyr.
lundi	17	s. Avit.
mardi	18	s^{e} Marine.
mercredi	19	s. Gerv. s. Prot.
jeudi	20	s. Sylvère.
vendredi	21	s. Leufroi.
samedi	22	s. Paulin.
Dim.	23	s. Jacques. *V. J.*
lundi	24	*s. Jean-Bapt.*
mardi	25	s. Prosper.
mercredi	26	s. Babolein.
jeudi	27	s. Crescent.
vendredi	28	s. Loubert. *V. J.*
samedi	29	*s. Pier. s. Paul.*
Dim.	30	Com. s. Paul.

N° 17.

JUILLET.			AOUT.		
lundi	1	se. Eléonore.	jeudi	1	se. Sophie.
mardi	2	*Visitat N. D.*	vendredi	2	s. Etienne, p.
mercredi	3	s. Thierry.	samedi	3	se. Lydie.
jeudi	4	se. Berthe.	*Dim.*	4	s. Dominique.
vendredi	5	se. Zoé.	lundi	5	s. Yon.
samedi	6	s. Tranquille.	mardi	6	Trans. de J.-C.
Dim.	7	se. Aubierge.	mercredi	7	s. Gaétan.
lundi	8	s. Procope.	jeudi	8	s. Justin.
mardi	9	s. Cyrille.	vendredi	9	s. Amour.
mercredi	10	se Félicité.	samedi	10	s. Laurent.
jeudi	11	Tr. s. Benoît.	*Dim.*	11	se. Suzanne.
vendredi	12	s. Gualbert.	lundi	12	se. Claire.
samedi	13	s. Eugène.	mardi	13	s. Hippolyte.
Dim.	14	s. Bonaventure.	mercredi	14	s. Guer. *Vig.*
lundi	15	s. Henry.	jeudi	15	ASSOMPTION.
mardi	16	s. Eustate.	vendredi	16	s. Roch.
mercredi	17	s. Alexis.	samedi	17	s. Mammès.
jeudi	18	s. Clair, év.	*Dim.*	18	s. Helène.
vendredi	19	s. Vincent de P.	lundi	19	s. Louis, év.
samedi	20	se. Marguerite.	mardi	20	s. Bernard.
Dim.	21	s. Victor.	mercredi	21	s. Privat.
lundi	22	se. Madeleine.	jeudi	22	s. Symphorien.
mardi	23	s. Apollinaire.	vendredi	23	s. Sidoine.
mercredi	24	se. Christine.	samedi	24	s. Barthelemy.
jeudi	25	s. Jacq. le maj	*Dim.*	25	*s. Louis.*
vendredi	26	Tr. s. Marcel.	lundi	26	s. Zéphirin.
samedi	27	s. Pantaléon.	mardi	27	s. Césaire.
Dim.	28	se. Anne.	mercredi	28	s. Augustin.
lundi	29	se. Marthe.	jeudi	29	s. Médéric.
mardi	30	s. Abdon.	vendredi	30	s. Fiacre.
mercredi	31	s. Germ. l'Aux.	samedi	31	s. Ovide.

SEPTEMBRE.		
Dim.	1	s. Leu, s. Gilles.
lundi	2	s. Lazare.
mardi	3	s. Grégoire.
mercredi	4	s^e^. Rosalie.
jeudi	5	s. Bertin, ab.
vendredi	6	s. Eleuthère.
samedi	7	s. Cloud.
Dim.	8	*Nativité N.-D.*
lundi	9	s. Omer.
mardi	10	s^e^. Pulchérie.
mercredi	11	s. Hyacinthe.
jeudi	12	s. Raphael.
vendredi	13	s. Maurille.
samedi	14	Exalt. s^te^ Croix.
Dim.	15	s. Nicomède.
lundi	16	s. Corneille.
mardi	17	s. Lambert.
mercredi	18	s. Jean Chr. 4 T.
jeudi	19	s. Janvier.
vendredi	20	s. Eustache.
samedi	21	s. Mathieu.
Dim.	22	s. Maurice.
lundi	23	s^e^ Thècle.
mardi	24	s. Andoche.
mercredi	25	s. Firmin.
jeudi	26	s^e^ Justine.
vendredi	27	s. Côme, s. D.
samedi	28	s. Venceslas.
Dim.	29	s. Michel.
lundi	30	s. Jérôme.

OCTOBRE.		
mardi	1	s. Remy.
mercredi	2	Sts. Ang. Gard.
jeudi	3	s. Cyprien.
vendredi	4	s. Franç. d'A.
samedi	5	s. Constant.
Dim.	6	s. Bruno.
lundi	7	s. Serge.
mardi	8	s. Thais.
mercredi	9	*s. Denis.*
jeudi	10	s. Paulin.
vendredi	11	s. Gomer.
samedi	12	s. Vilfride.
Dim.	13	s. Gérant.
lundi	14	s. Caliste.
mardi	15	s^e^. Thérèse.
mercredi	16	s. Gal.
jeudi	17	s. Cerbonet.
vendredi	18	s. Luc, évang.
samedi	19	s. Savinien.
Dim.	20	s. Caprais.
lundi	21	s^e^. Ursule.
mardi	22	s. Mellon.
mercredi	23	s. Hilarion.
jeudi	24	s. Magloire.
vendredi	25	s. Crép. s. Cré.
samedi	26	s. Rustique.
Dim.	27	s. Frument. *Vi.*
lundi	28	s. Sim. s. Jude.
mardi	29	s. Faron.
mercredi	30	s. Lucain.
jeudi	31	s. Quentin. *V. J.*

N° 17.

NOVEMBRE.			DÉCEMBRE.		
vendredi	1	TOUSSAINT.	*Dim.*	1	*Avent.*
samedi	2	*Trépassés.*	lundi	2	s. Franç. Xav.
Dim.	3	s. Marcel.	mardi	3	s. Eloque.
lundi	4	s. Charles.	mercredi	4	se. Barbe.
mardi	5	s. Zacharie.	jeudi	5	s. Sabas.
mercredi	6	s. Léonard.	vendredi	6	s. Nicolas.
jeudi	7	s. Florent.	samedi	7	se Fare.
vendredi	8	Stes. Reliques.	*Dim.*	8	*Concept. N.-D.*
samedi	9	s. Mathurin.	lundi	9	se. Gorgonie.
Dim.	10	s. Juste.	mardi	10	se. Valère.
lundi	11	s. Martin.	mercredi	11	s. Daniel.
mardi	12	s. René.	jeudi	12	s. Valeri.
mercredi	13	s. Brice.	vendredi	13	se. Luce.
jeudi	14	s. Bertrand.	samedi	14	s. Nicaise.
vendredi	15	s. Malo.	*Dim.*	15	s. Mémin.
samedi	16	s. Edme.	lundi	16	se. Adelaide.
Dim.	17	s. Agnan.	mardi	17	se. Olympie.
lundi	18	se. Odes.	mercredi	18	s. Gatien. 4 T.
mardi	19	se. Elizabeth.	jeudi	19	s. Thimothée.
mercredi	20	s. Edmond.	vendredi	20	s. Philogone.
jeudi	21	Présent. N.-D	samedi	21	s. Thomas.
vendredi	22	se. Cécile.	*Dim.*	22	s. Honorat.
samedi	23	s. Clément.	lundi	23	se. Victoire.
Dim.	24	s. Séverin, soli.	mardi	24	se. Delphine. *V.J*
lundi	25	se. Catherine.	mercredi	25	NOEL.
mardi	26	se. Geneviève.	jeudi	26	*s. Etienne.*
mercredi	27	s. Siméon, met	vendredi	27	*s. Jean, évang.*
jeudi	28	s. Sosthène.	samedi	28	Sts. Innocents.
vendredi	29	s. Saturnin.	*Dim.*	29	s. Trophime.
samedi	30	s. André.	lundi	30	s. Sabin.
			mardi	31	s. Silvestre, p.

N° 18.

JANVIER.

lundi	1	*Circoncision.*
mardi	2	s. Basile.
mercredi	3	se. *Geneviève.*
jeudi	4	s. Rigobert.
vendredi	5	s. Sim., *s. Vig.*
samedi	6	*Epiphanie.*
Dim.	7	Noces.
lundi	8	s. Lucien.
mardi	9	s. Pierre, év.
mercredi	10	s. Paul, erm.
jeudi	11	s. Théodore.
vendredi	12	s. Arcade, m.
samedi	13	Baptême J.-C.
Dim.	14	s. Hilaire.
lundi	15	s. Maur.
mardi	16	s. Guillaume.
mercredi	17	s. Antoine.
jeudi	18	Ch. s. Pier. à R.
vendredi	19	s. Sulpice.
samedi	20	s. Sebastien.
Dim.	21	se. Agnes.
lundi	22	s. Vincent.
mardi	23	s. Ildefonse.
mercredi	24	s. Babylas.
jeudi	25	Conv. s. Paul.
vendredi	26	se. Paule.
samedi	27	s. Julien.
Dim.	28	s. Charlemagne.
lundi	29	s. Franç. de S.
mardi	30	se. Bathilde.
mercredi	31	se. Marcèle.

FÉVRIER.

jeudi	1	s. Ignace.
vendredi	2	*Purification.*
samedi	3	s. Blaise.
Dim.	4	*Septuagésime.*
lundi	5	se. Agathe.
mardi	6	s. Vaast.
mercredi	7	s. Romuald.
jeudi	8	s. Jean de M.
vendredi	9	se. Apolline.
samedi	10	se. Scolastique.
Dim.	11	*Sexagésime.*
lundi	12	se. Eulalie.
mardi	13	s. Grégoire.
mercredi	14	s. Valentin.
jeudi	15	s. Faustin.
vendredi	16	se. Julienne.
samedi	17	s. Théodule.
Dim.	18	*Quinquagésime.*
lundi	19	s. Gabin.
mardi	20	*Mardi gras.*
mercredi	21	*Cendres.*
jeudi	22	se Isabelle.
vendredi	23	s. Mérault.
samedi	24	s. Mathias.
Dim.	25	*Quadragésime.*
lundi	26	s. Nestor.
mardi	27	s. Arille.
mercredi	28	se Honorine. 4T.
		s. Romain.

N° 18.

MARS.

jeudi	1	s. Aubin.
vendredi	2	s. Simplice.
samedi	3	se. Cunégonde
Dim.	4	*Reminiscere.*
lundi	5	s. Adrien.
mardi	6	se. Colette.
mercredi	7	s. Thomas d'A.
jeudi	8	s. Jean de D.
vendredi	9	se. Françoise.
samedi	10	s. Blanchard.
Dim.	11	*Oculi.*
lundi	12	s. Paul, év.
mardi	13	se. Euphrasie.
mercredi	14	s. Lubin.
jeudi	15	s. Zacharie.
vendredi	16	s. Cyriaque.
samedi	17	se. Gertrude.
Dim.	18	*Lætare.*
lundi	19	s. Joseph.
mardi	20	s. Joachim.
mercredi	21	s. Benoît.
jeudi	22	s. Emile.
vendredi	23	s. Victorien.
samedi	24	s. Simon, m.
Dim.	25	*Annonciation.*
lundi	26	s. Ludger.
mardi	27	s. Jean, erm.
mercredi	28	se. Dorothée.
jeudi	29	s. Gontrand.
vendredi	30	s. Rieul.
samedi	31	se. Balbine.

AVRIL.

Dim.	1	*Rameaux.*
lundi	2	s. Franç. de P.
mardi	3	s. Richard.
mercredi	4	s. Ambroise.
jeudi	5	s. Albert.
vendredi	6	*Vendredi-Saint.*
samedi	7	s. Clotaire.
Dim.	8	**PAQUES.**
lundi	9	se Marie, égy.
mardi	10	s. Fulbert.
mercredi	11	se. Godeberte.
jeudi	12	s. Jules.
vendredi	13	s. Marcelin
samedi	14	s. Tiburce.
Dim.	15	*Quasimodo.*
lundi	16	s. Paterne.
mardi	17	s. Anicet.
mercredi	18	s. Parfait.
jeudi	19	s. Léon.
vendredi	20	s. Théotime.
samedi	21	s. Anselme.
Dim.	22	se. Opportune.
lundi	23	s. Georges.
mardi	24	s. Léger.
mercredi	25	s. Marc.
jeudi	26	s. Clet.
vendredi	27	s. Polycarpe.
samedi	28	s. Vital.
Dim.	29	s. Robert.
lundi	30	s. Eutrope.

MAI.		
mardi	1	s. Jacq., s. Phil.
mercredi	2	s. Athanase.
jeudi	3	Inv. se. Croix.
vendredi	4	se. Monique.
samedi	5	Conv. s. Aug.
Dim.	6	s. Jean-p.-Lat
lundi	7	s. Stanislas.
mardi	8	se. Désirée.
mercredi	9	Trans. s. Nic.
jeudi	10	s. Gordien.
vendredi	11	s. Mamert.
samedi	12	s. Pancrace.
Dim.	13	s. Isidore.
lundi	14	*Rogations.*
mardi	15	s. Isidore.
mercredi	16	s. Honoré.
jeudi	17	ASCENSION.
vendredi	18	s. Venance.
samedi	19	s. Yves.
Dim.	20	s. Bernardin.
lundi	21	s. Sospis.
mardi	22	se. Julie.
mercredi	23	s. Didier.
jeudi	24	s. Donatien.
vendredi	25	s. Urbain.
samedi	26	s. Quadrat. *V. J.*
Dim.	27	PENTECOTE.
lundi	28	s. Germain.
mardi	29	s. Maximin.
mercredi	30	s. Félix. 4 T.
jeudi	31	se Pétronille.

JUIN.		
vendredi	1	s. Pamphile.
samedi	2	s. Pothin.
Dim.	3	*Trinité.*
lundi	4	s. Optat.
mardi	5	s. Boniface.
mercredi	6	s. Claude, év.
jeudi	7	*Fête-Dieu.*
vendredi	8	s. Médard.
samedi	9	se. Pélagie.
Dim.	10	s. Landri.
lundi	11	s. Barnabé.
mardi	12	se. Olympe.
mercredi	13	s. Ant. de Pad.
jeudi	14	s. Ruffin.
vendredi	15	s. Modeste.
samedi	16	s. Cyr.
Dim.	17	s. Avit.
lundi	18	se. Marine.
mardi	19	s. Gerv. s. Prot.
mercredi	20	s. Sylvère.
jeudi	21	s. Leufroi.
vendredi	22	s. Paulin.
samedi	23	s. Jacques. *V. J.*
Dim.	24	*s. Jean-Bapt.*
lundi	25	s. Prosper.
mardi	26	s. Babolein.
mercredi	27	s. Crescent.
jeudi	28	s. Loubert. *V. J.*
vendredi	29	*s. Pier., s Paul.*
samedi	30	Com. s. Paul.

JUILLET.			AOUT.		
Dim.	1	se. Eléonore.	mercredi	1	se. Sophie.
lundi	2	*Visitat. N.-D.*	jeudi	2	s. Etienne, p.
mardi	3	s. Thierry.	vendredi	3	se. Lydie.
mercredi	4	se. Berthe.	samedi	4	s. Dominique.
jeudi	5	se. Zoé.	*Dim.*	5	s. Yon.
vendredi	6	s. Tranquille.	lundi	6	Tr. de J.-C.
samedi	7	se. Aubierge.	mardi	7	s. Gaëtan.
Dim.	8	s. Procope.	mercredi	8	s. Justin.
lundi	9	s. Cyrille.	jeudi	9	s. Amour.
mardi	10	se. Félicité.	vendredi	10	s. Laurent.
mercredi	11	Tr. s. Benoît.	samedi	11	se. Suzanne.
jeudi	12	s. Gualbert.	*Dim.*	12	se. Claire.
vendredi	13	s. Eugène.	lundi	13	s. Hippolyte.
samedi	14	s. Bonaventure.	mardi	14	s. Guer. *Vig.*
Dim.	15	s. Henry.	mercredi	15	ASSOMPTION.
lundi	16	s. Eustate.	jeudi	16	s. Roch.
mardi	17	s. Alexis.	vendredi	17	s. Mammès.
mercredi	18	s. Clair, év.	samedi	18	se. Helène.
jeudi	19	s. Vincent de P.	*Dim.*	19	s. Louis, év.
vendredi	20	se. Marguerite.	lundi	20	s. Bernard.
samedi	21	s. Victor.	mardi	21	s. Privat.
Dim.	22	se. Madeleine.	mercredi	22	s. Symphorien.
lundi	23	s. Apollinaire.	jeudi	23	s. Sidoine.
mardi	24	se. Christine.	vendredi	24	s. Barthélemy.
mercredi	25	s. Jacq. le maj	samedi	25	*s. Louis.*
jeudi	26	Tr. s. Marcel.	*Dim.*	26	s. Zephirin.
vendredi	27	s. Pantaléon.	lundi	27	s. Césaire.
samedi	28	se. Anne.	mardi	28	s. Augustin.
Dim.	29	se. Marthe.	mercredi	29	s. Médéric.
lundi	30	s. Abdon.	jeudi	30	s. Fiacre.
mardi	31	s. Germ. l'Aux.	vendredi	31	s. Ovide.

SEPTEMBRE.			OCTOBRE.		
samedi	1	s. Leu, s. Giles.	lundi	1	s. Remi.
Dim.	2	s. Lazare.	mardi	2	Sts. Ang. gard.
lundi	3	s. Grégoire.	mercredi	3	s. Cyprien.
mardi	4	s^{e}. Rosalie.	jeudi	4	s. Franç. d'A.
mercredi	5	s. Bertin, ab.	vendredi	5	s. Constant.
jeudi	6	s. Eleuthère.	samedi	6	s. Bruno.
vendredi	7	s. Cloud.	*Dim.*	7	s. Serge.
samedi	8	NAT. DE N.-D.	lundi	8	s. Thaïs.
Dim.	9	s. Omer.	mardi	9	*s. Denis.*
lundi	10	s^{e}. Pulchérie.	mercredi	10	s. Paulin.
mardi	11	s. Hyacinthe.	jeudi	11	s. Gomer.
mercredi	12	s. Raphaël.	vendredi	12	s^{e}. Vilfride.
jeudi	13	s. Maurille.	samedi	13	s. Gérant.
vendredi	14	Exalt. s^{e}. Croix.	*Dim.*	14	s. Caliste.
samedi	15	s. Nicomède.	lundi	15	s^{e}. Thérèse.
Dim.	16	s. Corneille.	mardi	16	s. Gal.
lundi	17	s. Lambert.	mercredi	17	s. Cerbonet.
mardi	18	s. Jean Chrys.	jeudi	18	s. Luc, évang.
mercredi	19	s. Janvier. 4 T.	vendredi	19	s. Savinien.
jeudi	20	s. Eustache.	samedi	20	s. Caprais.
vendredi	21	s. Mathieu.	*Dim.*	21	s^{e}. Ursule.
samedi	22	s. Maurice.	lundi	22	s. Mellon.
Dim.	23	s^{e}. Thècle.	mardi	23	s. Hilarion.
lundi	24	s. Andoche.	mercredi	24	s. Magloire.
mardi	25	s. Firmin.	jeudi	25	s. Crép. s. Cré.
mercredi	26	s^{e}. Justine.	vendredi	26	s. Rustique.
jeudi	27	s. Côme, s. D.	samedi	27	s. Frument. *Vi*
vendredi	28	s. Venceslas.	*Dim.*	28	s. Sim., s. Jud.
samedi	29	s. Michel.	lundi	29	s. Faron.
Dim.	30	s. Jérôme.	mardi	30	s. Lucain.
			mercredi	31	s. Quentin. *V. J.*

N° 18.

NOVEMBRE.			DÉCEMBRE.		
jeudi	1	TOUSSAINT.	samedi	1	s. Eloi.
vendredi	2	*Trépassés.*	*Dim.*	2	*Avent.*
samedi	3	s. Marcel.	lundi	3	s. Eloque.
Dim.	4	s. Charles.	mardi	4	se. Barbe.
lundi	5	s. Zacharie.	mercredi	5	s. Sabas.
mardi	6	s. Léonard.	jeudi	6	s. Nicolas.
mercredi	7	s. Florent.	vendredi	7	se. Fare.
jeudi	8	Stes Reliques.	samedi	8	*Concept. N.-D.*
vendredi	9	s. Mathurin.	*Dim.*	9	se. Gorgonie.
samedi	10	s. Juste.	lundi	10	se. Valère.
Dim.	11	s. Martin.	mardi	11	s. Daniel.
lundi	12	s. René.	mercredi	12	s. Valeri.
mardi	13	s. Brice.	jeudi	13	se. Luce.
mercredi	14	s. Bertrand.	vendredi	14	s. Nicaise.
jeudi	15	s. Malo.	samedi	15	s. Mémin.
vendredi	16	s. Edme.	*Dim.*	16	se. Adelaide.
samedi	17	s. Agnan.	lundi	17	se. Olympie.
Dim.	18	se. Odes.	mardi	18	s. Gatien.
lundi	19	se. Elizabeth.	mercredi	19	s. Thimoth. 4 T.
mardi	20	s. Edmond.	jeudi	20	s. Philogone.
mercredi	21	Present. N.-D	vendredi	21	s. Thomas.
jeudi	22	se. Cécile.	samedi	22	s. Honorat.
vendredi	23	s. Clement.	*Dim.*	23	se. Victoire.
samedi	24	s. Séverin, sol.	lundi	24	se. Delphine. *V. J*
Dim.	25	se. Catherine.	mardi	25	NOEL.
lundi	26	se. Genev., ard.	mercredi	26	*s. Etienne.*
mardi	27	s. Siméon, mèt.	jeudi	27	*s. Jean, évang.*
mercredi	28	s. Sosthène.	vendredi	28	Sts Innocents.
jeudi	29	s. Saturnin.	samedi	29	s. Trophime.
vendredi	30	s. André.	*Dim.*	30	s. Sabin.
			lundi	31	s. Silvestre, p.

JANVIER.			FÉVRIER.		
Dim.	1	*Circoncision.*	mercredi	1	s. Ignace.
lundi	2	s. Basile.	jeudi	2	*Purification.*
mardi	3	s^e *Geneviève.*	vendredi	3	s. Blaise.
mercredi	4	s. Rigobert.	samedi	4	s. Gilbert.
jeudi	5	s. Siméon, *V.J.*	*Dim.*	5	*Septuagésime.*
vendredi	6	*Epiphanie.*	lundi	6	s. Vaast.
samedi	7	Noces.	mardi	7	s. Romuald.
Dim.	8	s. Lucien.	mercredi	8	s. Jean de M.
lundi	9	s. Pierre, év.	jeudi	9	s^e. Apolline.
mardi	10	s. Paul, erm.	vendredi	10	s^e. Scolastique.
mercredi	11	s. Théodore.	samedi	11	s. Séverin.
jeudi	12	s. Arcade.	*Dim.*	12	*Sexagésime.*
vendredi	13	Bapt. de J.-C.	lundi	13	s. Grégoire.
samedi	14	s. Hilaire.	mardi	14	s. Valentin.
Dim.	15	s. Maur.	mercredi	15	s. Faustin.
lundi	16	s. Guillaume.	jeudi	16	s^e. Julienne.
mardi	17	s. Antoine.	vendredi	17	s. Théodule.
mercredi	18	Ch. s. P. à R.	samedi	18	s. Siméon.
jeudi	19	s. Sulpice.	*Dim.*	19	*Quinquagésime.*
vendredi	20	s. Sébastien.	lundi	20	s. Eucher.
samedi	21	s^e. Agnès.	mardi	21	*Mardi-gras.*
Dim.	22	s. Vincent.	mercredi	22	*Cendres.*
lundi	23	s. Ildefonse.	jeudi	23	s. Mérault.
mardi	24	s. Babylas.	vendredi	24	s. Mathias.
mercredi	25	Conv. s. Paul.	samedi	25	s. Césaire.
jeudi	26	s^e. Paule.	*Dim.*	26	*Quadragésime.*
vendredi	27	s. Julien.	lundi	27	s. Arille.
samedi	28	s. Charlemagne.	mardi	28	s^e. Honorine.
Dim.	29	s. Franç. de S.			s. Romain.
lundi	30	s^e. Bathilde.			
mardi	31	s^e. Marcèle.			

MARS.			AVRIL.		
mercredi	1	s. Aubin. 4 T.	samedi	1	s. Hugues.
jeudi	2	s. Simplice.	*Dim.*	2	*Rameaux.*
vendredi	3	se. Cunégonde.	lundi	3	s. Richard.
samedi	4	s. Casimir.	mardi	4	s. Ambroise.
Dim.	5	*Reminiscere.*	mercredi	5	s. Albert.
lundi	6	se Colette.	jeudi	6	se. Prudence.
mardi	7	s. Thom. d'A.	vendredi	7	*Vend -Saint.*
mercredi	8	s. Jean de D.	samedi	8	s. Edèse.
jeudi	9	se. Françoise.	*Dim.*	9	PAQUES.
vendredi	10	s. Blanchard.	lundi	10	s. Fulbert.
samedi	11	s. Euloge.	mardi	11	se. Godeberte.
Dim.	12	*Oculi.*	mercredi	12	s. Jules.
lundi	13	se. Euphrasie.	jeudi	13	s. Marcelin.
mardi	14	s. Lubin.	vendredi	14	s. Tiburce.
mercredi	15	s. Zacharie.	samedi	15	s. Maxime.
jeudi	16	s. Cyriaque.	*Dim.*	16	*Quasimodo.*
vendredi	17	se. Gertrude.	lundi	17	s. Avicet.
samedi	18	s. Alexandre.	mardi	18	s. Parfait.
Dim.	19	*Lætare.*	mercredi	19	s. Léon.
lundi	20	s. Joachim.	jeudi	20	s. Théotime.
mardi	21	s. Benoît.	vendredi	21	s. Anselme.
mercredi	22	s. Emile.	samedi	22	se. Opportune.
jeudi	23	s. Victorien.	*Dim.*	23	s. Georges.
vendredi	24	s. Simon, m.	lundi	24	s. Léger.
samedi	25	*Annonciation.*	mardi	25	s. Marc.
Dim.	26	*La Passion.*	mercredi	26	s. Clet.
lundi	27	s. Jean, évang.	jeudi	27	s. Polycarpe.
mardi	28	se. Dorothée.	vendredi	28	s. Vital.
mercredi	29	s. Gontrand.	samedi	29	s. Robert.
jeudi	30	s. Rieul.	*Dim.*	30	s. Eutrope.
vendredi	31	se Balbine.			

MAI.			JUIN.		
lundi	1	s. Jacq. s. Phil.	jeudi	1	s. Pamphile.
mardi	2	s. Athanase.	vendredi	2	s. Pothin.
mercredi	3	Inv.-se.-Croix.	samedi	3	se. Clotilde.
jeudi	4	se. Monique.	*Dim.*	4	*Trinité.*
vendredi	5	Conv.-s.-Aug.	lundi	5	s. Boniface.
samedi	6	s. Jean-p.-Lat.	mardi	6	s. Claude, év.
Dim.	7	s. Stanislas.	mercredi	7	s. Lié.
lundi	8	se Desirée.	jeudi	8	*Fête-Dieu.*
mardi	9	Trans.-s.-Nic.	vendredi	9	se. Pélagie.
mercredi	10	s. Gordien.	samedi	10	s. Landri.
jeudi	11	s. Mamert.	*Dim.*	11	s. Barnabé.
vendredi	12	s. Pancrace.	lundi	12	se. Olympe.
samedi	13	s. Servais.	mardi	13	s. Ant. de P.
Dim.	14	s. Pacôme.	mercredi	14	s. Roffin.
lundi	15	*Rogations.*	jeudi	15	s. Modeste.
mardi	16	s. Honoré.	vendredi	16	s. Cyr.
mercredi	17	s. Pascal.	samedi	17	s. Avit.
jeudi	18	ASCENSION.	*Dim.*	18	se. Marine.
vendredi	19	s. Yves.	lundi	19	s. Gerv., s. Pr.
samedi	20	s. Bernardin.	mardi	20	s. Sylvère.
Dim.	21	s. Sospis.	mercredi	21	s. Leufroi.
lundi	22	se. Julie.	jeudi	22	s. Paulin.
mardi	23	s. Didier.	vendredi	23	s. Jacques, *V.-J.*
mercredi	24	s. Donatien.	samedi	24	s. *Jean-Bapt.*
jeudi	25	s. Urbain.	*Dim.*	25	s. Prosper
vendredi	26	s. Quadrat.	lundi	26	s. Babolein.
samedi	27	s. Ildevert. *V.J.*	mardi	27	s. Crescent.
Dim.	28	PENTECOTE.	mercredi	28	s. Loubert. *V.J.*
lundi	29	s. Maximin.	jeudi	29	s. *Pierre, s. P.*
mardi	30	s. Félix.	vendredi	30	Conv. s. Paul.
mercredi	31	se Pétronille. 4 T			

JUILLET.			AOUT.		
samedi	1	s^{e}. Eléonore.	mardi	1	s^{e}. Sophie.
Dim.	2	*Visit. N.-D.*	mercredi	2	s. Etienne, p.
lundi	3	s. Thierry.	jeudi	3	s^{e}. Lydie.
mardi	4	s^{e}. Berthe.	vendredi	4	s. Dominique.
mercredi	5	s^{e}. Zoé.	samedi	5	s. Yon.
jeudi	6	s. Tranquille.	*Dim.*	6	Tr. de J.-C.
vendredi	7	s^{e}. Aubierge.	lundi	7	s. Gaétan.
samedi	8	s. Procope.	mardi	8	s. Justin.
Dim.	9	s. Cyrille.	mercredi	9	s. Amour.
lundi	10	s^{e}. Félicité.	jeudi	10	s. Laurent.
mardi	11	Tr. s. Benoît.	vendredi	11	s^{e}. Suzanne.
mercredi	12	s. Gualbert.	samedi	12	s. Claire.
jeudi	13	s. Eugène.	*Dim.*	13	s. Hippolyte.
vendredi	14	s. Bonaventure.	lundi	14	s. Guer. *V.-J.*
samedi	15	s. Henry.	mardi	15	ASSOMPTION.
Dim.	16	s. Eustate.	mercredi	16	s. Roch.
lundi	17	s. Alexis.	jeudi	17	s. Mammès.
mardi	18	s. Clair. év.	vendredi	18	s^{e}. Hélène.
mercredi	19	s. Vincent de P.	samedi	19	s. Louis, év.
jeudi	20	s^{e}. Marguerite.	*Dim.*	20	s. Bernard.
vendredi	21	s. Victor.	lundi	21	s. Privat.
samedi	22	s^{e}. Madeleine.	mardi	22	s. Symphorien.
Dim.	23	s. Apollinaire.	mercredi	23	s. Sidoine.
lundi	24	s^{e}. Christine.	jeudi	24	s. Barthelemy.
mardi	25	s. Jacq. le maj.	vendredi	25	s. *Louis.*
mercredi	26	Tr. s. Marcel.	samedi	26	s. Zéphirin.
jeudi	27	s. Pantaléon.	*Dim.*	27	s. Césaire.
vendredi	28	s^{e}. Anne.	lundi.	28	s. Augustin.
samedi	29	s^{e}. Marthe.	mardi	29	s. Médéric.
Dim.	30	s. Abdon.	mercredi	30	s. Fiacre.
lundi	31	s. Germ. l'Aux.	jeudi	31	s. Ovide.

SEPTEMBRE.			OCTOBRE.		
vendredi	1	s. Leu, s. Giles.	*Dim.*	1	s. Remy.
samedi	2	s. Lazare.	lundi	2	Sts. Anges G.
Dim.	3	s. Grégoire.	mardi	3	s. Cyprien.
lundi	4	s^{e}. Rosalie.	mercredi	4	s. François d'A.
mardi	5	s. Bertin, ab.	jeudi	5	s. Constant.
mercredi	6	s. Eleuthère.	vendredi	6	s. Bruno.
jeudi	7	s. Cloud.	samedi	7	s. Serge.
vendredi	8	*Nativité N.-D.*	*Dim.*	8	s. Thais.
samedi	9	s. Omer.	lundi	9	s. *Denis.*
Dim.	10	s^{e}. Pulchérie.	mardi	10	s. Paulin.
lundi.	11	s. Hyacinthe.	mercredi	11	s. Gomer.
mardi	12	s. Raphael.	jeudi	12	s^{e}. Vilfride.
mercredi	13	s. Maurille.	vendredi	13	s. Gérant.
jeudi	14	s. Ex. s^{e}. Croix.	samedi	14	s. Caliste.
vendredi	15	s. Nicodème.	*Dim.*	15	s^{e}. Thérèse.
samedi	16	s. Corneille.	lundi	16	s. Gal.
Dim.	17	s. Lambert.	mardi	17	s. Cerbonet.
lundi	18	s. Jean Chrys.	mercredi	18	s. Luc, évan.
mardi	19	s. Janvier.	jeudi	19	s. Savinien.
mercredi	20	s. Eustache, *4 T.*	vendredi	20	s. Caprais.
jeudi	21	s. Mathieu.	samedi	21	s^{e}. Ursule.
vendredi	22	s. Maurice.	*Dim.*	22	s. Mellon.
samedi	23	s^{e}. Thècle.	lundi	23	s. Hilarion.
Dim.	24	s. Andoche.	mardi	24	s. Magloire.
lundi	25	s. Firmin.	mercredi	25	s. Crép. s. Cré.
mardi	26	s^{e}. Justine.	jeudi	26	s. Rustique.
mercredi	27	s. Côme, s. Da.	vendredi	27	s. Frument.
jeudi	28	s. Venceslas.	samedi	28	s. Simon, s. J.
vendredi	29	s. Michel.	*Dim.*	29	s. Faron.
samedi	30	s. Jérôme.	lundi	30	s. Lucain.
			mardi	31	s. Quentin, *v. j.*

NOVEMBRE.

mercredi	1	TOUSSAINT.
jeudi	2	*Trépassés.*
vendredi	3	s. Marcel.
samedi	4	s. Charles.
Dim.	5	s. Zacharie.
lundi	6	s. Léonard.
mardi	7	s. Florent.
mercredi	8	Stes. Reliques.
jeudi	9	s. Mathurin.
vendredi	10	s. Juste.
samedi	11	s. Marin.
Dim.	12	s. René.
lundi	13	s. Brice.
mardi	14	s. Bertrand.
mercredi	15	s. Malo.
jeudi	16	s. Edme.
vendredi	17	s. Agnan.
samedi	18	se Odes.
Dim.	19	se. Elizabeth.
lundi	20	s. Edmond
mardi	21	Prés. N.-D.
mercredi	22	se. Cécile.
jeudi	23	s. Clément.
vendredi	24	s. Séverin.
samedi	25	se. Catherine.
Dim.	26	s. Genev., ard.
lundi	27	s. Siméon, mét.
mardi	28	s. Sosthène.
mercredi	29	s. Saturnin.
jeudi	30	s. André.

DÉCEMBRE.

vendredi	1	s. Eloi.
samedi	2	s. Fran. Xav.
Dim.	3	*Avent.*
lundi	4	se. Barbe.
mardi	5	s. Sabas.
mercredi	6	s. Nicolas.
jeudi	7	se. Fare.
vendredi	8	*Concept. N.-D.*
samedi	9	se. Gorgonie.
Dim.	10	se. Valère.
lundi	11	s. Daniel.
mardi	12	s. Valeri.
mercredi	13	se. Luce.
jeudi	14	s. Nicaise.
vendredi	15	s Mémin.
samedi	16	se. Adélaide.
Dim.	17	se Olympe.
lundi	18	s. Gatien.
mardi	19	s. Thimothée.
mercredi	20	s. Philogone. 4 *T.*
jeudi	21	s. Thomas.
vendredi	22	s. Honorat.
samedi	23	se. Victoire. *V. J*
Dim.	24	se. Delphine.
lundi	25	NOEL.
mardi	26	s. *Etienne.*
mercredi	27	s. *Jean, évang.*
jeudi	28	Sts Innocents.
vendredi	29	s. Trophime.
samedi	30	s. Sabin.
Dim.	31	s. Silvestre, p.

JANVIER.

samedi	1	*Circoncision.*
Dim.	2	s. Basile.
lundi	3	se. *Geneviève.*
mardi	4	s. Rigobert.
mercredi	5	s. Siméon, s. *Vig.*
jeudi	6	*Epiphanie.*
vendredi	7	Noces.
samedi	8	s. Lucien.
Dim.	9	s. Pierre, év.
lundi	10	s. Paul, erm.
mardi	11	s. Théodore.
mercredi	12	s. Arcade, m.
jeudi	13	Bapt. de J.-C.
vendredi	14	s. Hilaire.
samedi	15	s. Maur.
Dim.	16	s. Guillaume.
lundi	17	s. Antoine.
mardi	18	Ch. s. Pier. à R
mercredi	19	s. Sulpice.
jeudi	20	s. Sébastien.
vendredi	21	se. Agnès.
samedi	22	s. Vincent.
Dim.	23	s. Ildefonse.
lundi	24	s. Babylas.
mardi	25	Conv. s. Paul.
mercredi	26	se. Paule.
jeudi	27	s. Julien.
vendredi	28	s. Charlemagne
samedi	29	s. Franç. de S.
Dim.	30	se Bathilde.
lundi	31	se. Marcèle.

FÉVRIER.

mardi	1	s. Ignace.
mercredi	2	*Purification.*
jeudi	3	s. Blaise.
vendredi	4	s. Gilbert.
samedi	5	se. Agathe.
Dim.	6	*Septuagésime.*
lundi	7	s. Romuald.
mardi	8	s. Jean de M.
mercredi	9	se. Apolline.
jeudi	10	se. Scolastique.
vendredi	11	s. Séverin.
samedi	12	se. Eulalie.
Dim.	13	*Sexagésime.*
lundi	14	s. Valentin.
mardi	15	s. Faustin.
mercredi	16	se Julienne.
jeudi	17	s. Théodule.
vendredi	18	s. Siméon.
samedi	19	s. Gabin.
Dim.	20	*Quinquagésime.*
lundi	21	s. Pépin.
mardi	22	*Mardi gras.*
mercredi	23	*Cendres.*
jeudi	24	s. Mathias.
vendredi	25	s. Césaire.
samedi	26	s. Nestor.
Dim.	27	*Quadragésime.*
lundi	28	se. Honorine.
		s. Romain.

MARS.

mardi	1	s. Aubin.
mercredi	2	s. Simplice. 4 T.
jeudi	3	s^{e}. Cunégonde.
vendredi	4	s. Casimir.
samedi	5	s. Adrien.
Dim.	6	*Reminiscere.*
lundi	7	s. Thomas d'A.
mardi	8	s. Jean de D.
mercredi	9	s^{e}. Françoise.
jeudi	10	s. Blanchard.
vendredi	11	s. Euloge.
samedi	12	s. Paul, év.
Dim.	13	*Oculi.*
lundi	14	s. Lubin.
mardi	15	s. Zacharie.
mercredi	16	s. Cyriaque.
jeudi	17	s^{e}. Gertrude.
vendredi	18	s. Alexandre.
samedi	19	s. Joseph.
Dim.	20	*Lætare.*
lundi	21	s. Benoît.
mardi	22	s. Emile.
mercredi	23	s. Victorien.
jeudi	24	s. Simon, m.
vendredi	25	*Annonciation.*
samedi	26	s. Ludger.
Dim.	27	*La Passion.*
lundi	28	s^{e}. Dorothée.
mardi	29	s. Gontrand.
mercredi	30	s. Rieul.
jeudi	31	s^{e}. Balbine.

AVRIL.

vendredi	1	s. Hugues.
samedi	2	s. Franç. de P.
Dim.	3	*Rameaux.*
lundi	4	s. Ambroise.
mardi	5	s. Albert.
mercredi	6	s^{e}. Prudence.
jeudi	7	s. Clotaire.
vendredi	8	*Vendredi-Saint.*
samedi	9	s^{e}. Marie, égy.
Dim.	10	PAQUES.
lundi	11	s^{e}. Godeberte.
mardi	12	s. Jules.
mercredi	13	s. Marcelin.
jeudi	14	s. Tiburce.
vendredi	15	s. Maxime.
samedi	16	s. Paterne.
Dim.	17	*Quasimodo.*
lundi	18	s. Parfait.
mardi	19	s. Léon.
mercredi	20	s. Théotime.
jeudi	21	s. Anselme.
vendredi	22	s^{e}. Opportune.
samedi	23	s. Georges.
Dim.	24	s. Léger.
lundi	25	s. Marc.
mardi	26	s. Clet.
mercredi	27	s. Polycarpe.
jeudi	28	s. Vital.
vendredi	29	s. Robert.
samedi	30	s. Eutrope.

MAI.			JUIN.		
Dim.	1	s. Jacq., s. Phil.	mercredi	1	s. Pamphile. 4T.
lundi	2	s. Athanase.	jeudi	2	s. Pothin.
mardi	3	Inv. s^e. Croix.	vendredi	3	s^e. Clotilde.
mercredi	4	s^e. Monique.	samedi	4	s. Optat.
jeudi	5	Conv. s. Aug.	*Dim.*	5	*Trinité.*
vendredi	6	s. Jean-p.-Lat.	lundi	6	s. Claude, év.
samedi	7	s. Stanislas.	mardi	7	s. Lié.
Dim.	8	s^e. Désirée.	mercredi	8	s. Médard.
lundi	9	Trans. S. Nic.	jeudi	9	*Fête-Dieu.*
mardi	10	s. Gordien.	vendredi	10	s. Landri.
mercredi	11	s. Mamert.	samedi	11	s. Barnabé.
jeudi	12	s. Pancrace.	*Dim.*	12	s^e. Olympe.
vendredi	13	s. Servais.	lundi	13	s. Ant. de Pad.
samedi	14	s. Pacôme.	mardi	14	s. Ruffin.
Dim.	15	s. Isidore.	mercredi	15	s. Modeste.
lundi	16	*Rogations.*	jeudi	16	s. Cyr.
mardi	17	s. Pascal.	vendredi	17	s. Avit.
mercredi	18	s. Venance.	samedi	18	s^e. Marine.
jeudi	19	ASCENSION.	*Dim.*	19	s. Gerv. s. Prot.
vendredi	20	s. Bernardin.	lundi	20	s. Sylvère.
samedi	21	s. Sospis.	mardi	21	s. Leufroi.
Dim.	22	s^e Julie.	mercredi	22	s. Paulin.
lundi	23	s. Didier.	jeudi	23	s. Jacques. *V. J.*
mardi	24	s. Donatien.	vendredi	24	*s. Jean-Baptiste.*
mercredi	25	s. Urbain.	samedi	25	s. Prosper.
jeudi	26	s. Quadrat.	*Dim.*	26	s. Babolein.
vendredi	27	s. Hildevert.	lundi	27	s. Crescent.
samedi	28	s. Germain. *V. J.*	mardi	28	s. Loubert. *V. J.*
Dim.	29	PENTECOTE.	mercredi	29	*s. Pier., s. Paul.*
lundi	30	s. Félix.	jeudi	30	Com. s. Paul.
mardi	31	s^e. Pétronille.			

JUILLET.			AOUT.		
vendredi	1	s^e^. Eléonore.	lundi	1	s^e^. Sophie.
samedi	2	*Visitat. N.-D.*	mardi	2	s. Etienne, p.
Dim.	3	s. Thierry.	mercredi	3	s^e^. Lydie.
lundi	4	s^e^. Berthe.	jeudi	4	s. Dominique.
mardi	5	s^e^. Zoé.	vendredi	5	s. Yon.
mercredi	6	s. Tranquille.	samedi	6	Trans. de J.-C.
jeudi	7	s^e^. Aubierge.	*Dim.*	7	s. Gaëtan.
vendredi	8	s. Procope.	lundi	8	s. Justin.
samedi	9	s. Cyrille.	mardi	9	s. Amour.
Dim.	10	s^e^. Félicité.	mercredi	10	s. Laurent.
lundi	11	Tr. s. Benoît.	jeudi	11	s^e^. Suzanne.
mardi	12	s. Gualbert.	vendredi	12	s^e^ Claire.
mercredi	13	s. Eugène.	samedi	13	s. Hippol. *V. J.*
jeudi	14	s. Bonaventure.	*Dim.*	14	s. Guer.
vendredi	15	s. Henry.	lundi	15	ASSOMPTION.
samedi	16	s. Eustate.	mardi	16	s. Roch.
Dim.	17	s. Alexis.	mercredi	17	s. Mammès.
lundi	18	s. Clair, év.	jeudi	18	s^e^. Hélène.
mardi	19	s. Vincent de P.	vendredi	19	s. Louis, év.
mercredi	20	s^e^. Marguerite.	samedi	20	s. Bernard.
jeudi	21	s. Victor.	*Dim.*	21	s. Privat.
vendredi	22	s^e^. Madeleine.	lundi	22	s. Symphorien.
samedi	23	s. Apollinaire.	mardi	23	s. Sidoine.
Dim.	24	s^e^. Christine.	mercredi	24	s. Barthelemy.
lundi	25	s. Jacq. le maj.	jeudi	25	*s. Louis.*
mardi	26	Tr. s. Marcel.	vendredi	26	s. Zéphirin.
mercredi	27	s. Pantaléon.	samedi	27	s. Césaire.
jeudi	28	s^e^. Anne.	*Dim.*	28	s. Augustin.
vendredi	29	s^e^. Marthe.	lundi	29	s. Médéric.
samedi	30	s. Abdon.	mardi	30	s. Fiacre.
Dim.	31	s. Germ. l'Aux.	mercredi	31	s. Ovide.

SEPTEMBRE.			OCTOBRE.		
jeudi	1	s. Leu, s. Giles.	samedi	1	s. Remi.
vendredi	2	s. Lazare.	*Dim.*	2	Sts. Ang. Gard.
samedi	3	s. Grégoire.	lundi	3	s. Cyprien.
Dim.	4	se. Rosalie.	mardi	4	s. Franç. d'A.
lundi	5	s. Bertin, ab.	mercredi	5	s. Constant.
mardi	6	s. Eleuthère.	jeudi	6	s. Bruno.
mercredi	7	s. Cloud.	vendredi	7	s. Serge.
jeudi	8	*Nativ. de N.-D.*	samedi	8	s. Thais.
vendredi	9	s. Omer.	*Dim.*	9	s. *Denis.*
samedi	10	se. Pulchérie	lundi	10	s. Paulin.
Dim.	11	s. Hyacinthe.	mardi	11	s. Gomer.
lundi	12	s. Raphaël.	mercredi	12	se. Vilfride.
mardi	13	s. Maurille.	jeudi	13	s. Gérant.
mercredi	14	Exalt. s. Croix.	vendredi	14	s. Caliste.
jeudi	15	s. Nicomède.	samedi	15	se. Thérèse.
vendredi	16	s. Corneille.	*Dim.*	16	s. Gal.
samedi	17	s. Lambert.	lundi	17	s. Cerbonet.
Dim.	18	s. Jean Chrys.	mardi	18	s. Luc, évang.
lundi	19	s. Janvier.	mercredi	19	s. Savinien.
mardi	20	s. Eustache.	jeudi	20	s. Caprais.
mercredi	21	s. Mathieu. 4 T.	vendredi	21	se. Ursule.
jeudi	22	s. Maurice.	samedi	22	s. Mellon.
vendredi	23	se. Thècle.	*Dim.*	23	s. Hilarion.
samedi	24	s. Andoche.	lundi	24	s. Magloire.
Dim.	25	s. Firmin.	mardi	25	s. Crép., s. Cr.
lundi	26	se. Justine.	mercredi	26	s. Rustique.
mardi	27	s. Côme, s. D.	jeudi	27	s. Frument.
mercredi	28	s. Venceslas.	vendredi	28	s. Simon, s. Jud.
jeudi	29	s. Michel.	samedi	29	s. Faron.
vendredi	30	s. Jérôme.	*Dim.*	30	s. Lucain.
			lundi	31	s. Quentin. *V. J.*

N° 20.

NOVEMBRE.

mardi	1	TOUSSAINT.
mercredi	2	*Trépassés.*
jeudi	3	s. Marcel.
vendredi	4	s. Charles.
samedi	5	s. Zacharie.
Dim.	6	s. Léonard.
lundi	7	s. Florent.
mardi	8	Stes. Reliques.
mercredi	9	s. Mathurin.
jeudi	10	s. Juste.
vendredi	11	s. Martin.
samedi	12	s. René.
Dim.	13	s. Brice.
lundi	14	s. Bertrand.
mardi	15	s. Malo.
mercredi	16	s. Edme.
jeudi	17	s. Agnan.
vendredi	18	se. Odes.
samedi	19	se. Elizabeth.
Dim.	20	s. Edmond.
lundi	21	Présent. N.-D.
mardi	22	se. Cécile.
mercredi	23	s. Clément.
jeudi	24	s. Séverin, sol.
vendredi	25	se. Catherine.
samedi	26	se. Genev., ard.
Dim.	27	*Avent.*
lundi	28	s. Sosthène.
mardi	29	s. Saturnin.
mercredi	30	s. André.

DÉCEMBRE.

jeudi	1	s. Eloi.
vendredi	2	s. Franç. Xav.
samedi	3	s. Eloque.
Dim.	4	se. Barbe.
lundi	5	s. Sabas.
mardi	6	s. Nicolas.
mercredi	7	se. Fare.
jeudi	8	*Concept. N.-D.*
vendredi	9	se. Gorgonie.
samedi	10	se. Valère.
Dim.	11	s. Daniel.
lundi	12	s. Valéri.
mardi	13	se. Luce.
mercredi	14	s. Nicaise. 4 T.
jeudi	15	s. Mémin.
vendredi	16	se. Adélaïde.
samedi	17	se. Olympie.
Dim.	18	s. Gatien.
lundi	19	s. Thimothée.
mardi	20	s. Philogone.
mercredi	21	s. Thomas.
jeudi	22	s. Honorat.
vendredi	23	se. Victoire.
samedi	24	s. Delphine. *V. J.*
Dim.	25	NOEL.
lundi	26	*s. Etienne.*
mardi	27	*s. Jean, évang.*
mercredi	28	Sts. Innocents.
jeudi	29	s. Trophime.
vendredi	30	s. Sabin.
samedi	31	s. Silvestre, p.

JANVIER.			FÉVRIER.		
vendredi	1	*Circoncision.*	lundi	1	s. Ignace.
samedi	2	s. Basile.	mardi	2	*Purification.*
Dim.	3	se *Geneviève.*	mercredi	3	s. Blaise.
lundi	4	s. Rigobert	jeudi	4	s. Gilbert.
mardi	5	s. Siméon s. *Vig.*	vendredi	5	se. Agathe.
mercredi	6	*Epiphanie.*	samedi	6	s. Vaast.
jeudi	7	Noces.	*Dim.*	7	*Septuagésime.*
vendredi	8	s. Lucien.	lundi	8	s. Jean de m.
samedi	9	s. Pierre, év.	mardi	9	se. Apolline.
Dim.	10	s. Paul, erm.	mercredi	10	se. Scolastique.
lundi	11	s. Théodore.	jeudi	11	s. Séverin.
mardi	12	s. Arcade.	vendredi	12	se. Eulalie.
mercredi	13	Bapt. de J. C.	samedi	13	s. Grégoire.
jeudi	14	s. Hilaire.	*Dim.*	14	*Sexagésime.*
vendredi	15	s. Maur.	lundi	15	s. Faustin.
samedi	16	s. Guillaume.	mardi	16	se Julienne.
Dim.	17	s. Antoine.	mercredi	17	s. Théodule.
lundi	18	Ch. s. P. à R.	jeudi	18	s. Siméon.
mardi	19	s. Sulpice,	vendredi	19	s. Gabin.
mercredi	20	s. Sébastien.	samedi	20	s. Eucher.
jeudi	21	se. Agnès.	*Dim.*	21	*Quinquagésime.*
vendredi	22	s. Vincent.	lundi	22	se. Isabelle.
samedi	23	s. Ildefonse.	mardi	23	*Mardi-gras.*
Dim.	24	s. Babylas.	mercredi	24	*Cendres.*
lundi	25	Conv. s. Paul.	jeudi	25	s. Césaire.
mardi	26	se. Paule.	vendredi	26	s. Nestor.
mercredi	27	s. Julien.	samedi	27	s. Arille.
jeudi	28	s. Charlemagne.	*Dim.*	28	*Quadragésime.* s. Romain.
vendredi	29	s. Franç. de S.			
samedi	30	se. Bathilde.			
Dim.	31	se Marcèle.			

MARS.			AVRIL.		
lundi	1	s. Aubin.	jeudi	1	s. Hugues.
mardi	2	s. Simplice.	vendredi	2	S. Franç. de P.
mercredi	3	se. Cunég. 4 T.	samedi	3	s. Richard.
jeudi	4	s. Casimir.	*Dim.*	4	*Rameaux.*
vendredi	5	s. Adrien.	lundi	5	s. Albert.
samedi	6	se. Colette.	mardi	6	se. Prudence.
Dim.	7	*Reminiscere.*	mercredi	7	s. Clotaire.
lundi	8	s. Jean de D.	jeudi	8	s. Edèse.
mardi	9	se. Françoise.	vendredi	9	*Vendredi-Saint.*
mercredi	10	s. Blanchard.	samedi	10	s. Fulbert.
jeudi	11	s. Euloge.	*Dim.*	11	PAQUES.
vendredi	12	s. Paul, év.	lundi.	12	s. Jules.
samedi	13	se. Euphrasie.	mardi	13	s. Marcelin.
Dim.	14	*Oculi.*	mercredi	14	s. Tiburce.
lundi.	15	s. Zacharie.	jeudi	15	s. Maxime.
mardi	16	s. Cyriaque.	vendredi	16	s. Paterne.
mercredi	17	se. Gertrude.	samedi	17	s. Aviat.
jeudi	18	s. Alexandre.	*Dim.*	18	*Quasimodo.*
vendredi	19	s. Joseph.	lundi.	19	s. Léon.
samedi	20	s. Joachim.	mardi	20	s. Théotime.
Dim.	21	*Lœtare.*	mercredi	21	s. Anselme.
lundi	22	s. Emile	jeudi	22	se. Opportune.
mardi	23	s. Victorien.	vendredi	23	s. Georges.
mercredi	24	s. Simon, m.	samedi	24	s. Léger.
jeudi	25	*Annonciation.*	*Dim.*	25	s. Marc.
vendredi	26	s. Ludger.	lundi	26	s. Clet.
samedi	27	s. Jean, évang.	mardi	27	s. Polycarpe.
Dim.	28	*La Passion.*	mercredi	28	s. Vital.
lundi	29	s. Gontrand.	jeudi	29	s. Robert.
mardi	30	s. Rieul.	vendredi	30	s. Eutrope.
mercredi	31	se. Balbine.			

MAI.			JUIN.		
samedi	1	s. Jacq. s. Phil.	mardi	1	s. Pamphile.
Dim.	2	s. Athanase.	mercredi	2	s. Pothin. 4 T.
lundi	3	Inv. se Croix.	jeudi	3	se Clotilde.
mardi	4	se. Monique.	vendredi	4	s. Optat.
mercredi	5	Conv. s. Aug.	samedi	5	s. Boniface.
jeudi	6	s. Jean P.-Lat.	*Dim.*	6	*Trinité.*
vendredi	7	s. Stanislas.	lundi	7	s. Lié.
samedi	8	se. Désirée.	mardi	8	s. Médard.
Dim.	9	Tran. s. Nic.	mercredi	9	se. Pélagie.
lundi	10	s. Gordien.	jeudi	10	*Fête-Dieu.*
mardi	11	s. Mamert.	vendredi	11	s. Barnabé.
mercredi	12	s. Pancrace.	samedi	12	se. Olympe.
jeudi	13	s. Servais.	*Dim.*	13	s. Ant. de P.
vendredi	14	s. Pacôme.	lundi	14	s. Ruffin.
samedi	15	s. Isidore.	mardi	15	s. Modeste.
Dim.	16	s. Honoré.	mercredi	16	s. Cyr.
lundi	17	*Rogations.*	jeudi	17	s. Avit.
mardi	18	s. Venance.	vendredi	18	se. Marine.
mercredi	19	s. Yves.	samedi	19	s. Gerv. s. Prot
jeudi	20	ASCENSION.	*Dim.*	20	s. Sylvère.
vendredi	21	s. Sospis.	lundi	21	s. Leufroi.
samedi	22	se. Julie.	mardi	22	s. Paulin.
Dim.	23	s. Didier.	mercredi	23	s. Jacq. V. J.
lundi	24	s. Donatien.	jeudi	24	s. *Jean-Bapt.*
mardi	25	s. Urbain.	vendredi	25	s. Prosper.
mercredi	26	s. Quadrat.	samedi	26	s. Babolein.
jeudi	27	s. Ildevert.	*Dim.*	27	s. Crescent.
vendredi	28	s. Germain.	lundi	28	s. Loubert. *V J.*
samedi	29	s. Maximin. *V. J.*	mardi	29	*s. Pierre, s. P.*
Dim.	30	PENTECOTE.	mercredi	30	Com. s. Paul.
lundi	31	se. Pétronille.			

JUILLET.			AOUT.		
jeudi	1	s^e^. Éléonore.	*Dim.*	1	s^e^. Sophie.
vendredi	2	*Visit. N. D.*	lundi	2	s. Étienne, p.
samedi	3	s. Thierry.	mardi	3	s^e^. Lydie.
Dim.	4	s^e^. Berthe.	mercredi	4	s. Dominique.
lundi	5	s^e^. Zoé.	jeudi	5	s. Yon.
mardi	6	s. Tranquille.	vendredi	6	Tr. de J.-C.
mercredi	7	s^e^. Aubierge.	samedi	7	s. Gaétan.
jeudi	8	s. Procope.	*Dim.*	8	s. Justin.
vendredi	9	s. Cyrille.	lundi	9	s. Amour.
samedi	10	s^e^. Félicité.	mardi	10	s. Laurent.
Dim.	11	Tr. s. Benoît.	mercredi	11	s^e^ Suzanne.
lundi	12	s. Gualbert.	jeudi	12	s^e^. Claire.
mardi	13	s. Eugène.	vendredi	13	s. Hippolyte.
mercredi	14	s. Bonaventure.	samedi	14	s. Guer. *V. J.*
jeudi	15	s. Henry.	*Dim.*	15	ASSOMPTION.
vendredi	16	s. Eustate.	lundi	16	s. Roch.
samedi	17	s. Alexis.	mardi	17	s. Mammès.
Dim.	18	s. Clair, év.	mercredi	18	s^e^. Hélène.
lundi	19	s. Vincent de P.	jeudi	19	s. Louis, év.
mardi	20	s^e^. Marguerite.	vendredi	20	s. Bernard.
mercredi	21	s. Victor.	samedi	21	s. Privat.
jeudi	22	s^e^. Madeleine.	*Dim.*	22	s. Symphorien.
vendredi	23	s. Apollinaire.	lundi	23	s. Sidoine
samedi	24	s^e^. Christine.	mardi	24	s. Barthélemy.
Dim.	25	s. Jacq. le maj.	mercredi	25	s. Louis.
lundi	26	Tr. s. Marcel.	jeudi	26	s. Zéphirin.
mardi	27	s. Pantaléon.	vendredi	27	s. Cesaire.
mercredi	28	s^e^. Anne.	samedi	28	s. Augustin.
jeudi	29	s^e^. Marthe.	*Dim.*	29	s. Médéric.
vendredi	30	s. Abdon.	lundi	30	s. Fiacre.
samedi	31	s. Germ. l'Aux.	mardi	31	s. Ovide.

SEPTEMBRE.			OCTOBRE.		
mercredi	1	s. Leu, s. Giles.	vendredi	1	s. Remi.
jeudi	2	s. Lazare.	samedi	2	Sts. Anges Gard.
vendredi	3	s. Grégoire.	*Dim.*	3	s. Cyprien.
samedi	4	se. Rosalie.	lundi	4	s. Franç. d'A.
Dim.	5	s. Bertin, ab.	mardi	5	s. Constant.
lundi	6	s. Eleuthère.	mercredi	6	s. Bruno.
mardi	7	s. Cloud.	jeudi	7	s. Serge.
mercredi	8	s. *Nativ. N.-D.*	vendredi	8	s. Thais.
jeudi	9	s. Omer.	samedi	9	*s. Denis.*
vendredi	10	se. Pulchérie.	*Dim.*	10	s. Paulin.
samedi	11	s. Hyacinthe.	lundi	11	s. Gomer.
Dim.	12	s. Raphaël.	mardi	12	se. Vilfride.
lundi	13	s. Maurille.	mercredi	13	s. Géraut.
mardi	14	Exalt. se. Croix.	jeudi	14	s. Caliste.
mercredi	15	s. Nicodème. 4 T.	vendredi	15	se. Thérèse.
jeudi	16	s. Corneille.	samedi	16	s. Gal.
vendredi	17	s. Lambert.	*Dim.*	17	s. Cerbonet.
samedi	18	s. Jean Chrys.	lundi	18	s. Luc, évang.
Dim.	19	s. Janvier.	mardi	19	s. Savinien.
lundi	20	s. Eustache.	mercredi	20	s. Caprais.
mardi	21	s. Mathieu.	jeudi	21	se. Ursule.
mercredi	22	s. Maurice	vendredi	22	s. Mellon.
jeudi	23	se. Thècle.	samedi	23	s. Hilarion.
vendredi	24	s. Andoche.	*Dim.*	24	s. Magloire.
samedi	25	s. Firmin.	lundi	25	s. Crép. s. Cr
Dim.	26	se. Justine.	mardi	26	s. Rustique.
lundi	27	s. Côme, s. D.	mercredi	27	s. Frument.
mardi	28	s. Vinceslas.	jeudi	28	s. Simon, s. J.
mercredi	29	s. Michel.	vendredi	29	s. Faron.
jeudi	30	s. Jérôme.	samedi	30	s. Lucain. V. J.
			Dim.	31	s Quentin.

N° 21.

NOVEMBRE.			DÉCEMBRE.		
lundi	1	TOUSSAINT.	mercredi	1	s. Éloi.
mardi	2	*Trépassés.*	jeudi	2	s. Franç. Xav.
mercredi	3	s. Marcel.	vendredi	3	s. Éloque.
jeudi	4	s. Charles.	samedi	4	se. Barbe.
vendredi	5	s. Zacharie.	*Dim.*	5	s. Sabas.
samedi	6	s. Léonard.	lundi	6	s. Nicolas.
Dim.	7	s. Florent.	mardi	7	se. Fare.
lundi	8	ses. Reliques.	mercredi	8	*Concept. N.-D.*
mardi	9	s. Mathurin.	jeudi	9	se. Gorgonie.
mercredi	10	s. Just.	vendredi	10	se. Valère.
jeudi	11	s. Martin.	samedi	11	s. Daniel.
vendredi	12	s. René.	*Dim.*	12	s. Valéry.
samedi	13	s. Brice.	lundi	13	se. Luce.
Dim.	14	s. Bertrand.	mardi	14	s. Nicaise.
lundi	15	s. Malo.	mercredi	15	s. Mémin. 4 T.
mardi	16	s. Edme.	jeudi	16	se. Adélaïde.
mercredi	17	s. Agnan.	vendredi	17	se. Olympie.
jeudi	18	se. Odes.	samedi	18	s. Gatien.
vendredi	19	se Elisabeth.	*Dim.*	19	s. Timothée.
samedi	20	s. Edmond.	lundi	20	s. Philogône.
Dim.	21	Présent. N. D.	mardi	21	s. Thomas.
lundi	22	se. Cécile.	mercredi	22	s. Honorat.
mardi	23	s. Clément.	jeudi	23	se. Victoire.
mercredi	24	s. Séverin.	vendredi	24	se. Delphine. *v.-j.*
jeudi	25	se. Catherine.	samedi	25	NOEL.
vendredi	26	se. Genev., ard.	*Dim.*	26	*s. Étienne.*
samedi	27	s. Siméon, mét.	lundi	27	*s. Jean, évang.*
Dim.	28	*Avent.*	mardi	28	Sts. Innocents.
lundi	29	s. Saturnin.	mercredi	29	s. Trophime.
mardi	30	s. André.	jeudi	30	s. Sabin.
			vendredi	31	s. Silvestre, p.

JANVIER.			FÉVRIER.		
jeudi	1	*Circoncision.*	*Dim.*	1	s. Ignace.
vendredi	2	s. Basile.	lundi	2	*Purification.*
samedi	3	s^e. *Geneviève.*	mardi	3	s. Blaise.
Dim.	4	s. Rigobert.	mercredi	4	s. Gilbert.
lundi	5	s. Siméon s. *Vig.*	jeudi	5	s^e. Agathe.
mardi	6	*Epiphanie.*	vendredi	6	s. Vaast.
mercredi	7	Noces.	samedi	7	s. Romuald.
jeudi	8	s. Lucien.	*Dim.*	8	*Septuagésime.*
vendredi	9	s. Pierre, év.	lundi	9	s^e. Apolline.
samedi	10	s. Paul, serm.	mardi	10	s^e. Scolastique.
Dim.	11	s. Théodore.	mercredi	11	s. Séverin.
lundi	12	s. Arcade, m.	jeudi	12	s^e. Eulalie.
mardi	13	Bap. de J.-C.	vendredi	13	s. Grégoire.
mercredi	14	s. Hilaire.	samedi	14	s. Valentin.
jeudi	15	s. Maur.	*Dim.*	15	*Sexagésime.*
vendredi	16	s. Guillaume.	lundi	16	s^e. Julienne.
samedi	17	s. Antoine.	mardi	17	s. Théodule.
Dim.	18	Ch. s. P. à R.	mercredi	18	s. Siméon.
lundi	19	s. Sulpice.	jeudi	19	s. Gabin.
mardi	20	s. Sébastien.	vendredi	20	s. Eucher.
mercredi	21	s^e. Agnès.	samedi	21	s. Pépin.
jeudi	22	s. Vincent.	*Dim.*	22	*Quinquagésime.*
vendredi	23	s. Ildefonse.	lundi	23	s. Mérault.
samedi	24	s. Babylas.	mardi	24	*Mardi gras.*
Dim.	25	Conv. s. Paul.	mercredi	25	*Cendres.*
lundi	26	s^e. Paule.	jeudi	26	s. Nestor.
mardi	27	s. Julien.	vendredi	27	s. Arille.
mercredi	28	s. Charlemag.	samedi	28	s^e. Honorine.
jeudi	29	s. Franç. de S.			s. Romain.
vendredi	30	s^e. Bathilde.			
samedi	31	s^e. Marcèle.			

N° 22.

MARS.			AVRIL.		
Dim.	1	*Quadragésime.*	mercredi	1	s. Hugues.
lundi	2	s. Simplice.	jeudi	2	s. Franç. de P.
mardi	3	se. Cunégonde	vendredi	3	s. Richard.
mercredi	4	s. Casimir. 4 T.	samedi	4	s. Ambroise.
jeudi	5	s. Adrien.	*Dim.*	5	*Rameaux.*
vendredi	6	se. Colette.	lundi	6	se. Prudence.
samedi	7	s. Thomas. d'A.	mardi	7	s. Clotaire.
Dim.	8	*Reminiscere.*	mercredi	8	s. Edèze.
lundi	9	se. Françoise.	jeudi	9	se. Marie, égy.
mardi	10	s. Blanchard.	vendredi	10	*Vendredi-Saint.*
mercredi	11	s. Euloge.	samedi	11	se. Godeberte.
jeudi	12	s. Paul, év.	*Dim.*	12	PAQUES.
vendredi	13	se. Euphrasie.	lundi	13	s. Marcelin.
samedi	14	s Lubin.	mardi	14	s. Tiburce.
Dim.	15	*Oculi.*	mercredi	15	s. Maxime.
lundi	16	s. Cyriaque.	jeudi	16	s. Paterne.
mardi	17	se. Gertrude.	vendredi	17	s. Anicet.
mercredi	18	s. Alexandre.	samedi	18	s. Parfait.
jeudi	19	s. Joseph.	*Dim.*	19	*Quasimodo.*
vendredi	20	s. Joachim.	lundi	20	s Théotime.
samedi	21	s. Benoît.	mardi	21	s. Anselme.
Dim.	22	*Lætare.*	mercredi	22	se. Opportune
lundi	23	s. Victorien.	jeudi	23	s. Georges.
mardi	24	s. Simon, m.	vendredi	24	s. Léger.
mercredi	25	*Annonciation.*	samedi	25	s. Marc.
jeudi	26	s. Ludger.	*Dim.*	26	s. Clet.
vendredi	27	s. Jean, erm.	lundi	27	s. Polycarpe.
samedi	28	se Dorothée.	mardi	28	s. Vital.
Dim.	29	*La Passion.*	mercredi	29	s. Robert.
lundi	30	s. Rieul.	jeudi	30	s. Eutrope.
mardi	31	se. Balbine.			

MAI.

vendredi	1	s. Jacq., s. Phil.
samedi	2	s. Athanase.
Dim.	3	Inv. se Croix.
lundi	4	se. Monique.
mardi	5	Conv. s. Aug.
mercredi	6	s. Jean-de-Lat.
jeudi	7	s. Stanislas.
vendredi	8	se. Désirée.
samedi	9	Trans. s. Nic.
Dim.	10	s. Gordien.
lundi	11	s. Mamert.
mardi	12	s. Pancrace.
mercredi	13	s. Servais.
jeudi	14	s. Pacome.
vendredi	15	s. Isidore.
samedi	16	s. Honoré.
Dim.	17	s. Pascal.
lundi	18	*Rogations.*
mardi	19	s. Yves.
mercredi	20	s. Bernardin.
jeudi	21	ASCENSION.
vendredi	22	se. Julie.
samedi	23	s. Didier.
Dim.	24	s. Donatien.
lundi	25	s. Urbain.
mardi	26	s. Quadrat.
mercredi	27	s. Hildevert.
jeudi	28	s. Germain.
vendredi	29	s. Maximin.
samedi	30	s. Félix. *V. J.*
Dim.	31	PENTECOTE.

JUIN.

lundi	1	s. Pamphile.
mardi	2	s. Pothin.
mercredi	3	se Clotilde. 4 T.
jeudi	4	s. Optat.
vendredi	5	s. Boniface.
samedi	6	s. Claude, év.
Dim.	7	*Trinité.*
lundi	8	s. Médard.
mardi	9	se. Pélagie.
mercredi	10	s. Landri.
jeudi	11	*Fête-Dieu.*
vendredi	12	se. Olympe.
samedi	13	s. Ant. de Pad.
Dim.	14	s. Ruffin.
lundi	15	s. Modeste.
mardi	16	s. Cyr.
mercredi	17	s. Avit.
jeudi	18	se. Marine.
vendredi	19	s. Gerv. s. Prot.
samedi	20	s. Sylvère.
Dim.	21	s. Leufroi.
lundi	22	s. Paulin.
mardi	23	s. Jacques. *V. J.*
mercredi	24	s. *Jean-Bapt.*
jeudi	25	s. Prosper.
vendredi	26	s. Babolein.
samedi	27	s. Crescent.
Dim.	28	s. Loubert. *V. J.*
lundi	29	s. *Pierre*, s. *P.*
mardi	30	Conv. s. Paul.

JUILLET.			AOUT.		
mercredi	1	se. Eléonore.	samedi	1	se. Sophie.
jeudi	2	*Visitat. N.-D.*	*Dim.*	2	s. Etienne, p.
vendredi	3	s. Thierry.	lundi	3	se. Lydie.
samedi	4	se. Berthe.	mardi	4	s. Dominique.
Dim.	5	se. Zoé.	mercredi	5	s. Yon.
lundi	6	s. Tranquille.	jeudi	6	Tr. de J.-C.
mardi	7	se. Aubierge.	vendredi	7	s. Gaëtan.
mercredi	8	s. Procope.	samedi	8	s. Justin.
jeudi	9	s. Cyrille.	*Dim.*	9	s. Amour. *Vig.*
vendredi	10	se. Félicité.	lundi	10	s. Laurent.
samedi	11	Tr. s. Benoît.	mardi	11	se. Suzanne.
Dim.	12	s. Gualbert.	mercredi	12	se. Claire.
lundi	13	s. Eugène.	jeudi	13	s. Hippolyte.
mardi	14	s. Bonaventure.	vendredi	14	s. Guer. *Vig.*
mercredi	15	s. Henry.	samedi	15	ASSOMPTION.
jeudi	16	s. Eustate.	*Dim.*	16	s. Roch.
vendredi	17	s. Alexis.	lundi	17	s. Mammès.
samedi	18	s. Clair, év.	mardi	18	se. Hélène.
Dim.	19	s. Vinc. de P.	mercredi	19	s. Louis, év.
lundi	20	se. Marguerite.	jeudi	20	s. Bernard.
mardi	21	s. Victor.	vendredi	21	s. Prival.
mercredi	22	se. Madeleine.	samedi	22	s. Symphorien.
jeudi	23	s. Apollinaire.	*Dim.*	23	s. Sidoine.
vendredi	24	se. Christine.	lundi	24	s. Barthélemy.
samedi	25	s. Jacq. le maj.	mardi	25	s. *Louis.*
Dim.	26	Tr. s. Marcel.	mercredi	26	s. Zéphirin.
lundi	27	s. Pantaléon.	jeudi	27	s. Césaire.
mardi	28	se. Anne.	vendredi	28	s. Augustin.
mercredi	29	se. Marthe.	samedi	29	s. Médéric.
jeudi	30	s. Abdon.	*Dim.*	30	s. Fiacre.
vendredi	31	s. Germ. l'Aux.	lundi	31	s. Ovide.

SEPTEMBRE.			OCTOBRE.		
mardi	1	s. Leu et s. Gil.	jeudi	1	s. Remi.
mercredi	2	s. Lazare.	vendredi	2	Sts Anges gard.
jeudi	3	s. Grégoire.	samedi	3	s. Cyprien.
vendredi	4	se. Rosalie.	*Dim.*	4	s. Franç. d'A.
samedi	5	s. Bertin, ab.	lundi	5	s. Constant.
Dim.	6	s. Eleuthère.	mardi	6	s. Bruno.
lundi	7	s. Cloud.	mercredi	7	s. Serge.
mardi	8	NAT. DE N.-D.	jeudi	8	s. Thais.
mercredi	9	s. Omer.	vendredi	9	s. *Denis*.
jeudi	10	se. Pulchérie.	samedi	10	s. Paulin.
vendredi	11	s. Hyacinthe.	*Dim.*	11	s. Gomer.
samedi	12	s. Raphaël.	lundi	12	se Vilfride.
Dim.	13	s. Maurille.	mardi	13	s. Gérant.
lundi	14	Ex. se Croix. V.	mercredi	14	s. Caliste.
mardi	15	s. Nicodème.	jeudi	15	se Thérèse.
mercredi	16	s. Corneille. 4 T.	vendredi	16	s. Gal.
jeudi	17	s. Lambert.	samedi	17	s. Cerbonet.
vendredi	18	s. Jean Chrys.	*Dim.*	18	s. Luc, évang.
samedi	19	s. Janvier.	lundi	19	s. Savinien.
Dim.	20	s. Eustache. *Vi.*	mardi	20	s. Caprais.
lundi	21	s. Mathieu.	mercredi	21	se. Ursule.
mardi	22	s. Maurice.	jeudi	22	s. Mellon.
mercredi	23	se. Thècle.	vendredi	23	s. Hilarion.
jeudi	24	s. Andoche.	samedi	24	s. Magloire.
vendredi	25	s. Firmin.	*Dim.*	25	s. Crép., s. Cré.
samedi	26	se. Justine.	lundi	26	s. Rustique.
Dim.	27	s. Côme, s. Dam.	mardi	27	s. Frument. *Vi.*
lundi	28	s. Venceslas.	mercredi	28	s. Simon, s. Jud.
mardi	29	s. Michel.	jeudi	29	s. Faron.
mercredi	30	s. Jérôme.	vendredi	30	s. Lucain.
			samedi	31	s. Quent. *V. J.*

NOVEMBRE.			DÉCEMBRE.		
Dim.	1	TOUSSAINT.	mardi	1	s. Eloi.
lundi	2	*Trépassés.*	mercredi	2	s. Franç. Xav.
mardi	3	s. Marcel.	jeudi	3	s. Eloque.
mercredi	4	s. Charles.	vendredi	4	se Barbe. *Jeû.*
jeudi	5	s. Zacharie.	samedi	5	s. Sabas. *Jeû.*
vendredi	6	s. Léonard.	*Dim.*	6	s. Nicolas.
samedi	7	s. Florent.	lundi	7	se Fare.
Dim.	8	Stes Reliques.	mardi	8	*Concep. N.-D.*
lundi	9	s. Mathurin.	mercredi	9	se Gorgonie.
mardi	10	s. Juste.	jeudi	10	se Valère.
mercredi	11	s. Martin.	vendredi	11	s. Daniel. *Jeû.*
jeudi	12	s. René.	samedi	12	s. Valèri. *Jeû.*
vendredi	13	s. Brice.	*Dim.*	13	se. Luce.
samedi	14	s. Bertrand.	lundi	14	s. Nicaise.
Dim.	15	s. Malo.	mardi	15	s. Mémin.
lundi	16	s. Edme.	mercredi	16	se Adélaide. 4T.
mardi	17	s. Agnan.	jeudi	17	se Olympie.
mercredi	18	se. Odes.	vendredi	18	s. Gatien.
jeudi	19	se. Elizabeth.	samedi	19	s. Thimothé.
vendredi	20	s. Edmond.	*Dim.*	20	s. Philogone.
samedi	21	Présent. N.-D.	lundi	21	s. Thomas.
Dim.	22	se. Cécile.	mardi	22	s. Honorat.
lundi	23	s. Clément.	mercredi	23	se. Victoire.
mardi	24	s. Séverin.	jeudi	24	se. Delph. V. J.
mercredi	25	se. Catherine.	vendredi	25	NOEL.
jeudi	26	se. Genev. ard.	samedi	26	*s. Etienne.*
vendredi	27	s. Siméon mét.	*Dim.*	27	*s. Jean, évang.*
samedi	28	s. Sosthène.	lundi	28	Sts. Innocents.
Dim.	29	*Avent.*	mardi	29	s. Trophime.
lundi	30	s. André.	mercredi	30	s. Sabin.
			jeudi	31	s. Silvestre, p.

JANVIER.

mercredi	1	*Circoncision.*
jeudi	2	s. Basile.
vendredi	3	se. *Geneviève.*
samedi	4	s. Rigobert.
Dim.	5	s. Siméon. V. J.
lundi	6	*Epiphanie.*
mardi	7	Noces.
mercredi	8	s. Lucien.
jeudi	9	s. Pierre, év.
vendredi	10	s. Paul, erm.
samedi	11	s. Théodore.
Dim.	12	s. Arcade, m.
lundi	13	Bapt. de J.-C.
mardi	14	s. Hilaire.
mercredi	15	s. Maur.
jeudi	16	s. Guillaume.
vendredi	17	s. Antoine.
samedi	18	Ch. s. P. à R.
Dim.	19	s. Sulpice.
lundi	20	s. Sébastien.
mardi	21	se. Agnès.
mercredi	22	s. Vincent.
jeudi	23	s. Ildefonse.
vendredi	24	s. Babylas.
samedi	25	Conv.-s.-Paul.
Dim.	26	se. Paule.
lundi	27	s. Julien.
mardi	28	s. Charlemagne
mercredi	29	s. Franç., de S.
jeudi	30	se. Bathilde.
vendredi	31	se. Marcèle.

FÉVRIER.

samedi	1	s. Ignace.
Dim.	2	*Purification.*
lundi	3	s. Blaise.
mardi	4	s. Gilbert.
mercredi	5	se. Agathe.
jeudi	6	s. Vaast.
vendredi	7	s. Romuald.
samedi	8	s. Jean de M.
Dim.	9	*Septuagésime.*
lundi	10	se. Scolastique.
mardi	11	s. Séverin.
mercredi	12	se. Eulalie.
jeudi	13	s. Grégoire.
vendredi	14	s. Valentin.
samedi	15	s. Faustin.
Dim.	16	*Sexagésime.*
lundi	17	s. Théodule.
mardi	18	s. Siméon.
mercredi	19	s. Gabin.
jeudi	20	s. Eucher.
vendredi	21	s. Pepin.
samedi	22	se. Isabelle.
Dim.	23	*Quinquagésime.*
lundi	24	s. Mathias.
mardi	25	*Mardi gras.*
mercredi	26	*Cendres.*
jeudi	27	s. Arille.
vendredi	28	se. Honorine.
		s. Romain.

MARS.			AVRIL.		
samedi	1	s. Aubin.	mardi	1	s. Hugues.
Dim.	2	*Quadragésime.*	mercredi	2	s. Franç. de P.
lundi	3	se. Cunégonde.	jeudi	3	s. Richard.
mardi	4	s. Casimir.	vendredi	4	s. Ambroise.
mercredi	5	s. Adrien. 4 T.	samedi	5	s. Albert.
jeudi	6	se. Colette.	*Dim.*	6	*Rameaux.*
vendredi	7	s. Thomas d'A.	lundi	7	s. Clotaire.
samedi	8	s. Jean de D.	mardi	8	s. Edèze.
Dim.	9	*Reminiscere.*	mercredi	9	se. Marie, Egy
lundi	10	s. Blanchard.	jeudi	10	s. Fulbert.
mardi	11	s. Euloge.	vendredi	11	*Vendredi-Saint.*
mercredi	12	s. Paul, évêq.	samedi	12	s. Jules.
jeudi	13	se. Euphrasie.	*Dim.*	13	PAQUES.
vendredi	14	s. Lubin.	lundi	14	s. Tiburce.
samedi	15	s. Zacharie.	mardi	15	s. Maxime.
Dim.	16	*Oculi.*	mercredi	16	s. Paterne.
lundi	17	se Gertrude.	jeudi	17	s. Anicet.
mardi	18	s. Alexandre.	vendredi	18	s. Parfait.
mercredi	19	s. Joseph.	samedi	19	s. Léon.
jeudi	20	s. Joachim.	*Dim.*	20	*Quasimodo.*
vendredi	21	s. Benoît.	lundi	21	s. Anselme.
samedi	22	s. Emile.	mardi	22	se. Opportune.
Dim.	23	*Lætare.*	mercredi	23	s. Georges.
lundi	24	s. Simon, m.	jeudi	24	s. Léger.
mardi	25	*Annonciation.*	vendredi	25	s. Marc.
mercredi	26	s. Ludger.	samedi	26	s. Clet.
jeudi	27	s. Jean, erm.	*Dim.*	27	s. Polycarpe.
vendredi	28	se. Dorothée.	lundi	28	s. Vital.
samedi	29	s. Gontrand.	mardi	29	s. Robert.
Dim.	30	*La Passion.*	mercredi	30	s. Eutrope.
lundi	31	se. Balbine.			

MAI.			JUIN.		
jeudi	1	s. Jacq. s. Phil.	*Dim.*	1	PENTECOTE.
vendredi	2	s. Athanase.	lundi	2	s. Pothin.
samedi	3	Inv. s^{e}. Croix.	mardi	3	s^{e} Clotilde.
Dim.	4	s^{e}. Monique.	mercredi	4	s. Optat. 4 T.
lundi	5	Conv. s. Aug.	jeudi	5	s. Boniface.
mardi	6	s. Jean-p.-Lat	vendredi	6	s. Claude, év.
mercredi	7	s. Stanislas.	samedi	7	s. Lié.
jeudi	8	s^{e} Desirée.	*Dim.*	8	*Trinité.*
vendredi	9	Trans. s. Nic.	lundi	9	s^{e}. Pélagie.
samedi	10	s. Gordien.	mardi	10	s. Landri.
Dim.	11	s. Mamert.	mercredi	11	s. Barnabé.
lundi	12	s. Pancrace.	jeudi	12	*Fête-Dieu.*
mardi	13	s. Servais.	vendredi	13	s. Ant. de Pad.
mercredi	14	s. Pacome.	samedi	14	s. Ruffin.
jeudi	15	s. Isidore.	*Dim.*	15	s. Modeste.
vendredi	16	s. Honoré.	lundi	16	s. Cyr.
samedi	17	s. Pascal.	mardi	17	s. Avit.
Dim.	18	s. Venance.	mercredi	18	s. Maxime.
lundi	19	*Rogations.*	jeudi	19	s. Gerv. s. Prot.
mardi	20	s. Bernardin.	vendredi	20	s. Sylvère.
mercredi	21	s. Sospis.	samedi	21	s. Leufroi.
jeudi	22	ASCENSION.	*Dim.*	22	s. Paulin.
vendredi	23	s. Didier.	lundi	23	s. Jacques *V. J.*
samedi	24	s. Donatien.	mardi	24	s. *Jean-Bapt.*
Dim.	25	s. Urbain.	mercredi	25	s. Prosper.
lundi	26	s. Quadrat.	jeudi	26	s. Babolein
mardi	27	s. Hildevert.	vendredi	27	s. Crescent.
mercredi	28	s. Germain.	samedi	28	s. Loubert, *V. J.*
jeudi	29	s. Maximin.	*Dim.*	29	*s. Pierre s. P.*
vendredi	30	s. Félix.	lundi	30	Com. s. Paul.
samedi	31	s^{e} Pétronille. *V. J*			

N° 23.

JUILLET.			AOUT.		
mardi	1	se Eléonore.	vendredi	1	se. Sophie.
mercredi	2	*Visit. N. D.*	samedi	2	s. Etienne P.
jeudi	3	s. Thierry.	*Dim.*	3	se. Lydie.
vendredi	4	se Berthe.	lundi	4	s. Dominique.
samedi	5	se Zoé.	mardi	5	s. Yon.
Dim.	6	s. Tranquille.	mercredi	6	Tr. de J.-C.
lundi	7	se. Aubierge.	jeudi	7	s. Gaétan.
mardi	8	s. Procope.	vendredi	8	s. Justin.
mercredi	9	s. Cyrille.	samedi	9	s. Amour.
jeudi	10	se. Félicité.	*Dim.*	10	s. Laurent.
vendredi	11	s. Tr. s. Benoît.	lundi	11	se. Suzanne.
samedi	12	s. Gualbert.	mardi	12	se. Claire.
Dim.	13	s. Eugène.	mercredi	13	s. Hippolyte.
lundi	14	s. Bonaventure.	jeudi	14	s. Guer., vig.
mardi	15	s. Henri.	vendredi	15	ASSOMPTION.
mercredi	16	s. Eustate.	samedi	16	s. Roch.
jeudi	17	s. Alexis.	*Dim.*	17	s. Mammès.
vendredi	18	s. Clair, év.	lundi	18	se. Hélène.
samedi	19	s. Vinc. de P.	mardi	19	s. Louis, év.
Dim.	20	se. Marguerite.	mercredi	20	s. Bernard.
lundi	21	s. Victor.	jeudi	21	s. Privat.
mardi	22	se. Madeleine.	vendredi	22	s. Symphorien.
mercredi	23	s. Apollinaire.	samedi	23	s. Sidoine.
jeudi	24	se. Christine.	*Dim.*	24	s. Barthélemi.
vendredi	25	s. Jacq. le Maj.	lundi	25	*s. Louis.*
samedi	26	Tr. s. Marcel.	mardi	26	s. Zéphirin.
Dim.	27	s. Pantaléon.	mercredi	27	s. Césaire.
lundi	28	se. Anne.	jeudi	28	s. Augustin.
mardi	29	se Marthe.	vendredi	29	s. Médéric.
mercredi	30	s. Abdon.	samedi	30	s. Fiacre.
jeudi	31	s. Germ. l'Aux.	*Dim.*	31	s. Ovide.

N° 23.

SEPTEMBRE.

lundi	1	s. Leu, s. Giles
mardi	2	s. Lazare.
mercredi	3	s. Grégoire.
jeudi	4	se. Rosalie.
vendredi	5	s. Bertin, ab.
samedi	6	s. Eleuthère.
Dim.	7	s. Cloud.
lundi	8	*Nativité N. D.*
mardi	9	s. Omer.
mercredi	10	se Pulchérie.
jeudi	11	s. Hyacinthe.
vendredi	12	s. Raphael.
samedi	13	s. Maurille.
Dim.	14	Exal. s. Croix.
lundi	15	s. Nicodème.
mardi	16	s. Corneille.
mercredi	17	s. Lamb., 4 T.
jeudi	18	s. Jean Chrys.
vendredi	19	s. Janvier.
samedi	20	s. Eustache.
Dim.	21	s. Mathieu.
lundi	22	s. Maurice.
mardi	23	se. Thècle.
mercredi	24	s. Andoche.
jeudi	25	s. Firmin.
vendredi	26	se. Justine.
samedi	27	s. Côme, s. Da.
Dim.	28	s. Venceslas.
lundi	29	s. Michel.
mardi	30	s. Jérome.

OCTOBRE.

mercredi	1	s. Remi.
jeudi	2	sts. Anges Gar.
vendredi	3	s. Cyprien.
samedi	4	s. Franç. d'A.
Dim.	5	s. Constant.
lundi	6	s. Bruno.
mardi	7	s. Serge.
mercredi	8	s. Thais.
jeudi	9	s. *Denis.*
vendredi	10	s. Paulin.
samedi	11	s. Gomer.
Dim.	12	se. Vilfride.
lundi	13	s. Gérant.
mardi	14	s. Caliste.
mercredi	15	se. Thérèse.
jeudi	16	s. Gal.
vendredi	17	s. Cerbonet.
samedi	18	s. Luc., évan.
Dim.	19	s. Savinien.
lundi	20	s. Caprais.
mardi	21	se. Ursule.
mercredi	22	s. Mellon.
jeudi	23	s. Hilarion.
vendredi	24	s. Magloire.
samedi	25	s. Crép. s. Cré.
Dim.	26	s. Rustique.
lundi	27	s Frument.
mardi	28	s. Simon, s. J.
mercredi	29	s. Faron.
jeudi	30	s. Lucain.
vendredi	31	s. Quentin, *V. J*

NOVEMBRE.			DÉCEMBRE.		
samedi	1	TOUSSAINT.	lundi	1	s. Eloi.
Dim.	2	*Trépassés.*	mardi	2	s. Franç. Xav.
lundi	3	s. Marcel.	mercredi	3	s. Eloque.
mardi	4	s. Charles.	jeudi	4	se. Barbe.
mercredi	5	s. Zacharie.	vendredi	5	s. Sabas.
jeudi	6	s. Léonard.	samedi	6	s. Nicolas.
vendredi	7	s. Florent.	*Dim.*	7	se. Fare.
samedi	8	ses. Reliques.	lundi	8	*Concept. N. D.*
Dim.	9	s. Mathurin.	mardi	9	se. Gorgonie.
lundi	10	s. Juste.	mercredi	10	se. Valère.
mardi	11	s. Martin.	jeudi	11	s. Daniel.
mercredi	12	s. René.	vendredi	12	s. Valeri.
jeudi	13	s. Brice.	samedi	13	se. Luce.
vendredi	14	s. Bertrand.	*Dim.*	14	s. Nicaise.
samedi	15	s. Malo.	lundi	15	s. Mémin.
Dim.	16	s. Edme.	mardi	16	se. Adélaïde.
lundi	17	s. Agnan.	mercredi	17	se. Olympie. 4T.
mardi	18	se. Odes.	jeudi	18	s. Gatien.
mercredi	19	se. Elizabeth.	vendredi	19	s. Thimothé.
jeudi	20	s. Edmond.	samedi	20	s. Philogone.
vendredi	21	Pres. N. D.	*Dim.*	21	s. Thomas.
samedi	22	se Cécile.	lundi	22	s. Honorat.
Dim.	23	s. Clément.	mardi	23	se. Victoire.
lundi	24	s. Séverin.	mercredi	24	se. Delphine *V. J.*
mardi	25	se. Catherine.	jeudi	25	NOEL.
mercredi	26	se. Genev., ard.	vendredi	26	*s. Etienne.*
jeudi	27	s. Siméon, mct.	samedi	27	*s. Jean, évang.*
vendredi	28	s. Sosthène.	*Dim.*	28	Sts. Innocents.
samedi	29	s. Saturnin.	lundi	29	s. Trophime.
Dim.	30	*Avent.*	mardi	30	s. Sabin.
			mercredi	31	s. Silvestre, p.

JANVIER.

mardi	1	*Circoncision.*
mercredi	2	s. Basile.
jeudi	3	se. *Geneviève.*
vendredi	4	s. Rigobert.
samedi	5	s. Sim. st. *Vig*
Dim.	6	*Epiphanie.*
lundi	7	Noces.
mardi	8	s. Lucien.
mercredi	9	s. Pierre, év.
jeudi	10	s. Paul, erm.
vendredi	11	s. Théodore.
samedi	12	s. Arcade, m.
Dim.	13	Bap. de J.-C.
lundi	14	s. Hilaire.
mardi	15	s. Maur.
mercredi	16	s. Guillaume.
jeudi	17	s. Antoine.
vendredi	18	Ch. s. P. à R.
samedi	19	s. Sulpice.
Dim.	20	s. Sébastien.
lundi	21	se. Agnès.
mardi	22	s. Vincent.
mercredi	23	s. Ildefonse.
jeudi	24	s. Babylas.
vendredi	25	Conv. s. Paul.
samedi	26	se. Paule.
Dim.	27	s. Julien.
lundi	28	s. Charlemagne
mardi	29	s. Franç. de S.
mercredi	30	se. Bathilde.
jeudi	31	se. Marcèle.

FÉVRIER.

vendredi	1	s. Ignace.
samedi	2	*Purification.*
Dim.	3	s. Blaise.
lundi	4	s. Gilbert.
mardi	5	se. Agathe.
mercredi	6	s. Vaast.
jeudi	7	s. Romuald.
vendredi	8	s. Jean de M.
samedi	9	se. Apolline.
Dim.	10	*Septuagésime.*
lundi	11	s. Séverin.
mardi	12	se Eulalie.
mercredi	13	s. Grégoire.
jeudi	14	s. Valentin.
vendredi	15	s. Faustin.
samedi	16	se. Julienne.
Dim.	17	*Sexagésime.*
lundi	18	s. Siméon.
mardi	19	s. Gabin.
mercredi	20	s. Eucher.
jeudi	21	s. Pépin.
vendredi	22	se. Isabelle.
samedi	23	s. Mérault.
Dim.	24	*Quinquagésime.*
lundi	25	s. Césaire.
mardi	26	*Mardi gras.*
mercredi	27	*Cendres.*
jeudi	28	se Honorine.
		s. Romain.

MARS.			AVRIL.		
vendredi	1	s. Aubin.	lundi	1	s. Hugues.
samedi	2	s. Simplice.	mardi	2	s. Franç. de P.
Dim.	3	*Quadragésime.*	mercredi	3	s. Richard.
lundi	4	s. Casimir.	jeudi	4	s. Ambroise.
mardi	5	s. Adrien.	vendredi	5	s. Albert.
mercredi	6	se Colette. 4 T.	samedi	6	se Prudente.
jeudi	7	s. Thomas d'A.	*Dim.*	7	*Rameaux.*
vendredi	8	s. Jean de D.	lundi	8	s. Edèse.
samedi	9	se. Françoise.	mardi	9	se. Marie, égy.
Dim.	10	*Reminiscere.*	mercredi	10	s. Fulbert.
lundi	11	s. Euloge.	jeudi	11	se. Godeberte.
mardi	12	s. Paul, év.	vendredi	12	*Vendredi-Saint.*
mercredi	13	se. Euphrasie.	samedi	13	s. Marcelin.
jeudi	14	s. Lubin.	*Dim.*	14	PAQUES.
vendredi	15	s. Zacharie.	lundi	15	s. Maxime.
samedi	16	s. Cyriaque.	mardi	16	s. Paterne.
Dim.	17	*Oculi.*	mercredi	17	s. Anicet.
lundi	18	s. Alexandre.	jeudi	18	s. Parfait.
mardi	19	s. Joseph.	vendredi	19	s. Léon.
mercredi	20	s. Joachim.	samedi	20	s. Théotime.
jeudi	21	s. Benoît.	*Dim.*	21	*Quasimodo.*
vendredi	22	s. Emile.	lundi	22	se. Opportune.
samedi	23	s. Victorien.	mardi	23	s. Georges.
Dim.	24	*Lætare.*	mercredi	24	s. Léger.
lundi	25	*Annonciation.*	jeudi	25	s. Marc.
mardi	26	s. Ludger.	vendredi	26	s. Clet.
mercredi	27	s. Jean, erm.	samedi	27	s. Polycarpe.
jeudi	28	se. Dorothée.	*Dim.*	28	s. Vital.
vendredi	29	s. Gontrand.	lundi	29	s. Robert.
samedi	30	s. Rieul.	mardi	30	s. Eutrope.
Dim.	31	*La Passion.*			

MAI.			JUIN.		
mercredi	1	s. Jacq. s. Phil.	samedi	1	s. Pamphile. *V. J*
jeudi	2	s. Athanase.	*Dim.*	2	PENTECOTE.
vendredi	3	Inv. s^{e}. Croix.	lundi	3	s^{e}. Clotilde.
samedi	4	s^{e}. Monique.	mardi	4	s. Optat.
Dim.	5	Conv. s. Aug.	mercredi	5	s. Boniface. 4 T.
lundi	6	s. Jean-p.-Lat.	jeudi	6	s. Claude, év.
mardi	7	s. Stanislas.	vendredi	7	s. Lié.
mercredi	8	s^{e}. Désirée.	samedi	8	s. Médard.
jeudi	9	Trans. s. Nic.	*Dim.*	9	*Trinité.*
vendredi	10	s. Gordien.	lundi	10	s. Landri.
samedi	11	s. Mamert.	mardi	11	s. Barnabé.
Dim.	12	s. Pancrace.	mercredi	12	s^{e}. Olympe.
lundi	13	s. Isidore.	jeudi	13	*Fête-Dieu.*
mardi	14	s. Pacôme.	vendredi	14	s. Ruffin.
mercredi	15	s. Isidore.	samedi	15	s. Modeste.
jeudi	16	s. Honoré.	*Dim.*	16	s. Cyr.
vendredi	17	s. Pascal.	lundi	17	s. Avit.
samedi	18	s. Venance.	mardi	18	s^{e} Marine.
Dim.	19	s. Yves.	mercredi	19	s. Gerv. s. Prot.
lundi	20	*Rogations.*	jeudi	20	s. Sylvère.
mardi	21	s. Sospis.	vendredi	21	s. Leufroi.
mercredi	22	s^{e}. Julie.	samedi	22	s. Paulin.
jeudi	23	ASCENSION.	*Dim.*	23	s. Jacques. *V. J.*
vendredi	24	s. Donatien.	lundi	24	*s. Jean-Bapt.*
samedi	25	s. Urbain.	mardi	25	s. Prosper.
Dim.	26	s. Quadrat.	mercredi	26	s. Babolein.
lundi	27	s. Hildevert.	jeudi	27	s. Crescent.
mardi	28	s. Germain.	vendredi	28	s. Loubert. *V. J.*
mercredi	29	s. Maximin.	samedi	29	*s. Pier. s. Paul.*
jeudi	30	s. Felix.	*Dim.*	30	Com. s. Paul.
vendredi	31	s^{e}. Pétronille.			

N° 24.

JUILLET.			AOUT.		
lundi	1	se. Eléonore.	jeudi	1	se. Sophie.
mardi	2	*Visitat. N. D.*	vendredi	2	s. Etienne, p.
mercredi	3	s. Thierry.	samedi	3	se. Lydie.
jeudi	4	se. Berthe.	*Dim.*	4	s. Dominique.
vendredi	5	se. Zoé.	lundi	5	s. Yon.
samedi	6	s. Tranquille.	mardi	6	Trans. de J.-C.
Dim.	7	se. Aubierge.	mercredi	7	s. Gaëtan.
lundi	8	s. Procope.	jeudi	8	s. Justin.
mardi	9	s. Cyrille.	vendredi	9	s. Amour.
mercredi	10	se Félicité.	samedi	10	s. Laurent.
jeudi	11	Tr. s. Benoît.	*Dim.*	11	se. Suzanne.
vendredi	12	s. Gualbert.	lundi	12	se. Claire.
samedi	13	s. Eugène.	mardi	13	s. Hippolyte.
Dim.	14	s. Bonaventure.	mercredi	14	s. Guer. *Vig.*
lundi	15	s. Henry.	jeudi	15	ASSOMPTION.
mardi	16	s. Eustate.	vendredi	16	s. Roch.
mercredi	17	s. Alexis.	samedi	17	s. Mammès.
jeudi	18	s. Clair, év.	*Dim.*	18	s. Hélène.
vendredi	19	s. Vincent de P.	lundi	19	s. Louis, év.
samedi	20	se. Marguerite.	mardi	20	s. Bernard.
Dim.	21	s. Victor.	mercredi	21	s. Privat.
lundi	22	se. Madeleine.	jeudi	22	s. Symphorien.
mardi	23	s. Apollinaire.	vendredi	23	s. Sidoine.
mercredi	24	se. Christine.	samedi	24	s. Barthélemy.
jeudi	25	s. Jacq. le maj	*Dim.*	25	*s. Louis.*
vendredi	26	Tr. s. Marcel.	lundi	26	s. Zéphirin.
samedi	27	s. Pantaléon.	mardi	27	s. Césaire.
Dim.	28	se. Anne.	mercredi	28	s. Augustin.
lundi	29	se. Marthe.	jeudi	29	s. Médéric.
mardi	30	s. Abdon.	vendredi	30	s. Fiacre.
mercredi	31	s. Germ. l'Aux.	samedi	31	s. Ovide.

SEPTEMBRE.			OCTOBRE.		
Dim.	1	s. Leu, s. Giles.	mardi	1	s. Remy.
lundi	2	s. Lazare.	mercredi	2	Sts. Ang. Gard.
mardi	3	s. Grégoire.	jeudi	3	s. Cyprien.
mercredi	4	se. Rosalie.	vendredi	4	s. Franç. d'A.
jeudi	5	s. Bertin, ab.	samedi	5	s. Constant.
vendredi	6	s. Eleuthère.	*Dim.*	6	s. Bruno.
samedi	7	s. Cloud.	lundi	7	s. Serge.
Dim.	8	*Nativité N.-D.*	mardi	8	s. Thais.
lundi	9	s. Omer.	mercredi	9	*s. Denis.*
mardi	10	se. Pulchérie.	jeudi	10	s. Paulin.
mercredi	11	s. Hyacinthe.	vendredi	11	s. Gomer.
jeudi	12	s. Raphael.	samedi	12	s. Vilfride.
vendredi	13	s. Maurille.	*Dim.*	13	s. Gérant.
samedi	14	Exalt. se Croix.	lundi	14	s. Caliste.
Dim.	15	s. Nicomède.	mardi	15	se. Thérèse.
lundi	16	s. Corneille.	mercredi	16	s. Gal.
mardi	17	s. Lambert.	jeudi	17	s. Cerbonet.
mercredi	18	s. Jean Chr. 4 T.	vendredi	18	s. Luc, évang.
jeudi	19	s. Janvier.	samedi	19	s. Savinien.
vendredi	20	s. Eustache.	*Dim.*	20	s. Caprais.
samedi	21	s. Mathieu.	lundi	21	se. Ursule.
Dim.	22	s. Maurice.	mardi	22	s. Mellon.
lundi	23	se Thècle.	mercredi	23	s. Hilarion.
mardi	24	s. Andoche.	jeudi	24	s. Magloire.
mercredi	25	s. Firmin.	vendredi	25	s. Crép. s. Cré.
jeudi	26	se Justine.	samedi	26	s. Rustique.
vendredi	27	s. Côme, s. D.	*Dim.*	27	s. Frument. *Vi.*
samedi	28	s. Venceslas.	lundi	28	s. Sim. s. Jude.
Dim.	29	s. Michel.	mardi	29	s. Faron.
lundi	30	s. Jérôme.	mercredi	30	s. Lucain.
			jeudi	31	s. Queutin. *V.J.*

N° 24.

NOVEMBRE.			DÉCEMBRE.		
vendredi	1	Toussaint.	*Dim.*	1	*Avent.*
samedi	2	*Trépassés.*	lundi	2	s. Franç. Xav.
Dim.	3	s. Marcel.	mardi	3	s. Eloque.
lundi	4	s. Charles.	mercredi	4	se. Barbe.
mardi	5	s. Zacharie.	jeudi	5	s. Sabas.
mercredi	6	s. Léonard.	vendredi	6	s. Nicolas.
jeudi	7	s. Florent.	samedi	7	se Fare.
vendredi	8	Stes. Reliques.	*Dim.*	8	*Concept. N.-D.*
samedi	9	s. Mathurin.	lundi	9	se. Gorgonie.
Dim.	10	s. Juste.	mardi	10	se. Valère.
lundi	11	s. Martin.	mercredi	11	s. Daniel.
mardi	12	s. René.	jeudi	12	s. Valeri.
mercredi	13	s. Brice.	vendredi	13	se. Luce.
jeudi	14	s. Bertrand.	samedi	14	s. Nicaise.
vendredi	15	s. Malo.	*Dim.*	15	s. Mémin.
samedi	16	s. Edme.	lundi	16	se. Adélaïde.
Dim.	17	s. Agnan.	mardi	17	se. Olympie.
lundi	18	se. Odes.	mercredi	18	s. Gatien. 4 T.
mardi	19	se. Elizabeth.	jeudi	19	s. Thimothée.
mercredi	20	s. Edmond.	vendredi	20	s. Philogone.
jeudi	21	Présent. N.-D	samedi	21	s. Thomas.
vendredi	22	se. Cécile.	*Dim.*	22	s. Honorat.
samedi	23	s. Clément.	lundi	23	se. Victoire.
Dim.	24	s. Séverin, soli.	mardi	24	se.Delphine. *V.J*
lundi	25	se. Catherine.	mercredi	25	Noel.
mardi	26	se. Geneviève.	jeudi	26	*s. Etienne.*
mercredi	27	s. Siméon, met	vendredi	27	*s. Jean, évang.*
jeudi	28	s. Sosthène.	samedi	28	Sts. Innocents.
vendredi	29	s. Saturnin.	*Dim.*	29	s. Trophime.
samedi	30	s. André.	lundi	30	s. Sabin.
			mardi	31	s. Silvestre, p.

JANVIER.			FÉVRIER.		
lundi	1	*Circoncision.*	jeudi	1	s. Ignace.
mardi	2	s. Basile.	vendredi	2	*Purification.*
mercredi	3	*se. Geneviève.*	samedi	3	s. Blaise.
jeudi	4	s. Rigobert.	*Dim.*	4	s. Gilbert.
vendredi	5	s. Sim., *s. Vig.*	lundi	5	se. Agathe.
samedi	6	*Epiphanie.*	mardi	6	s. Vaast.
Dim.	7	Noces.	mercredi	7	s. Romuald.
lundi	8	s. Lucien.	jeudi	8	s. Jean de M.
mardi	9	s. Pierre, év.	vendredi	9	se. Apolline.
mercredi	10	s. Paul, erm.	samedi	10	se. Scolastique.
jeudi	11	s. Théodore.	*Dim.*	11	*Septuagésime.*
vendredi	12	s. Arcade, m.	lundi	12	se. Eulalie.
samedi	13	Bapt. de J.-C.	mardi	13	s. Grégoire.
Dim.	14	s. Hilaire.	mercredi	14	s. Valentin.
lundi	15	s. Maur.	jeudi	15	s. Faustin.
mardi	16	s. Guillaume.	vendredi	16	se. Julienne.
mercredi	17	s. Antoine.	samedi	17	s. Théodule.
jeudi	18	Ch. s. Pier. à R.	*Dim.*	18	*Sexagésime.*
vendredi	19	s. Sulpice.	lundi	19	s. Gabin.
samedi	20	s. Sébastien.	mardi	20	s. Eucher.
Dim.	21	se. Agnès.	mercredi	21	s. Pépin.
lundi	22	s. Vincent.	jeudi	22	se Isabelle.
mardi	23	s. Ildefonse.	vendredi	23	s. Mérault.
mercredi	24	s. Babylas.	samedi	24	s. Mathias.
jeudi	25	Conv. s. Paul.	*Dim.*	25	*Quinquagésime.*
vendredi	26	se. Paule.	lundi	26	s. Nestor.
samedi	27	s. Julien.	mardi	27	*Mardi gras.*
Dim.	28	s. Charlemagne.	mercredi	28	*Cendres.* s. Romain.
lundi	29	s. Franç. de S.			
mardi	30	se. Bathilde.			
mercredi	31	se. Marcèle.			

N° 25.

MARS.

jeudi	1	s. Aubin.
vendredi	2	s. Simplice.
samedi	3	se. Cunégonde.
Dim.	4	*Quadragésime.*
lundi	5	s. Adrien.
mardi	6	se. Colette.
mercredi	7	s. Tho. d'A. 4 T
jeudi	8	s. Jean de D.
vendredi	9	se. Françoise.
samedi	10	s. Blanchard.
Dim.	11	*Reminiscere.*
lundi	12	s. Paul, év.
mardi	13	se. Euphrasie.
mercredi	14	s. Lubin.
jeudi	15	s. Zacharie.
vendredi	16	s. Cyriaque.
samedi	17	se. Gertrude.
Dim.	18	*Oculi.*
lundi	19	s. Joseph.
mardi	20	s. Joachim.
mercredi	21	s. Benoît.
jeudi	22	s. Emile.
vendredi	23	s. Victorien.
samedi	24	s. Simon, m.
Dim.	25	*Annonciation.*
lundi	26	s. Ludger.
mardi	27	s. Jean, erm.
mercredi	28	se. Dorothée.
jeudi	29	s. Gontrand.
vendredi	30	s. Rieul.
samedi	31	se. Balbine.

AVRIL.

Dim.	1	*La Passion.*
lundi	2	s. Franç. de P.
mardi	3	s. Richard.
mercredi	4	s. Ambroise.
jeudi	5	s. Albert.
vendredi	6	se Prudence.
samedi	7	s. Clotaire.
Dim.	8	*Rameaux.*
lundi	9	se Marie, égy.
mardi	10	s. Fulbert.
mercredi	11	se. Godeberte.
jeudi	12	s. Jules.
vendredi	13	*Vendredi Saint.*
samedi	14	s. Tiburce.
Dim.	15	PAQUES.
lundi	16	s. Paterne.
mardi	17	s. Anicet.
mercredi	18	s. Parfait.
jeudi	19	s. Léon.
vendredi	20	s. Théotime.
samedi	21	s. Anselme.
Dim.	22	*Quasimodo.*
lundi	23	s. Georges.
mardi	24	s. Léger.
mercredi	25	s. Marc.
jeudi	26	s. Clet.
vendredi	27	s. Polycarpe.
samedi	28	s. Vital.
Dim.	29	s. Robert.
lundi	30	s. Eutrope.

MAI.			JUIN.		
mardi	1	s. Jacq., s. Phil.	vendredi	1	s. Pamphile.
mercredi	2	s. Athanase.	samedi	2	s. Pothin. *V. J.*
jeudi	3	Inv. s^{e}. Croix.	*Dim.*	3	PENTECOTE.
vendredi	4	s^{e}. Monique.	lundi	4	s. Optat.
samedi	5	Conv. s. Aug.	mardi	5	s. Boniface.
Dim.	6	s. Jean-p.-Lat	mercredi	6	s. Claude. 4 T.
lundi	7	s. Stanislas.	jeudi	7	s. Lié.
mardi	8	s^{e}. Désirée.	vendredi	8	s. Médard.
mercredi	9	Trans. s. Nic.	samedi	9	s^{e}. Pélagie.
jeudi	10	s. Gordien.	*Dim.*	10	*Trinité.*
vendredi	11	s. Mamert.	lundi	11	s. Barnabé.
samedi	12	s. Pancrace.	mardi	12	s^{e}. Olympe.
Dim.	13	s. Isidore.	mercredi	13	s. Ant. de Pad.
lundi	14	s. Pacome	jeudi	14	*Fête-Dieu.*
mardi	15	s. Isidore.	vendredi	15	s. Modeste.
mercredi	16	s. Honoré.	samedi	16	s. Cyr.
jeudi	17	s. Pascal.	*Dim.*	17	s. Avit.
vendredi	18	s. Venance.	lundi	18	s^{e}. Marine.
samedi	19	s. Yves.	mardi	19	s. Gerv. s. Prot
Dim.	20	s Bernardin.	mercredi	20	s. Sylvère.
lundi	21	*Rogations.*	jeudi	21	s. Leufroi.
mardi	22	s^{e}. Julie.	vendredi	22	s. Paulin.
mercredi	23	s. Didier.	samedi	23	s. Jacques. *V. J.*
jeudi	24	ASCENSION.	*Dim.*	24	*s. Jean-Bapt.*
vendredi	25	s. Urbain.	lundi	25	s. Prosper.
samedi	26	s. Quadrat.	mardi	26	s. Babolein.
Dim.	27	s. Hildevert.	mercredi	27	s. Crescent.
lundi	28	s. Germain.	jeudi	28	s. Loubert. *V. J.*
mardi	29	s. Maximin.	vendredi	29	*s. Pier., s Paul.*
mercredi	30	s. Félix.	samedi	30	Com. s. Paul.
jeudi	31	s^{e} Pétronille.			

N° 25.

JUILLET.			AOUT.		
Dim.	1	se. Eléonore.	mercredi	1	se. Sophie.
lundi	2	*Visitat. N.-D.*	jeudi	2	s. Etienne, p.
mardi	3	s. Thierry.	vendredi	3	se. Lydie.
mercredi	4	se. Berthe.	samedi	4	s. Dominique.
jeudi	5	se. Zoé.	*Dim.*	5	s. Yon.
vendredi	6	s. Tranquille.	lundi	6	Tr. de J.-C.
samedi	7	se. Aubierge.	mardi	7	s. Gaétan.
Dim.	8	s. Procope.	mercredi	8	s. Justin.
lundi	9	s. Cyrille.	jeudi	9	s. Amour.
mardi	10	se. Félicité.	vendredi	10	s. Laurent.
mercredi	11	Tr. s. Benoît.	samedi	11	se. Suzanne.
jeudi	12	s. Gualbert.	*Dim.*	12	se. Claire.
vendredi	13	s. Eugène.	lundi	13	s. Hippolyte.
samedi	14	s. Bonaventure.	mardi	14	s. Guer. *Vig.*
Dim.	15	s. Henry.	mercredi	15	ASSOMPTION.
lundi	16	s. Eustate.	jeudi	16	s. Roch.
mardi	17	s. Alexis.	vendredi	17	s. Mammès.
mercredi	18	s. Clair, év.	samedi	18	se. Hélène.
jeudi	19	s. Vincent de P.	*Dim.*	19	s. Louis, év.
vendredi	20	se. Marguerite.	lundi	20	s. Bernard.
samedi	21	s. Victor.	mardi	21	s. Privat.
Dim.	22	se. Madeleine.	mercredi	22	s. Symphorien.
lundi	23	s. Apollinaire.	jeudi	23	s. Sidoine.
mardi	24	se. Christine.	vendredi	24	s. Barthélemy.
mercredi	25	s. Jacq. le maj.	samedi	25	*s. Louis.*
jeudi	26	Tr. s. Marcel.	*Dim.*	26	s. Zéphirin.
vendredi	27	s. Pantaléon.	lundi	27	s. Césaire.
samedi	28	se. Anne.	mardi	28	s. Augustin.
Dim.	29	se. Marthe.	mercredi	29	s. Médéric.
lundi	30	s. Abdon.	jeudi	30	s. Fiacre.
mardi	31	s. Germ. l'Aux.	vendredi	31	s. Ovide.

SEPTEMBRE.			OCTOBRE.		
samedi	1	s. Leu, s. Giles.	lundi	1	s. Remi.
Dim.	2	s. Lazare.	mardi	2	Sts. Ang. gard.
lundi	3	s. Grégoire.	mercredi	3	s. Cyprien.
mardi	4	s^{e}. Rosalie.	jeudi	4	s. Franç. d'A.
mercredi	5	s. Bertin, ab.	vendredi	5	s. Constant.
jeudi	6	s. Eleuthère.	samedi	6	s. Bruno.
vendredi	7	s. Cloud.	*Dim.*	7	s. Serge.
samedi	8	NAT. DE N.-D.	lundi	8	s. Thais.
Dim.	9	s. Omer.	mardi	9	*s. Denis.*
lundi	10	s^{e}. Pulchérie.	mercredi	10	s. Paulin.
mardi	11	s. Hyacinthe.	jeudi	11	s. Gomer.
mercredi	12	s. Raphaël.	vendredi	12	s^{e}. Vilfride.
jeudi	13	s. Maurille.	samedi	13	s. Gérant.
vendredi	14	Exalt. s^{e}. Croix.	*Dim.*	14	s. Caliste.
samedi	15	s. Nicomède.	lundi	15	s^{e}. Thérèse.
Dim.	16	s. Corneille.	mardi	16	s. Gal.
lundi	17	s. Lambert.	mercredi	17	s. Cerbonet.
mardi	18	s. Jean Chrys.	jeudi	18	s. Luc, évang.
mercredi	19	s. Janvier. 4 T.	vendredi	19	s. Savinien.
jeudi	20	s. Eustache.	samedi	20	s. Caprais.
vendredi	21	s. Mathieu.	*Dim.*	21	s^{e}. Ursule.
samedi	22	s. Maurice.	lundi	22	s. Mellon.
Dim.	23	s^{e}. Thècle.	mardi	23	s. Hilarion.
lundi	24	s. Andoche.	mercredi	24	s. Magloire.
mardi	25	s. Firmin.	jeudi	25	s. Crép. s. Cré.
mercredi	26	s^{e}. Justine.	vendredi	26	s. Rustique.
jeudi	27	s. Côme, s. D.	samedi	27	s. Frument. *Vi.*
vendredi	28	s. Venceslas.	*Dim.*	28	s. Sim., s. Jud.
samedi	29	s. Michel.	lundi	29	s. Faron.
Dim.	30	s. Jérôme.	mardi	30	s. Lucain.
			mercredi	31	s. Quentin. *V. J.*

NOVEMBRE.

jeudi	1	TOUSSAINT.
vendredi	2	*Trépassés.*
samedi	3	s. Marcel.
Dim.	4	s. Charles.
lundi	5	s. Zacharie.
mardi	6	s. Léonard.
mercredi	7	s. Florent.
jeudi	8	Stes Reliques.
vendredi	9	s. Mathurin.
samedi	10	s. Juste.
Dim.	11	s. Martin.
lundi	12	s. René.
mardi	13	s. Brice.
mercredi	14	s. Bertrand.
jeudi	15	s. Malo.
vendredi	16	s. Edme.
samedi	17	s. Agnan.
Dim.	18	se. Odes.
lundi	19	se. Elizabeth.
mardi	20	s. Edmond.
mercredi	21	Présent. N.-D.
jeudi	22	se. Cécile.
vendredi	23	s. Clément.
samedi	24	s. Séverin, sol.
Dim.	25	se. Catherine.
lundi	26	se. Genev., ard.
mardi	27	s. Siméon, mèt.
mercredi	28	s. Sosthène.
jeudi	29	s. Saturnin.
vendredi	30	s. André.

DÉCEMBRE.

samedi	1	s. Eloi.
Dim.	2	*Avent.*
lundi	3	s. Eloque.
mardi	4	se. Barbe.
mercredi	5	s. Sabas.
jeudi	6	s. Nicolas.
vendredi	7	se. Fare.
samedi	8	*Concept. N.-D.*
Dim.	9	se. Gorgonie.
lundi	10	se. Valère.
mardi	11	s. Daniel.
mercredi	12	s. Valeri.
jeudi	13	se. Luce.
vendredi	14	s. Nicaise.
samedi	15	s. Mémin.
Dim.	16	se. Adelaide.
lundi	17	se. Olympie.
mardi	18	s. Gatien.
mercredi	19	s. Thimoth. 4 T.
jeudi	20	s. Philogone.
vendredi	21	s. Thomas.
samedi	22	s. Honorat.
Dim.	23	se. Victoire.
lundi	24	se. Delphine. *V. J*
mardi	25	NOEL.
mercredi	26	*s. Etienne.*
jeudi	27	*s. Jean, évang.*
vendredi	28	Sts Innocents.
samedi	29	s. Trophime.
Dim.	30	s. Sabin.
lundi	31	s. Silvestre, p.

JANVIER.			FÉVRIER.		
Dim.	1	*Circoncision.*	mercredi	1	s. Ignace.
lundi	2	s. Basile.	jeudi	2	*Purification.*
mardi	3	se *Geneviève.*	vendredi	3	s. Blaise.
mercredi	4	s. Rigobert.	samedi	4	s. Gilbert.
jeudi	5	s. Siméon, *V.J.*	*Dim.*	5	se Agathe.
vendredi	6	*Epiphanie.*	lundi	6	s. Vaast.
samedi	7	Noces.	mardi	7	s. Romuald.
Dim.	8	s. Lucien.	mercredi	8	s. Jean de M.
lundi	9	s. Pierre, év.	jeudi	9	se. Apolline.
mardi	10	s. Paul, erm.	vendredi	10	se. Scolastique.
mercredi	11	s. Théodore.	samedi	11	s. Séverin.
jeudi	12	s. Arcade.	*Dim.*	12	*Septuagésime.*
vendredi	13	Bapt. de J.-C.	lundi	13	s. Grégoire.
samedi	14	s. Hilaire.	mardi	14	s. Valentin.
Dim.	15	s. Maur.	mercredi	15	s. Faustin.
lundi	16	s. Guillaume.	jeudi	16	se. Julienne.
mardi	17	s. Antoine.	vendredi	17	s. Théodule.
mercredi	18	Ch. s. P. à R.	samedi	18	s. Siméon.
jeudi	19	s. Sulpice.	*Dim.*	19	*Sexagésime.*
vendredi	20	s. Sébastien.	lundi	20	s. Eucher.
samedi	21	se. Agnès.	mardi	21	s. Pépin.
Dim.	22	s. Vincent.	mercredi	22	se Isabelle.
lundi	23	s. Ildefonse.	jeudi	23	s. Mérault.
mardi	24	s. Babylas.	vendredi	24	s. Mathias.
mercredi	25	Conv. s. Paul.	samedi	25	s. Césaire.
jeudi	26	se. Paule.	*Dim.*	26	*Quinquagésime.*
vendredi	27	s. Julien.	lundi	27	s. Arille.
samedi	28	s. Charlemagne.	mardi	28	*Mardi-gras.*
Dim.	29	s. Franç. de S.			s. Romain.
lundi	30	se. Bathilde.			
mardi	31	se. Marcèle.			

MARS.			AVRIL.		
mercredi	1	*Cendres.*	samedi	1	s. Hugues.
jeudi	2	s. Simplice.	*Dim.*	2	*La Passion.*
vendredi	3	se. Cunégonde.	lundi	3	s. Richard.
samedi	4	s. Casimir.	mardi	4	s. Ambroise.
Dim.	5	*Quadragésime.*	mercredi	5	s. Albert.
lundi	6	se Colette.	jeudi	6	se. Prudence.
mardi	7	s. Thom. d'A.	vendredi	7	s. Romuald.
mercredi	8	s. Jean de D. 4 T.	samedi	8	s. Edèse.
jeudi	9	se. Françoise.	*Dim.*	9	*Rameaux.*
vendredi	10	s. Blanchard.	lundi	10	s. Fulbert.
samedi	11	s. Euloge.	mardi	11	se. Godeberte.
Dim.	12	*Reminiscere.*	mercredi	12	s. Jules.
lundi	13	se. Euphrasie.	jeudi	13	s. Marcelin.
mardi	14	s. Lubin.	vendredi	14	*Vend.-Saint.*
mercredi	15	s. Zacharie.	samedi	15	s. Maxime.
jeudi	16	s. Cyriaque.	*Dim.*	16	PAQUES.
vendredi	17	se. Gertrude.	lundi	17	s. Avicet.
samedi	18	s. Alexandre.	mardi	18	s. Parfait.
Dim.	19	*Oculi.*	mercredi	19	s. Léon.
lundi	20	s. Joachim.	jeudi	20	s. Théotime.
mardi	21	s. Benoît.	vendredi	21	s. Anselme.
mercredi	22	s. Emile.	samedi	22	se. Opportune.
jeudi	23	s. Victorien	*Dim.*	23	*Quasimodo.*
vendredi	24	s. Simon, m.	lundi	24	s. Léger.
samedi	25	*Annonciation.*	mardi	25	s. Marc.
Dim.	26	*Lætare.*	mercredi	26	s. Clet.
lundi	27	s. Jean, évang.	jeudi	27	s. Polycarpe.
mardi	28	se. Dorothée.	vendredi	28	s. Vital.
mercredi	29	s. Gontrand.	samedi	29	s. Robert.
jeudi	30	s. Rieul.	*Dim.*	30	s. Eutrope.
vendredi	31	se Balbine.			

MAI.			JUIN.		
lundi	1	s. Jacq. s. Phil.	jeudi	1	s. Pamphile.
mardi	2	s. Athanase.	vendredi	2	s. Pothin.
mercredi	3	Inv.-s^{e}.-Croix.	samedi	3	s^{e} Clotilde. *V.J.*
jeudi	4	s^{e}. Monique.	*Dim.*	4	PENTECOTE.
vendredi	5	Conv.-s.-Aug.	lundi	5	s. Boniface.
samedi	6	s. Jean-p.-Lat.	mardi	6	s. Claude, év.
Dim.	7	s. Stanislas.	mercredi	7	s. Lié. 4 T.
lundi	8	s^{e} Desirée.	jeudi	8	s. Médard.
mardi	9	Trans.-s.-Nic.	vendredi	9	s^{e}. Pélagie.
mercredi	10	s. Gordien.	samedi	10	s. Landri.
jeudi	11	s. Mamert.	*Dim.*	11	*Trinité.*
vendredi	12	s. Pancrace.	lundi	12	s^{e}. Olympe.
samedi	13	s. Servais.	mardi	13	s. Ant. de P.
Dim.	14	s. Pacôme.	mercredi	14	s. Ruffin.
lundi	15	s. Isidore.	jeudi	15	*Fête-Dieu.*
mardi	16	s. Honoré.	vendredi	16	s. Cyr.
mercredi	17	s. Pascal.	samedi	17	s. Avit.
jeudi	18	s. Venance.	*Dim.*	18	s^{e}. Marine.
vendredi	19	s. Yves.	lundi	19	s. Gerv., s. Pr.
samedi	20	s. Bernardin.	mardi	20	s. Sylvère.
Dim.	21	s. Sospis.	mercredi	21	s. Leufroi.
lundi	22	*Rogations.*	jeudi	22	s. Paulin.
mardi	23	s. Didier.	vendredi	23	s. Jacques, *V.-J.*
mercredi	24	s. Donatien.	samedi	24	s. *Jean-Bapt.*
jeudi	25	ASCENSION.	*Dim.*	25	s. Prosper
vendredi	26	s. Quadrat.	lundi	26	s. Babolein.
samedi	27	s. Ildevert.	mardi	27	s. Crescent.
Dim.	28	s. Germain.	mercredi	28	s. Loubert. *V J.*
lundi	29	s. Maximin.	jeudi	29	s. *Pierre, s. P.*
mardi	30	s. Félix.	vendredi	30	Conv. s. Paul.
mercredi	31	s^{e} Pétronille.			

JUILLET.			AOUT.		
samedi	1	se. Eléonore.	mardi	1	se. Sophie.
Dim.	2	*Visit. N.-D.*	mercredi	2	s. Etienne, p.
lundi	3	s. Thierry.	jeudi	3	se. Lydie.
mardi	4	se. Berthe.	vendredi	4	s. Dominique.
mercredi	5	se. Zoé.	samedi	5	s. Yon.
jeudi	6	s. Tranquille.	*Dim.*	6	Tr. de J.-C.
vendredi	7	se. Aubierge.	lundi	7	s. Gaëtan.
samedi	8	s. Procope.	mardi	8	s. Justin.
Dim.	9	s. Cyrille.	mercredi	9	s. Amour.
lundi	10	se. Félicité.	jeudi	10	s. Laurent.
mardi	11	Tr. s. Benoît.	vendredi	11	se. Suzanne.
mercredi	12	s. Gualbert.	samedi	12	s. Claire.
jeudi	13	s. Eugène.	*Dim.*	13	s. Hippolyte.
vendredi	14	s. Bonaventure.	lundi	14	s. Guer. *V.-J.*
samedi	15	s. Henry.	mardi	15	ASSOMPTION.
Dim.	16	s. Eustate.	mercredi	16	s. Roch.
lundi	17	s. Alexis.	jeudi	17	s. Mammès.
mardi	18	s. Clair. év.	vendredi	18	se. Hélène.
mercredi	19	s. Vincent de P.	samedi	19	s. Louis, év.
jeudi	20	se. Marguerite.	*Dim.*	20	s. Bernard.
vendredi	21	s. Victor.	lundi	21	s. Privat.
samedi	22	se. Madeleine.	mardi	22	s. Symphorien.
Dim.	23	s. Apollinaire.	mercredi	23	s Sidoine.
lundi	24	se. Christine.	jeudi	24	s. Barthelemy.
mardi	25	s. Jacq. le maj.	vendredi	25	s. *Louis.*
mercredi	26	Tr. s. Marcel.	samedi	26	s. Zephirin.
jeudi	27	s. Pantaléon.	*Dim.*	27	s. Césaire.
vendredi	28	se. Anne.	lundi.	28	s. Augustin.
samedi	29	se. Marthe.	mardi	29	s. Médéric.
Dim.	30	s. Abdon.	mercredi	30	s. Fiacre.
lundi	31	s. Germ. l'Aux.	jeudi	31	s. Ovide.

SEPTEMBRE.			OCTOBRE.		
vendredi	1	s. Leu, s. Giles.	*Dim.*	1	s. Remy.
samedi	2	s. Lazare.	lundi	2	Sts. Anges G.
Dim.	3	s. Grégoire.	mardi	3	s. Cyprien.
lundi	4	s^e^. Rosalie.	mercredi	4	s. François d'A.
mardi	5	s. Bertin, ab.	jeudi	5	s. Constant.
mercredi	6	s. Eleuthère.	vendredi	6	s. Bruno.
jeudi	7	s. Cloud.	samedi	7	s. Serge.
vendredi	8	*Nativité N.-D*	*Dim.*	8	s. Thais.
samedi	9	s. Omer.	lundi	9	s. *Denis.*
Dim.	10	se. Pulchérie.	mardi	10	s. Paulin.
lundi.	11	s. Hyacinthe.	mercredi	11	s. Gomer.
mardi	12	s. Raphaël.	jeudi	12	se. Vilfride.
mercredi	13	s. Maurille.	vendredi	13	s. Gérant.
jeudi	14	s. Ex. se. Croix.	samedi	14	s. Caliste.
vendredi	15	s. Nicomède.	*Dim.*	15	se. Thérèse.
samedi	16	s. Corneille.	lundi	16	s. Gal.
Dim.	17	s. Lambert.	mardi	17	s. Cerbonet.
lundi	18	s. Jean Chrys.	mercredi	18	s. Luc, évan.
mardi	19	s. Janvier.	jeudi	19	s. Savinien.
mercredi	20	s. Eustache, 4 *T.*	vendredi	20	s. Caprais.
jeudi	21	s. Mathieu.	samedi	21	se. Ursule.
vendredi	22	s. Maurice.	*Dim.*	22	s. Mellon.
samedi	23	se. Thècle.	lundi	23	s. Hilarion.
Dim.	24	s. Andoche.	mardi	24	s. Magloire.
lundi	25	s. Firmin.	mercredi	25	s. Crep. s. Cré.
mardi	26	se. Justine.	jeudi	26	s. Rustique.
mercredi	27	s. Côme, s. Da.	vendredi	27	s. Frument.
jeudi	28	s. Venceslas.	samedi	28	s. Simon, s. J.
vendredi	29	s. Michel.	*Dim.*	29	s. Faron.
samedi	30	s. Jérôme.	lundi	30	s. Lucain.
			mardi	31	s. Quentin, *v. j.*

NOVEMBRE.			DÉCEMBRE.		
mercredi	1	TOUSSAINT.	vendredi	1	s. Eloi.
jeudi	2	*Trépassés.*	samedi	2	s. Fran. Xav.
vendredi	3	s. Marcel.	*Dim.*	3	*Avent.*
samedi	4	s. Charles.	lundi	4	se. Barbe.
Dim.	5	s. Zacharie.	mardi	5	s. Sabas.
lundi	6	s. Léonard.	mercredi	6	s. Nicolas.
mardi	7	s. Florent.	jeudi	7	se. Fare.
mercredi	8	Stes. Reliques.	vendredi	8	*Concept. N.-D.*
jeudi	9	s. Mathurin.	samedi	9	se. Gorgonie.
vendredi	10	s. Juste.	*Dim.*	10	se. Valère.
samedi	11	s. Marin.	lundi	11	s. Daniel.
Dim.	12	s. René.	mardi	12	s. Valeri.
lundi	13	s. Brice.	mercredi	13	se. Luce.
mardi	14	s. Bertrand.	jeudi	14	s. Nicaise.
mercredi	15	s. Malo.	vendredi	15	s Mémin.
jeudi	16	s. Edme.	samedi	16	se. Adélaïde.
vendredi	17	s. Agnan.	*Dim.*	17	se Olympe.
samedi	18	se. Odes.	lundi	18	s. Gatien.
Dim.	19	se. Elizabeth.	mardi	19	s. Thimothée.
lundi	20	s. Edmond	mercredi	20	s. Philogone. *4 T*
mardi	21	Prés. N.-D.	jeudi	21	s. Thomas.
mercredi	22	se. Cécile.	vendredi	22	s. Honorat.
jeudi	23	s. Clément.	samedi	23	se. Victoire. *V.*
vendredi	24	s. Séverin.	*Dim.*	24	se. Delphine.
samedi	25	se. Catherine.	lundi	25	NOEL.
Dim.	26	s. Genev., ard.	mardi	26	s. *Etienne.*
lundi	27	s. Siméon, mét.	mercredi	27	s. *Jean, évang*
mardi	28	s. Sosthène.	jeudi	28	Sts. Innocents.
mercredi	29	s. Saturnin.	vendredi	29	s. Trophime.
jeudi	30	s. André.	samedi	30	s. Sabin.
			Dim.	31	s. Silvestre, p.

JANVIER.

samedi	1	*Circoncision.*
Dim.	2	s. Basile.
lundi	3	se. *Geneviève.*
mardi	4	s. Rigobert.
mercredi	5	s. Siméon, s. *Vig.*
jeudi	6	*Epiphanie.*
vendredi	7	Noces.
samedi	8	s. Lucien.
Dim.	9	s. Pierre, év.
lundi	10	s. Paul, erm.
mardi	11	s. Théodore.
mercredi	12	s. Arcade, m.
jeudi	13	Bapt. de J.-C.
vendredi	14	s. Hilaire.
samedi	15	s. Maur.
Dim.	16	s. Guillaume.
lundi	17	s. Antoine.
mardi	18	Ch. s. Pier. à R
mercredi	19	s. Sulpice.
jeudi	20	s. Sébastien.
vendredi	21	se. Agnès.
samedi	22	s. Vincent.
Dim.	23	s. Ildefonse.
lundi	24	s. Babylas.
mardi	25	Conv. s. Paul.
mercredi	26	se. Paule.
jeudi	27	s. Julien.
vendredi	28	s. Charlemagne.
samedi	29	s. Franç. de S.
Dim.	30	se Bathilde.
lundi	31	se. Marcèle.

FÉVRIER.

mardi	1	s. Ignace.
mercredi	2	*Purification.*
jeudi	3	s. Blaise.
vendredi	4	s. Gilbert.
samedi	5	se. Agathe.
Dim.	6	s. Vaast.
lundi	7	s. Romuald.
mardi	8	s. Jean de M.
mercredi	9	se. Apolline.
jeudi	10	se. Scolastique.
vendredi	11	s. Séverin.
samedi	12	se. Eulalie.
Dim.	13	*Septuagésime.*
lundi	14	s. Valentin.
mardi	15	s. Faustin.
mercredi	16	se Julienne.
jeudi	17	s. Théodule.
vendredi	18	s. Siméon.
samedi	19	s. Gabin.
Dim.	20	*Sexagésime.*
lundi	21	s. Pépin.
mardi	22	se Isabelle.
mercredi	23	s. Mérault.
jeudi	24	s. Mathias.
vendredi	25	s. Césaire.
samedi	26	s. Nestor.
Dim.	27	*Quinquagésime.*
lundi	28	se. Honorine.
		s. Romain.

MARS.			AVRIL.		
mardi	1	*Mardi gras.*	vendredi	1	s. Hugues.
mercredi	2	*Cendres.*	samedi	2	s. Franç. de P.
jeudi	3	se. Cunégonde.	*Dim.*	3	*La Passion.*
vendredi	4	s. Casimir.	lundi	4	s. Ambroise.
samedi	5	s. Adrien.	mardi	5	s. Albert.
Dim.	6	*Quadragésime.*	mercredi	6	se. Prudence.
lundi	7	s. Thomas d'A.	jeudi	7	s. Clotaire.
mardi	8	s. Jean de D.	vendredi	8	s. Edèse.
mercredi	9	se Françoise.4T	samedi	9	se. Marie, égy.
jeudi	10	s. Blanchard.	*Dim.*	10	*Rameaux.*
vendredi	11	s. Euloge.	lundi	11	se. Godeberte.
samedi	12	s. Paul, év.	mardi	12	s. Jules.
Dim.	13	*Reminiscere.*	mercredi	13	s. Marcelin.
lundi	14	s. Lubin.	jeudi	14	s. Tiburce.
mardi	15	s. Zacharie.	vendredi	15	*Vendredi-Saint.*
mercredi	16	s. Cyriaque.	samedi	16	s. Paterne.
jeudi	17	se. Gertrude.	*Dim.*	17	PAQUES.
vendredi	18	s. Alexandre.	lundi	18	s. Parfait.
samedi	19	s. Joseph.	mardi	19	s. Léon.
Dim.	20	*Oculi.*	mercredi	20	s. Théotime.
lundi	21	s. Benoît.	jeudi	21	s. Anselme.
mardi	22	s. Emile.	vendredi	22	se. Opportune.
mercredi	23	s. Victorien.	samedi	23	s. Georges.
jeudi	24	s. Simon, m.	*Dim.*	24	*Quasimodo.*
vendredi	25	*Annonciation.*	lundi	25	s. Marc.
samedi	26	s. Ludger.	mardi	26	s. Clet.
Dim.	27	*Lætare.*	mercredi	27	s. Polycarpe.
lundi	28	se. Dorothée.	jeudi	28	s. Vital.
mardi	29	s. Gontrand.	vendredi	29	s. Robert.
mercredi	30	s. Rieul.	samedi	30	s. Eutrope.
jeudi	31	se. Balbine.			

MAI.			JUIN.		
Dim.	1	s. Jacq., s. Phil.	mercredi	1	s. Pamphile.
lundi	2	s. Athanase.	jeudi	2	s. Pothin.
mardi	3	Inv. se. Croix.	vendredi	3	se. Clotilde.
mercredi	4	se. Monique.	samedi	4	s. Optat. *V. J.*
jeudi	5	Conv. s. Aug.	*Dim.*	5	PENTECOTE.
vendredi	6	s. Jean-p.-Lat.	lundi	6	s. Claude, év.
samedi	7	s. Stanislas.	mardi	7	s. Lié.
Dim.	8	se. Désirée.	mercredi	8	s. Médard. 4 T.
lundi	9	Trans. S. Nic.	jeudi	9	se Pélagie.
mardi	10	s. Gordien.	vendredi	10	s. Landri.
mercredi	11	s. Mamert.	samedi	11	s. Barnabé.
jeudi	12	s. Pancrace.	*Dim.*	12	*Trinité.*
vendredi	13	s. Servais.	lundi	13	s. Ant. de Pad.
samedi	14	s. Pacôme.	mardi	14	s. Ruffin.
Dim.	15	s. Isidore.	mercredi	15	s. Modeste.
lundi	16	s. Honoré.	jeudi	16	*Fête-Dieu.*
mardi	17	s. Pascal.	vendredi	17	s. Avit.
mercredi	18	s. Venance.	samedi	18	se. Marine.
jeudi	19	s. Yves.	*Dim.*	19	s. Gerv. s. Prot.
vendredi	20	s. Bernardin.	lundi	20	s. Sylvère.
samedi	21	s. Sospis.	mardi	21	s. Leufroi.
Dim.	22	se Julie.	mercredi	22	s. Paulin.
lundi	23	*Rogations.*	jeudi	23	s. Jacques. *V. J.*
mardi	24	s. Donatien.	vendredi	24	*s. Jean-Baptiste.*
mercredi	25	s. Urbain.	samedi	25	s. Prosper.
jeudi	26	ASCENSION.	*Dim.*	26	s. Babolein.
vendredi	27	s. Hildevert.	lundi	27	s. Crescent.
samedi	28	s. Germain.	mardi	28	s. Loubert. *V. J.*
Dim.	29	s. Maximin.	mercredi	29	*s. Pier., s. Paul.*
lundi	30	s. Félix.	jeudi	30	Com. s. Paul.
mardi	31	se. Pétronille.			

JUILLET.			AOUT.		
vendredi	1	se. Eléonore.	lundi	1	se. Sophie.
samedi	2	*Visitat. N.-D.*	mardi	2	s. Etienne, p.
Dim.	3	s. Thierry.	mercredi	3	se. Lydie.
lundi	4	se. Berthe.	jeudi	4	s. Dominique.
mardi	5	se. Zoé.	vendredi	5	s. Yon.
mercredi	6	s. Tranquille.	samedi	6	Trans. de J.-C
jeudi	7	se. Aubierge.	*Dim.*	7	s. Gaétan.
vendredi	8	s. Procope.	lundi	8	s. Justin.
samedi	9	s. Cyrille.	mardi	9	s. Amour.
Dim.	10	se. Félicité.	mercredi	10	s. Laurent.
lundi	11	Tr. s. Benoît.	jeudi	11	se. Suzanne.
mardi	12	s. Gualbert.	vendredi	12	se Claire.
mercredi	13	s. Eugène.	samedi	13	s. Hippol. *V. J.*
jeudi	14	s. Bonaventure.	*Dim.*	14	s. Guer.
vendredi	15	s. Henry.	lundi	15	ASSOMPTION.
samedi	16	s. Eustate.	mardi	16	s. Roch.
Dim.	17	s. Alexis.	mercredi	17	s. Mammès.
lundi	18	s. Clair, év.	jeudi	18	se. Helène.
mardi	19	s. Vincent de P.	vendredi	19	s. Louis, év.
mercredi	20	se. Marguerite.	samedi	20	s. Bernard.
jeudi	21	s. Victor.	*Dim.*	21	s. Privat.
vendredi	22	se. Madeleine.	lundi	22	s. Symphorien.
samedi	23	s. Apollinaire.	mardi	23	s. Sidoine.
Dim.	24	se. Christine.	mercredi	24	s. Barthélemy.
lundi	25	s. Jacq. le maj.	jeudi	25	*s. Louis.*
mardi	26	Tr. s. Marcel.	vendredi	26	s. Zéphirin.
mercredi	27	s. Pantaléon.	samedi	27	s. Césaire.
jeudi	28	se. Anne.	*Dim.*	28	s. Augustin.
vendredi	29	se. Marthe.	lundi	29	s. Médéric.
samedi	30	s. Abdon.	mardi	30	s. Fiacre.
Dim.	31	s. Germ. l'Aux.	mercredi	31	s. Ovide.

SEPTEMBRE.

jeudi	1	s. Leu, s. Giles.
vendredi	2	s. Lazare.
samedi	3	s. Grégoire.
Dim.	4	s^o. Rosalie.
lundi	5	s. Bertin, ab.
mardi	6	s. Eleuthère.
mercredi	7	s. Cloud.
jeudi	8	*Nativ. de N.-D.*
vendredi	9	s. Omer.
samedi	10	s^e. Pulchérie
Dim.	11	s. Hyacinthe.
lundi	12	s. Raphael.
mardi	13	s. Maurille.
mercredi	14	Exalt. s. Croix.
jeudi	15	s. Nicomède.
vendredi	16	s. Corneille.
samedi	17	s. Lambert.
Dim.	18	s. Jean Chrys.
lundi	19	s. Janvier.
mardi	20	s. Eustache.
mercredi	21	s. Mathieu. 4 T.
jeudi	22	s. Maurice.
vendredi	23	s^o. Thècle.
samedi	24	s. Andoche.
Dim.	25	s. Firmin.
lundi	26	s^o. Justine.
mardi	27	s. Côme, s. D.
mercredi	28	s. Venceslas.
jeudi	29	s. Michel.
vendredi	30	s. Jérôme.

OCTOBRE.

samedi	1	s. Remi.
Dim.	2	Sts. Ang. Gard.
lundi	3	s. Cyprien.
mardi	4	s. Franç. d'A.
mercredi	5	s. Constant.
jeudi	6	s. Bruno.
vendredi	7	s. Serge.
samedi	8	s. Thais.
Dim.	9	s. *Denis.*
lundi	10	s. Paulin.
mardi	11	s. Gomer.
mercredi	12	s^e. Vilfride.
jeudi	13	s. Gérant.
vendredi	14	s. Caliste.
samedi	15	s^e. Thérèse.
Dim.	16	s. Gal.
lundi	17	s. Cerbonet.
mardi	18	s. Luc, évang.
mercredi	19	s. Savinien.
jeudi	20	s. Caprais
vendredi	21	s^o. Ursule.
samedi	22	s. Mellon.
Dim.	23	s. Hilarion.
lundi	24	s. Magloire.
mardi	25	s. Crép., s. Cr.
mercredi	26	s. Rustique.
jeudi	27	s. Frument.
vendredi	28	s. Simon, s. Jud.
samedi	29	s. Faron.
Dim.	30	s. Lucain.
lundi	31	s. Quentin. *V. J.*

NOVEMBRE.

mardi	1	Toussaint.
mercredi	2	*Trépassés.*
jeudi	3	s. Marcel.
vendredi	4	s. Charles.
samedi	5	s. Zacharie.
Dim.	6	s. Léonard.
lundi	7	s. Florent.
mardi	8	Stes. Reliques.
mercredi	9	s. Mathurin.
jeudi	10	s. Juste.
vendredi	11	s. Martin.
samedi	12	s. René.
Dim.	13	s. Brice.
lundi	14	s. Bertrand.
mardi	15	s. Malo.
mercredi	16	s. Edme.
jeudi	17	s. Agnan.
vendredi	18	se. Odes.
samedi	19	se. Elizabeth.
Dim.	20	s. Edmond.
lundi	21	Présent. N.-D.
mardi	22	se. Cécile.
mercredi	23	s. Clément.
jeudi	24	s. Séverin, sol.
vendredi	25	se. Catherine.
samedi	26	se. Genev., ard
Dim.	27	*Avent.*
lundi	28	s. Sosthène.
mardi	29	s. Saturnin.
mercredi	30	s. André.

DÉCEMBRE.

jeudi	1	s. Eloi.
vendredi	2	s. Franç. Xav.
samedi	3	s. Eloque.
Dim.	4	se. Barbe.
lundi	5	s. Sabas.
mardi	6	s. Nicolas.
mercredi	7	se. Fare.
jeudi	8	*Concept. N.-D.*
vendredi	9	se. Gorgonie.
samedi	10	se. Valère.
Dim.	11	s. Daniel.
lundi	12	s. Valéri.
mardi	13	se. Luce.
mercredi	14	s. Nicaise. 4 T.
jeudi	15	s. Mémin.
vendredi	16	se. Adélaïde.
samedi	17	se. Olympie.
Dim.	18	s. Gatien.
lundi	19	s. Thimothée.
mardi	20	s. Philogone.
mercredi	21	s. Thomas.
jeudi	22	s. Honorat.
vendredi	23	se. Victoire.
samedi	24	s. Delphine. *V.J.*
Dim.	25	Noël.
lundi	26	*s. Etienne.*
mardi	27	*s Jean, évang.*
mercredi	28	Sts. Innocents.
jeudi	29	s. Trophime.
vendredi	30	s. Sabin.
samedi	31	s. Silvestre, p.

JANVIER.			FÉVRIER.		
vendredi	1	*Circoncision.*	lundi	1	s. Ignace.
samedi	2	s. Basile.	mardi	2	*Purification.*
Dim.	3	se *Geneviève.*	mercredi	3	s. Blaise.
lundi	4	s. Rigobert	jeudi	4	s. Gilbert.
mardi	5	s. Siméon s. *Vig.*	vendredi	5	se. Agathe.
mercredi	6	*Epiphanie.*	samedi	6	s. Vaast.
jeudi	7	Noces.	*Dim.*	7	s. Romuald.
vendredi	8	s. Lucien.	lundi	8	s. Jean de m.
samedi	9	s. Pierre, év.	mardi	9	se. Apolline.
Dim.	10	s. Paul, erm.	mercredi	10	se. Scolastique.
lundi	11	s. Théodore.	jeudi	11	s. Séverin.
mardi	12	s. Arcade.	vendredi	12	se. Eulalie.
mercredi	13	Bapt. de J. C.	samedi	13	s. Grégoire.
jeudi	14	s. Hilaire.	*Dim.*	14	*Septuagésime.*
vendredi	15	s. Maur.	lundi	15	s. Faustin.
samedi	16	s. Guillaume.	mardi	16	se Julienne.
Dim.	17	s. Antoine.	mercredi	17	s. Théodule.
lundi	18	Ch. s. P. à R.	jeudi	18	s. Siméon.
mardi	19	s. Sulpice,	vendredi	19	s. Gabin.
mercredi	20	s. Sébastien.	samedi	20	s. Eucher.
jeudi	21	se. Agnès.	*Dim.*	21	*Sexagésime.*
vendredi	22	s. Vincent.	lundi	22	se. Isabelle.
samedi	23	s. Ildefonse.	mardi	23	s. Mérault.
Dim.	24	s. Babylas.	mercredi	24	s. Mathias.
lundi	25	Conv. s. Paul.	jeudi	25	s. Césaire.
mardi	26	se. Paule.	vendredi	26	s. Nestor.
mercredi	27	s. Julien.	samedi	27	s. Arille.
jeudi	28	s. Charlemagne.	*Dim.*	28	*Quinquagésime.* s. Romain.
vendredi	29	s. Franç. de S.			
samedi	30	se. Bathilde.			
Dim.	31	se Marcèle.			

MARS.			AVRIL.		
lundi	1	s. Aubin.	jeudi	1	s. Hugues.
mardi	2	*Mardi-gras.*	vendredi	2	S. Franç. de P.
mercredi	3	*Cendres.*	samedi	3	s. Richard.
jeudi	4	s. Casimir.	*Dim.*	4	*La Passion.*
vendredi	5	s. Adrien.	lundi	5	s. Albert.
samedi	6	se. Colette.	mardi	6	se. Prudence.
Dim.	7	*Quadragésime.*	mercredi	7	s. Clotaire.
lundi	8	s. Jean de D.	jeudi	8	s. Edèse.
mardi	9	se. Françoise.	vendredi	9	Trans. s. Nic.
mercredi	10	s. Blanchard. 4T.	samedi	10	s. Fulbert.
jeudi	11	s. Euloge.	*Dim.*	11	*Rameaux.*
vendredi	12	s. Paul, év.	lundi.	12	s. Jules.
samedi	13	se. Euphrasie.	mardi	13	s. Marcelin.
Dim.	14	*Reminiscere.*	mercredi	14	s. Tiburce.
lundi.	15	s. Zacharie.	jeudi	15	s. Maxime.
mardi	16	s. Cyriaque.	vendredi	16	*Vendredi-Saint.*
mercredi	17	se. Gertrude.	samedi	17	s. Aviat.
jeudi	18	s. Alexandre.	*Dim.*	18	PAQUES.
vendredi	19	s. Joseph.	lundi.	19	s. Léon.
samedi	20	s. Joachim.	mardi	20	s. Théotime.
Dim.	21	*Oculi.*	mercredi	21	s. Anselme.
lundi	22	s. Emile.	jeudi	22	se. Opportune.
mardi	23	s. Victorien.	vendredi	23	s. Georges.
mercredi	24	s. Simon, m.	samedi	24	s. Léger.
jeudi	25	*Annonciation.*	*Dim.*	25	*Quasimodo.*
vendredi	26	s. Ludger.	lundi	26	s. Clet.
samedi	27	s. Jean, évang.	mardi	27	s. Polycarpe.
Dim.	28	*Lœtare.*	mercredi	28	s. Vital.
lundi	29	s. Gontrand.	jeudi	29	s. Robert.
mardi	30	s. Rieul.	vendredi	30	s. Eutrope.
mercredi	31	se. Balbine.			

MAI.			JUIN.		
samedi	1	s. Jacq. s. Phil.	mardi	1	s. Pamphile.
Dim.	2	s. Athanase.	mercredi	2	s. Pothin.
lundi	3	Inv. se Croix.	jeudi	3	se Clotilde.
mardi	4	se. Monique.	vendredi	4	s. Optat.
mercredi	5	Conv. s. Aug.	samedi	5	s. Boniface. *V. J.*
jeudi	6	s. Jean P.-Lat.	*Dim.*	6	PENTECOTE.
vendredi	7	s. Stanislas.	lundi	7	s. Lié.
samedi	8	se. Désirée.	mardi	8	s. Médard.
Dim.	9	Tran. s. Nic.	mercredi	9	se. Pélagie. 4 T.
lundi	10	s. Gordien.	jeudi	10	s. Landri.
mardi	11	s. Mamert.	vendredi	11	s. Barnabé
mercredi	12	s. Pancrace.	samedi	12	se. Olympe.
jeudi	13	s. Servais.	*Dim.*	13	*Trinité.*
vendredi	14	s. Pacôme.	lundi	14	s. Ruffin.
samedi	15	s. Isidore.	mardi	15	s. Modeste.
Dim.	16	s. Honoré.	mercredi	16	s. Cyr.
lundi	17	s. Pascal.	jeudi	17	*Fête-Dieu.*
mardi	18	s. Venance.	vendredi	18	se. Marine.
mercredi	19	s. Yves.	samedi	19	s. Gerv. s. Prot
jeudi	20	s. Bernardin.	*Dim.*	20	s. Sylvère.
vendredi	21	s. Sospis.	lundi	21	s. Leufroi.
samedi	22	se. Julie.	mardi	22	s. Paulin.
Dim.	23	s. Didier.	mercredi	23	s. Jacq. V. J.
lundi	24	*Rogations.*	jeudi	24	s. *Jean-Bapt.*
mardi	25	s. Urbain.	vendredi	25	s. Prosper.
mercredi	26	s. Quadrat.	samedi	26	s. Babolein.
jeudi	27	ASCENSION.	*Dim.*	27	s. Crescent.
vendredi	28	s. Germain.	lundi	28	s. Loubert. *V J.*
samedi	29	s. Maximin.	mardi	29	*s. Pierre, s. P.*
Dim.	30	s. Félix.	mercredi	30	Com. s. Paul.
lundi	31	se. Pétronille.			

No 28.

JUILLET.			AOUT.		
jeudi	1	se. Éléonore.	*Dim.*	1	se. Sophie.
vendredi	2	*Visit. N. D.*	lundi	2	s. Étienne, p.
samedi	3	s. Thierry.	mardi	3	se. Lydie.
Dim.	4	se. Berthe.	mercredi	4	s. Dominique.
lundi	5	se. Zoé.	jeudi	5	s. Yon.
mardi	6	s. Tranquille.	vendredi	6	Tr. de J.-C.
mercredi	7	se. Aubierge.	samedi	7	s. Gaëtan.
jeudi	8	s. Procope.	*Dim.*	8	s. Justin.
vendredi	9	s. Cyrille.	lundi	9	s. Amour.
samedi	10	se. Félicité.	mardi	10	s. Laurent.
Dim.	11	Tr. s. Benoît.	mercredi	11	se Suzanne.
lundi	12	s. Gualbert.	jeudi	12	se. Claire.
mardi	13	s. Eugène.	vendredi	13	s. Hippolyte.
mercredi	14	s. Bonaventure.	samedi	14	s. Guer. *V. J.*
jeudi	15	s. Henry.	*Dim.*	15	ASSOMPTION.
vendredi	16	s. Eustate.	lundi	16	s. Roch.
samedi	17	s. Alexis.	mardi	17	s. Mammès.
Dim.	18	s. Clair, év.	mercredi	18	se. Hélène.
lundi	19	s. Vincent de P.	jeudi	19	s. Louis, év.
mardi	20	se. Marguerite.	vendredi	20	s. Bernard.
mercredi	21	s. Victor.	samedi	21	s. Privat.
jeudi	22	se. Madeleine.	*Dim.*	22	s. Symphorien.
vendredi	23	s. Apollinaire.	lundi	23	s. Sidoine
samedi	24	se. Christine.	mardi	24	s. Barthélemy.
Dim.	25	s. Jacq. le maj.	mercredi	25	s. Louis.
lundi	26	Tr. s. Marcel.	jeudi	26	s. Zéphirin.
mardi	27	s. Pantaléon.	vendredi	27	s. Cesaire.
mercredi	28	se. Anne.	samedi	28	s. Augustin.
jeudi	29	se. Marthe.	*Dim.*	29	s. Médéric.
vendredi	30	s. Abdon.	lundi	30	s. Fiacre.
samedi	31	s. Germ. l'Aux.	mardi	31	s. Ovide.

SEPTEMBRE.			OCTOBRE.		
mercredi	1	s. Leu, s. Giles.	vendredi	1	s. Remi.
jeudi	2	s. Lazare.	samedi	2	Sts. Anges Gard.
vendredi	3	s. Grégoire.	*Dim.*	3	s. Cyprien.
samedi	4	se. Rosalie.	lundi	4	s. Franç. d'A.
Dim.	5	s. Bertin, ab.	mardi	5	s. Constant.
lundi	6	s. Eleuthère.	mercredi	6	s. Bruno.
mardi	7	s. Cloud.	jeudi	7	s. Serge.
mercredi	8	s. *Nativ. N.-D.*	vendredi	8	s. Thais.
jeudi	9	s. Omer.	samedi	9	*s. Denis.*
vendredi	10	se. Pulchérie.	*Dim.*	10	s. Paulin.
samedi	11	s. Hyacinthe.	lundi	11	s. Gomer.
Dim.	12	s. Raphaël.	mardi	12	se. Vilfride.
lundi	13	s. Maurille.	mercredi	13	s. Gérant.
mardi	14	Exalt. se. Croix.	jeudi	14	s. Caliste.
mercredi	15	s. Nicomède. 4 T.	vendredi	15	se. Thérèse.
jeudi	16	s. Corneille.	samedi	16	s. Gal.
vendredi	17	s. Lambert.	*Dim.*	17	s. Cerbonet.
samedi	18	s. Jean Chrys.	lundi	18	s. Luc, évang.
Dim.	19	s. Janvier.	mardi	19	s. Savinien.
lundi	20	s. Eustache.	mercredi	20	s. Caprais.
mardi	21	s. Mathieu.	jeudi	21	se. Ursule.
mercredi	22	s. Maurice	vendredi	22	s. Mellon.
jeudi	23	se. Thècle.	samedi	23	s. Hilarion.
vendredi	24	s. Andoche.	*Dim.*	24	s. Magloire.
samedi	25	s. Firmin.	lundi	25	s. Crép. s. Cr
Dim.	26	se. Justine.	mardi	26	s. Rustique.
lundi	27	s. Côme, s. D.	mercredi	27	s. Frument.
mardi	28	s. Vinceslas.	jeudi	28	s. Simon, s. J.
mercredi	29	s. Michel.	vendredi	29	s. Faron.
jeudi	30	s. Jérôme.	samedi	30	s. Lucain. *V. J.*
			Dim.	31	s. Quentin.

NOVEMBRE.		DÉCEMBRE.	
lundi	1 TOUSSAINT.	mercredi	1 s. Éloi.
mardi	2 *Trépassés.*	jeudi	2 s. Franç. Xav.
mercredi	3 s. Marcel.	vendredi	3 s. Éloque.
jeudi	4 s. Charles.	samedi	4 s^e^. Barbe.
vendredi	5 s. Zacharie.	*Dim.*	5 s. Sabas.
samedi	6 s. Léonard.	lundi	6 s. Nicolas.
Dim.	7 s. Florent.	mardi	7 s^e^. Fare.
lundi	8 s^es^. Reliques.	mercredi	8 *Concept. N.-D.*
mardi	9 s. Mathurin.	jeudi	9 s^e^. Gorgonie.
mercredi	10 s. Just.	vendredi	10 s^e^. Valère.
jeudi	11 s. Martin.	samedi	11 s. Daniel.
vendredi	12 s. René.	*Dim.*	12 s. Valéry.
samedi	13 s. Brice.	lundi	13 s^e^. Luce.
Dim.	14 s. Bertrand.	mardi	14 s. Nicaise.
lundi	15 s. Malo.	mercredi	15 s. Mémin. 4 T.
mardi	16 s. Edme.	jeudi	16 s^e^. Adélaïde.
mercredi	17 s. Agnan.	vendredi	17 s^e^. Olympie.
jeudi	18 s^e^. Odes.	samedi	18 s. Gatien.
vendredi	19 s^e^ Elisabeth.	*Dim.*	19 s. Timothée.
samedi	20 s. Edmond.	lundi	20 s. Philogône.
Dim.	21 Présent. N. D.	mardi	21 s. Thomas.
lundi	22 s^e^. Cécile.	mercredi	22 s. Honorat.
mardi	23 s. Clément.	jeudi	23 s^e^. Victoire.
mercredi	24 s. Séverin.	vendredi	24 s^e^.Delphine. *v.-j*
jeudi	25 s^e^. Catherine.	samedi	25 NOEL.
vendredi	26 s^e^. Genev., ard.	*Dim.*	26 *s. Étienne.*
samedi	27 s. Siméon, mét.	lundi	27 *s. Jean, évang.*
Dim.	28 *Avent.*	mardi	28 S^ts^. Innocents.
lundi	29 s. Saturnin.	mercredi	29 s. Trophime.
mardi	30 s. André.	jeudi	30 s. Sabin.
		vendredi	31 s. Silvestre, p.

N° 29.

JANVIER.			FÉVRIER.		
jeudi	1	*Circoncision.*	*Dim.*	1	s. Ignace.
vendredi	2	s. Basile.	lundi	2	*Purification.*
samedi	3	*s^e. Geneviève.*	mardi	3	s. Blaise.
Dim.	4	s. Rigobert.	mercredi	4	s. Gilbert.
lundi	5	s. Siméon s. *Vig.*	jeudi	5	s^e. Agathe.
mardi	6	*Epiphanie.*	vendredi	6	s. Vaast.
mercredi	7	Noces.	samedi	7	s. Romuald.
jeudi	8	s. Lucien.	*Dim.*	8	s. Jean de M.
vendredi	9	s. Pierre, év.	lundi	9	s^e. Apolline.
samedi	10	s. Paul, serm.	mardi	10	s^e. Scolastique.
Dim.	11	s. Théodore.	mercredi	11	s. Séverin.
lundi	12	s. Arcade, m.	jeudi	12	s^e. Eulalie.
mardi	13	Bap. de J.-C.	vendredi	13	s. Grégoire.
mercredi	14	s. Hilaire.	samedi	14	s. Valentin.
jeudi	15	s. Maur.	*Dim.*	15	*Septuagésime.*
vendredi	16	s. Guillaume.	lundi	16	s^e. Julienne.
samedi	17	s. Antoine.	mardi	17	s. Théodule.
Dim.	18	Ch. s. P. à R.	mercredi	18	s. Siméon.
lundi	19	s. Sulpice.	jeudi	19	s. Gabin.
mardi	20	s. Sébastien.	vendredi	20	s. Eucher.
mercredi	21	s^e. Agnès.	samedi	21	s. Pépin.
jeudi	22	s. Vincent.	*Dim.*	22	*Sexagésime.*
vendredi	23	s. Ildefonse.	lundi	23	s. Mérault.
samedi	24	s. Babylas.	mardi	24	s. Mathias.
Dim.	25	Conv. s. Paul.	mercredi	25	s. Césaire.
lundi	26	s^e. Paule.	jeudi	26	s. Nestor.
mardi	27	s. Julien.	vendredi	27	s. Arille.
mercredi	28	s. Charlemag.	samedi	28	s^e. Honorine.
jeudi	29	s. Franç. de S.			s. Romain.
vendredi	30	s^e. Bathilde.			
samedi	31	s^e. Marcèle.			

N° 29.

MARS.			AVRIL.		
Dim.	1	*Quinquagésime.*	mercredi	1	s. Hugues.
lundi	2	s. Simplice.	jeudi	2	s. Franç. de P.
mardi	3	*Mardi gras.*	vendredi	3	s. Richard.
mercredi	4	*Cendres.*	samedi	4	s. Ambroise.
jeudi	5	s. Adrien.	*Dim.*	5	*La Passion.*
vendredi	6	se. Colette.	lundi	6	se. Prudence.
samedi	7	s. Thomas. d'A.	mardi	7	s. Clotaire.
Dim.	8	*Quadragésime.*	mercredi	8	s. Edèze.
lundi	9	se. Françoise.	jeudi	9	se. Marie, égy.
mardi	10	s. Blanchard.	vendredi	10	s. Fulbert.
mercredi	11	s. Euloge. 4 T.	samedi	11	se. Godeberte.
jeudi	12	s. Paul, év.	*Dim.*	12	*Rameaux.*
vendredi	13	se. Euphrasie.	lundi	13	s. Marcelin.
samedi	14	s. Lubin.	mardi	14	s. Tiburce.
Dim.	15	*Reminiscere.*	mercredi	15	s. Maxime.
lundi	16	s. Cyriaque.	jeudi	16	s. Paterne.
mardi	17	se. Gertrude.	vendredi	17	*Vendredi-Saint.*
mercredi	18	s. Alexandre.	samedi	18	s. Parfait.
jeudi	19	s. Joseph.	*Dim.*	19	PAQUES.
vendredi	20	s. Joachim.	lundi	20	s. Théotime.
samedi	21	s. Benoît.	mardi	21	s. Anselme.
Dim.	22	*Oculi.*	mercredi	22	se. Opportune
lundi	23	s. Victorien.	jeudi	23	s. Georges.
mardi	24	s. Simon, m.	vendredi	24	s. Léger.
mercredi	25	*Annonciation.*	samedi	25	s. Marc.
jeudi	26	s. Ludger.	*Dim.*	26	*Quasimodo.*
vendredi	27	s. Jean, erm.	lundi	27	s. Polycarpe.
samedi	28	se Dorothée.	mardi	28	s. Vital.
Dim.	29	*Lætare.*	mercredi	29	s. Robert.
lundi	30	s. Rieul.	jeudi	30	s. Eutrope.
mardi	31	se. Balbine.			

MAI.			JUIN.		
vendredi	1	s. Jacq., s. Phil.	lundi	1	s. Pamphile.
samedi	2	s. Athanase.	mardi	2	s. Pothin.
Dim.	3	Inv. se Croix.	mercredi	3	se Clotilde.
lundi	4	se. Monique.	jeudi	4	s. Optat.
mardi	5	Conv. s. Aug.	vendredi	5	s. Boniface.
mercredi	6	s. Jean-de-Lat.	samedi	6	s. Claude, év.
jeudi	7	s. Stanislas.	*Dim.*	7	PENTECOTE.
vendredi	8	se. Désirée.	lundi	8	s. Médard.
samedi	9	Trans. s. Nic.	mardi	9	se. Pélagie.
Dim.	10	s. Gordien.	mercredi	10	s. Landri. 4 T.
lundi	11	s. Mamert.	jeudi	11	s. Barnabé.
mardi	12	s. Pancrace.	vendredi	12	se. Olympe.
mercredi	13	s. Servais.	samedi	13	s. Ant. de Pad.
jeudi	14	s. Pacome.	*Dim.*	14	*Trinité.*
vendredi	15	s. Isidore.	lundi	15	s. Modeste.
samedi	16	s. Honoré.	mardi	16	s. Cyr.
Dim.	17	s. Pascal.	mercredi	17	s. Avit.
lundi	18	s. Venance.	jeudi	18	*Fête-Dieu.*
mardi	19	s. Yves.	vendredi	19	s. Gerv. s. Prot.
mercredi	20	s. Bernardin.	samedi	20	s. Sylvère.
jeudi	21	s. Sospis.	*Dim.*	21	s. Leufroi.
vendredi	22	se. Julie.	lundi	22	s. Paulin.
samedi	23	s. Didier.	mardi	23	s. Jacques. *V. J.*
Dim.	24	s. Donatien.	mercredi	24	s. *Jean-Bapt.*
lundi	25	*Rogations.*	jeudi	25	s. Prosper.
mardi	26	s. Quadrat.	vendredi	26	s. Babolein.
mercredi	27	s. Hildevert.	samedi	27	s. Crescent.
jeudi	28	ASCENSION.	*Dim.*	28	s. Loubert. *V. J.*
vendredi	29	s. Maximin.	lundi	29	s. *Pierre*, s. *P.*
samedi	30	s. Félix.	mardi	30	Conv. s. Paul.
Dim.	31	se Pétronille.			

JUILLET.			AOUT.		
mercredi	1	se. Eléonore.	samedi	1	se. Sophie.
jeudi	2	*Visitat. N.-D.*	*Dim.*	2	s. Etienne, p.
vendredi	3	s. Thierry.	lundi	3	se. Lydie.
samedi	4	se. Berthe.	mardi	4	s. Dominique.
Dim.	5	se. Zoé.	mercredi	5	s. Yon.
lundi	6	s. Tranquille.	jeudi	6	Tr. de J.-C.
mardi	7	se. Aubierge.	vendredi	7	s. Gaétan.
mercredi	8	s. Procope.	samedi	8	s. Justin.
jeudi	9	s. Cyrille.	*Dim.*	9	s. Amour. *Vig.*
vendredi	10	se. Félicité.	lundi	10	s. Laurent.
samedi	11	Tr. s. Benoît.	mardi	11	se. Suzanne.
Dim.	12	s. Gualbert.	mercredi	12	se. Claire.
lundi	13	s. Eugène.	jeudi	13	s. Hippolyte.
mardi	14	s. Bonaventure.	vendredi	14	s. Guer. *Vig.*
mercredi	15	s. Henry.	samedi	15	ASSOMPTION.
jeudi	16	s. Eustate.	*Dim.*	16	s. Roch.
vendredi	17	s. Alexis.	lundi	17	s. Mammès.
samedi	18	s. Clair, év.	mardi	18	se. Helène.
Dim.	19	s. Vinc. de P.	mercredi	19	s. Louis, év.
lundi	20	se. Marguerite.	jeudi	20	s. Bernard.
mardi	21	s. Victor.	vendredi	21	s. Privat.
mercredi	22	se. Madeleine.	samedi	22	s. Symphorien.
jeudi	23	s. Apollinaire.	*Dim.*	23	s. Sidoine.
vendredi	24	se. Christine.	lundi	24	s. Barthélemy.
samedi	25	s. Jacq. le maj.	mardi	25	s. *Louis.*
Dim.	26	Tr. s. Marcel.	mercredi	26	s. Zéphirin.
lundi	27	s. Pantaléon.	jeudi	27	s. Césaire.
mardi	28	se. Anne.	vendredi	28	s. Augustin.
mercredi	29	se. Marthe.	samedi	29	s. Médéric.
jeudi	30	s. Abdon.	*Dim.*	30	s. Fiacre.
vendredi	31	s. Germ. l'Aux.	lundi	31	s. Ovide.

SEPTEMBRE.			OCTOBRE.		
mardi	1	s. Leu et s. Gil.	jeudi	1	s. Remi.
mercredi	2	s. Lazare.	vendredi	2	Sts Anges gard.
jeudi	3	s. Grégoire.	samedi	3	s. Cyprien.
vendredi	4	se. Rosalie.	*Dim.*	4	s. Franç. d'A.
samedi	5	s. Bertin, ab.	lundi	5	s. Constant.
Dim.	6	s. Eleuthère.	mardi	6	s. Bruno.
lundi	7	s. Cloud.	mercredi	7	s. Serge.
mardi	8	NAT. DE N.-D.	jeudi	8	s. Thais.
mercredi	9	s. Omer.	vendredi	9	s. *Denis*.
jeudi	10	se. Pulchérie.	samedi	10	s. Paulin.
vendredi	11	s. Hyacinthe.	*Dim.*	11	s. Gomer.
samedi	12	s. Raphaël.	lundi	12	se Vilfride.
Dim.	13	s. Maurille.	mardi	13	s. Gérant.
lundi	14	Ex. se Croix. V.	mercredi	14	s. Caliste.
mardi	15	s. Nicomède.	jeudi	15	se Thérèse.
mercredi	16	s. Corneille. 4 T.	vendredi	16	s. Gal.
jeudi	17	s. Lambert.	samedi	17	s. Cerbonet.
vendredi	18	s. Jean Chrys.	*Dim.*	18	s. Luc, évang.
samedi	19	s. Janvier.	lundi	19	s. Savinien.
Dim.	20	s. Eustache. *Vi.*	mardi	20	s. Caprais.
lundi	21	s. Mathieu.	mercredi	21	se. Ursule.
mardi	22	s. Maurice.	jeudi	22	s. Mellon.
mercredi	23	se. Thècle.	vendredi	23	s. Hilarion.
jeudi	24	s. Andoche.	samedi	24	s. Magloire.
vendredi	25	s. Firmin.	*Dim.*	25	s. Crép., s. Cré.
samedi	26	se. Justine.	lundi	26	s. Rustique.
Dim.	27	s. Côme, s. Dam.	mardi	27	s. Frument. *Vi.*
lundi	28	s. Venceslas.	mercredi	28	s. Simon, s. Jud.
mardi	29	s. Michel.	jeudi	29	s. Faron.
mercredi	30	s. Jérôme.	vendredi	30	s. Lucain.
			samedi	31	s. Quent. *V. J.*

N° 29.

NOVEMBRE.			DÉCEMBRE.		
Dim.	1	TOUSSAINT.	mardi	1	s. Eloi.
lundi	2	*Trépassés.*	mercredi	2	s. Franç. Xav.
mardi	3	s. Marcel.	jeudi	3	s. Eloque.
mercredi	4	s. Charles.	vendredi	4	se Barbe. *Jeû.*
jeudi	5	s. Zacharie.	samedi	5	s. Sabas. *Jeû.*
vendredi	6	s. Léonard.	*Dim.*	6	s. Nicolas.
samedi	7	s. Florent.	lundi	7	se Fare.
Dim.	8	Stes Reliques.	mardi	8	*Concep. N.-D.*
lundi	9	s. Mathurin.	mercredi	9	se Gorgonie.
mardi	10	s. Juste.	jeudi	10	se Valère.
mercredi	11	s. Martin.	vendredi	11	s. Daniel. *Jeû.*
jeudi	12	s. René.	samedi	12	s. Valéri. *Jeû.*
vendredi	13	s. Brice.	*Dim.*	13	se. Luce.
samedi	14	s. Bertrand.	lundi	14	s. Nicaise.
Dim.	15	s. Malo.	mardi	15	s. Mémin.
lundi	16	s. Edme.	mercredi	16	se Adélaïde. 4T.
mardi	17	s. Agnan.	jeudi	17	se Olympie.
mercredi	18	se. Odes.	vendredi	18	s. Gatien.
jeudi	19	se. Elizabeth.	samedi	19	s. Thimothé.
vendredi	20	s. Edmond.	*Dim.*	20	s. Philogone.
samedi	21	Présent. N.-D.	lundi	21	s. Thomas.
Dim.	22	se. Cécile.	mardi	22	s. Honorat.
lundi	23	s. Clément.	mercredi	23	se. Victoire.
mardi	24	s. Séverin.	jeudi	24	se. Delph. *V. J.*
mercredi	25	se. Catherine.	vendredi	25	NOEL.
jeudi	26	se. Genev. ard.	samedi	26	*s. Etienne.*
vendredi	27	s. Siméon mét.	*Dim.*	27	*s. Jean, évang*
samedi	28	s. Sosthène.	lundi	28	Sts. Innocents.
Dim.	29	*Avent.*	mardi	29	s. Trophime.
lundi	30	s. André.	mercredi	30	s. Sabin.
			jeudi	31	s. Silvestre, p.

JANVIER.			FÉVRIER.		
mercredi	1	*Circoncision.*	samedi	1	s. Ignace.
jeudi	2	s. Basile.	*Dim.*	2	*Purification.*
vendredi	3	s^e. *Geneviève.*	lundi	3	s. Blaise.
samedi	4	s. Rigobert.	mardi	4	s. Gilbert.
Dim.	5	s. Siméon. V. J	mercredi	5	se. Agathe.
lundi	6	*Epiphanie.*	jeudi	6	s. Vaast.
mardi	7	Noces.	vendredi	7	s. Romuald.
mercredi	8	s. Lucien.	samedi	8	s. Jean de M.
jeudi	9	s. Pierre, év.	*Dim.*	9	se Apolline.
vendredi	10	s. Paul, erm.	lundi	10	se. Scolastique.
samedi	11	s. Théodore.	mardi	11	s. Séverin.
Dim.	12	s. Arcade, m.	mercredi	12	se. Eulalie.
lundi	13	Bapt. de J.-C.	jeudi	13	s. Grégoire.
mardi	14	s. Hilaire.	vendredi	14	s. Valentin.
mercredi	15	s. Maur.	samedi	15	s. Faustin.
jeudi	16	s. Guillaume.	*Dim.*	16	*Septuagésime.*
vendredi	17	s. Antoine.	lundi	17	s. Théodule.
samedi	18	Ch. s. P. à R.	mardi	18	s. Siméon.
Dim.	19	s. Sulpice.	mercredi	19	s. Gabin.
lundi	20	s. Sébastien.	jeudi	20	s. Eucher.
mardi	21	se. Agnès.	vendredi	21	s. Pepin.
mercredi	22	s. Vincent.	samedi	22	se. Isabelle.
jeudi	23	s. Ildefonse.	*Dim.*	23	*Sexagésime.*
vendredi	24	s. Babylas.	lundi	24	s. Mathias.
samedi	25	Conv.-s.-Paul.	mardi	25	s. Césaire.
Dim.	26	se. Paule.	mercredi	26	s. Nestor.
lundi	27	s. Julien.	jeudi	27	s. Arille.
mardi	28	s. Charlemagne	vendredi	28	se. Honorine.
mercredi	29	s. Franç., de S.			s. Romain.
jeudi	30	se. Bathilde.			
vendredi	31	se. Marcèle.			

N° 30.

MARS.			AVRIL.		
samedi	1	s. Aubin.	mardi	1	s. Hugues.
Dim.	2	*Quinquagésime.*	mercredi	2	s. Franç. de P.
lundi	3	s^{e}. Cunégonde.	jeudi	3	s. Richard.
mardi	4	*Mardi gras.*	vendredi	4	s. Ambroise.
mercredi	5	*Cendres.*	samedi	5	s. Albert.
jeudi	6	s^{e}. Colette.	*Dim.*	6	*La Passion.*
vendredi	7	s. Thomas d'A.	lundi	7	s. Clotaire.
samedi	8	s. Jean de D.	mardi	8	s. Edèze.
Dim.	9	*Quadragésime.*	mercredi	9	s^{e}. Marie, Egy.
lundi	10	s. Blanchard.	jeudi	10	s. Fulbert.
mardi	11	s. Euloge.	vendredi	11	s^{e} Godeberte.
mercredi	12	s. Paul, év. 4 T.	samedi	12	s. Jules.
jeudi	13	s^{e}. Euphrasie.	*Dim.*	13	*Rameaux.*
vendredi	14	s. Lubin.	lundi	14	s. Tiburce.
samedi	15	s. Zacharie.	mardi	15	s. Maxime.
Dim.	16	*Reminiscere.*	mercredi	16	s. Paterne.
lundi	17	s^{e} Gertrude.	jeudi	17	s. Anicet.
mardi	18	s. Alexandre.	vendredi	18	*Vendredi-Saint.*
mercredi	19	s. Joseph.	samedi	19	s. Léon.
jeudi	20	s. Joachim.	*Dim.*	20	PAQUES.
vendredi	21	s. Benoît.	lundi	21	s. Anselme.
samedi	22	s. Emile.	mardi	22	s^{e}. Opportune.
Dim.	23	*Oculi.*	mercredi	23	s. Georges.
lundi	24	s. Simon, m.	jeudi	24	s. Léger.
mardi	25	*Annonciation.*	vendredi	25	s. Marc.
mercredi	26	s. Ludger.	samedi	26	s. Clet.
jeudi	27	s Jean, erm.	*Dim.*	27	*Quasimodo.*
vendredi	28	s^{e}. Dorothée.	lundi	28	s. Vital.
samedi	29	s. Gontraud.	mardi	29	s. Robert.
Dim.	30	*Lætare.*	mercredi	30	s. Eutrope.
lundi	31	s^{e}. Balbine.			

MAI.			JUIN.		
jeudi	1	s. Jacq. s. Phil.	*Dim.*	1	s. Pamphile.
vendredi	2	s. Athanase.	lundi	2	s. Pothin.
samedi	3	Inv. s^e^. Croix.	mardi	3	s^e^ Clotilde.
Dim.	4	s^e^. Monique.	mercredi	4	s. Optat.
lundi	5	Conv. s. Aug.	jeudi	5	s. Boniface.
mardi	6	s. Jean-p.-Lat	vendredi	6	s. Claude, év.
mercredi	7	s. Stanislas.	samedi	7	s. Lié. *V.J.*
jeudi	8	s^e^ Desirée.	*Dim.*	8	PENTECOTE.
vendredi	9	Trans. s. Nic.	lundi	9	s^e^. Pélagie.
samedi	10	s. Gordien.	mardi	10	s. Landri.
Dim.	11	s. Mamert.	mercredi	11	s. Barnabé. 4 T.
lundi	12	s. Pancrace.	jeudi	12	s^e^ Olympe.
mardi	13	s. Servais.	vendredi	13	s. Ant. de Pad.
mercredi	14	s. Pacome.	samedi	14	s. Ruffin.
jeudi	15	s. Isidore.	*Dim.*	15	*Trinité.*
vendredi	16	s. Honoré.	lundi	16	s. Cyr.
samedi	17	s. Pascal.	mardi	17	s. Avit.
Dim.	18	s. Venance.	mercredi	18	s. Maxime.
lundi	19	s. Yves.	jeudi	19	*Fête-Dieu.*
mardi	20	s. Bernardin.	vendredi	20	s. Sylvère.
mercredi	21	s. Sospis.	samedi	21	s. Leufroi.
jeudi	22	s^e^ Julie.	*Dim.*	22	s. Paulin.
vendredi	23	s. Didier.	lundi	23	s. Jacques *V. J.*
samedi	24	s. Donatien.	mardi	24	s. *Jean-Bapt.*
Dim.	25	s. Urbain.	mercredi	25	s. Prosper.
lundi	26	*Rogations.*	jeudi	26	s. Babolein
mardi	27	s. Hildevert.	vendredi	27	s. Crescent.
mercredi	28	s. Germain.	samedi	28	s. Loubert, *V. J.*
jeudi	29	ASCENSION.	*Dim.*	29	*s. Pierre s. P.*
vendredi	30	s. Félix.	lundi	30	Com. s. Paul.
samedi	31	s^e^ Pétronille.			

N° 30.

JUILLET.			AOUT.		
mardi	1	se Eléonore.	vendredi	1	se. Sophie.
mercredi	2	*Visit. N. D.*	samedi	2	s. Etienne P.
jeudi	3	s. Thierry.	*Dim.*	3	se. Lydie.
vendredi	4	se Berthe.	lundi	4	s. Dominique.
samedi	5	se Zoé.	mardi	5	s. Yon.
Dim.	6	s. Tranquille.	mercredi	6	Tr. de J.-C.
lundi	7	se. Aubierge.	jeudi	7	s. Gaétan.
mardi	8	s. Procope.	vendredi	8	s. Justin.
mercredi	9	s. Cyrille.	samedi	9	s. Amour.
jeudi	10	se. Félicité.	*Dim.*	10	s. Laurent.
vendredi	11	s. Tr. s. Benoît.	lundi	11	se. Suzanne.
samedi	12	s. Gualbert.	mardi	12	se. Claire.
Dim.	13	s. Eugène.	mercredi	13	s. Hippolyte.
lundi	14	s. Bonaventure.	jeudi	14	s. Guer., vig.
mardi	15	s. Henri.	vendredi	15	ASSOMPTION.
mercredi	16	s. Eustate.	samedi	16	s. Roch.
jeudi	17	s. Alexis.	*Dim.*	17	s. Mammès.
vendredi	18	s. Clair, év.	lundi	18	se. Hélène.
samedi	19	s. Vinc. de P.	mardi	19	s. Louis, év.
Dim.	20	se. Marguerite.	mercredi	20	s. Bernard.
lundi	21	s. Victor.	jeudi	21	s. Privat.
mardi	22	se. Madeleine.	vendredi	22	s. Symphorien.
mercredi	23	s. Apollinaire.	samedi	23	s. Sidoine.
jeudi	24	se. Christine.	*Dim.*	24	s. Barthélemi.
vendredi	25	s. Jacq. le Maj.	lundi	25	*s. Louis.*
samedi	26	Tr. s. Marcel.	mardi	26	s. Zéphirin.
Dim.	27	s. Pantaléon.	mercredi	27	s. Césaire.
lundi	28	se. Anne.	jeudi	28	s. Augustin.
mardi	29	se Marthe.	vendredi	29	s. Médéric.
mercredi	30	s. Abdon.	samedi	30	s. Fiacre.
jeudi	31	s. Germ. l'Aux.	*Dim.*	31	s. Ovide.

SEPTEMBRE.			OCTOBRE.		
lundi	1	s. Leu, s. Giles.	mercredi	1	s. Remi.
mardi	2	s. Lazare.	jeudi	2	sts. Anges Gar.
mercredi	3	s. Grégoire.	vendredi	3	s. Cyprien.
jeudi	4	se. Rosalie.	samedi	4	s. Franç. d'A.
vendredi	5	s. Bertin, ab.	*Dim.*	5	s. Constant.
samedi	6	s. Eleuthère.	lundi	6	s. Bruno.
Dim.	7	s. Cloud.	mardi	7	s. Serge.
lundi	8	*Nativité N. D.*	mercredi	8	s. Thais.
mardi	9	s. Omer.	jeudi	9	s. *Denis.*
mercredi	10	se Pulchérie.	vendredi	10	s. Paulin.
jeudi	11	s. Hyacinthe.	samedi	11	s. Gomer.
vendredi	12	s. Raphaël.	*Dim.*	12	se. Vilfride.
samedi	13	s. Maurille.	lundi	13	s. Gérant.
Dim.	14	Exal. s. Croix.	mardi	14	s. Caliste.
lundi	15	s. Nicomède.	mercredi	15	se. Thérèse.
mardi	16	s. Corneille.	jeudi	16	s. Gal.
mercredi	17	s. Lamb., 4 T.	vendredi	17	s. Cerbonet.
jeudi	18	s. Jean Chrys.	samedi	18	s. Luc., évan.
vendredi	19	s. Janvier.	*Dim.*	19	s. Savinien.
samedi	20	s. Eustache.	lundi	20	s. Caprais.
Dim.	21	s. Mathieu.	mardi	21	se. Ursule.
lundi	22	s. Maurice.	mercredi	22	s. Mellon.
mardi	23	se. Thècle.	jeudi	23	s. Hilarion.
mercredi	24	s. Andoche.	vendredi	24	s. Magloire.
jeudi	25	s. Firmin.	samedi	25	s. Crép. s. Cré.
vendredi	26	se. Justine.	*Dim.*	26	s. Rustique.
samedi	27	s. Côme, s. Da.	lundi	27	s. Frument.
Dim.	28	s. Venceslas.	mardi	28	s. Simon, s. J.
lundi	29	s. Michel.	mercredi	29	s. Faron.
mardi	30	s. Jérome.	jeudi	30	s. Lucain.
			vendredi	31	s. Quentin, *V. J.*

N° 30.

NOVEMBRE.

samedi	1	TOUSSAINT.
Dim.	2	*Trépassés.*
lundi	3	s. Marcel.
mardi	4	s. Charles.
mercredi	5	s. Zacharie.
jeudi	6	s. Léonard.
vendredi	7	s. Florent.
samedi	8	ses. Reliques.
Dim.	9	s. Mathurin.
lundi	10	s. Juste.
mardi	11	s. Martin.
mercredi	12	s. René.
jeudi	13	s. Brice.
vendredi	14	s. Bertrand.
samedi	15	s. Malo.
Dim.	16	s. Edme.
lundi	17	s. Agnan.
mardi	18	se. Odes.
mercredi	19	se. Elizabeth.
jeudi	20	s. Edmond.
vendredi	21	Prés. N. D.
samedi	22	se Cécile.
Dim.	23	s. Clément.
lundi	24	s. Séverin.
mardi	25	se. Catherine.
mercredi	26	se. Genev., ard.
jeudi	27	s. Siméon, mel.
vendredi	28	s. Sosthène.
samedi	29	s. Saturnin.
Dim.	30	*Avent.*

DÉCEMBRE.

lundi	1	s. Eloi.
mardi	2	s. Franç. Xav.
mercredi	3	s. Eloque.
jeudi	4	se. Barbe.
vendredi	5	s. Sabas.
samedi	6	s. Nicolas.
Dim.	7	se. Fare.
lundi	8	*Concept. N. D*
mardi	9	se. Gorgonie.
mercredi	10	se. Valère.
jeudi	11	s. Daniel.
vendredi	12	s. Valeri.
samedi	13	se. Luce.
Dim.	14	s. Nicaise.
lundi	15	s. Mémin.
mardi	16	se. Adélaide.
mercredi	17	se. Olympie.4T
jeudi	18	s. Gatien.
vendredi	19	s. Thimothé.
samedi	20	s. Philogone.
Dim.	21	s. Thomas.
lundi	22	s. Honorat.
mardi	23	se. Victoire.
mercredi	24	se. Delphine *V.J*
jeudi	25	NOEL.
vendredi	26	*s. Etienne.*
samedi	27	*s. Jean, évang*
Dim.	28	Sts. Innocents.
lundi	29	s. Trophime.
mardi	30	s. Sabin.
mercredi	31	s. Silvestre, p

JANVIER.			FÉVRIER.		
mardi	1	*Circoncision.*	vendredi	1	s. Ignace.
mercredi	2	s. Basile.	samedi	2	*Purification.*
jeudi	3	s^e. *Geneviève.*	*Dim.*	3	s. Blaise.
vendredi	4	s. Rigobert.	lundi	4	s. Gilbert.
samedi	5	s. Sim. st. *Vig*	mardi	5	s^e. Agathe.
Dim.	6	*Epiphanie.*	mercredi	6	s. Vaast.
lundi	7	Noces.	jeudi	7	s. Romuald.
mardi	8	s. Lucien.	vendredi	8	s. Jean de M.
mercredi	9	s. Pierre, év.	samedi	9	s^e. Apolline.
jeudi	10	s. Paul, erm.	*Dim.*	10	s^e Scolastique.
vendredi	11	s. Théodore.	lundi	11	s. Séverin.
samedi	12	s. Arcade, m.	mardi	12	s^e Eulalie.
Dim.	13	Bap. de J.-C.	mercredi	13	s. Grégoire.
lundi	14	s. Hilaire.	jeudi	14	s. Valentin.
mardi	15	s. Maur.	vendredi	15	s. Faustin.
mercredi	16	s. Guillaume.	samedi	16	s^e. Julienne.
jeudi	17	s. Antoine.	*Dim.*	17	*Septuagésime.*
vendredi	18	Ch. s. P. à R.	lundi	18	s. Siméon.
samedi	19	s. Sulpice.	mardi	19	s. Gabin.
Dim.	20	s. Sébastien.	mercredi	20	s. Eucher.
lundi	21	s^e. Agnès.	jeudi	21	s. Pépin.
mardi	22	s. Vincent.	vendredi	22	s^e. Isabelle.
mercredi	23	s. Ildefonse.	samedi	23	s. Mérault.
jeudi	24	s. Babylas.	*Dim.*	24	*Sexagesime.*
vendredi	25	Conv. s. Paul.	lundi	25	s. Césaire.
samedi	26	s^e. Paule.	mardi	26	s. Nestor.
Dim.	27	s. Julien.	mercredi	27	s. Arille.
lundi	28	s. Charlemagne	jeudi	28	s^e Honorine.
mardi	29	s. Franç. de S.			s. Romain.
mercredi	30	s^e. Bathilde.			
jeudi	31	s^e. Marcèle.			

MARS.			AVRIL.		
vendredi	1	s. Aubin.	lundi	1	s. Hugues.
samedi	2	s. Simplice.	mardi	2	s. Franç. de P.
Dim.	3	*Quinquagésime*	mercredi	3	s. Richard.
lundi	4	s. Casimir.	jeudi	4	s. Ambroise.
mardi	5	*Mardi gras.*	vendredi	5	s. Albert.
mercredi	6	*Cendres.*	samedi	6	se Prudente.
jeudi	7	s. Thomas d'A.	*Dim.*	7	*La Passion.*
vendredi	8	s. Jean de D.	lundi	8	s. Edèse.
samedi	9	se. Françoise.	mardi	9	se. Marie, égy.
Dim.	10	*Quadragésime.*	mercredi	10	s. Fulbert.
lundi	11	s. Euloge.	jeudi	11	se. Godeberte.
mardi	12	s. Paul, év.	vendredi	12	s. Jules.
mercredi	13	se Euphrasie 4T	samedi	13	s. Marcelin.
jeudi	14	s. Lubin.	*Dim.*	14	*Rameaux.*
vendredi	15	s. Zacharie.	lundi	15	s. Maxime.
samedi	16	s. Cyriaque.	mardi	16	s. Paterne.
Dim.	17	*Reminiscere.*	mercredi	17	s. Anicet.
lundi	18	s. Alexandre.	jeudi	18	s. Parfait.
mardi	19	s. Joseph.	vendredi	19	*Vendredi-Saint.*
mercredi	20	s. Joachim.	samedi	20	s. Théotime.
jeudi	21	s. Benoît.	*Dim.*	21	PAQUES.
vendredi	22	s. Emile.	lundi	22	se. Opportune.
samedi	23	s. Victorien.	mardi	23	s. Georges.
Dim.	24	*Oculi.*	mercredi	24	s. Léger.
lundi	25	*Annonciation.*	jeudi	25	s. Marc.
mardi	26	s. Ludger.	vendredi	26	s. Clet.
mercredi	27	s. Jean, erm.	samedi	27	s. Polycarpe.
jeudi	28	se. Dorothée.	*Dim.*	28	*Quasimodo.*
vendredi	29	s. Gontrand.	lundi	29	s. Robert.
samedi	30	s. Rieul.	mardi	30	s. Eutrope.
Dim.	31	*Lætare.*			

MAI.			JUIN.		
mercredi	1	s. Jacq. s. Phil.	samedi	1	s. Pamphile.
jeudi	2	s. Athanase.	*Dim.*	2	s. Athanase.
vendredi	3	Inv. s^{e}. Croix.	lundi	3	s^{e}. Clotilde.
samedi	4	s^{e}. Monique.	mardi	4	s. Optat.
Dim.	5	Conv. s. Aug.	mercredi	5	s. Boniface.
lundi	6	s. Jean-p.-Lat.	jeudi	6	s. Claude, év.
mardi	7	s. Stanislas.	vendredi	7	s. Lié.
mercredi	8	s^{e}. Désirée.	samedi	8	s. Médard. *V.J.*
jeudi	9	Trans. s. Nic.	*Dim.*	9	PENTECOTE.
vendredi	10	s. Gordien.	lundi	10	s. Landri.
samedi	11	s. Mamert.	mardi	11	s. Barnabé.
Dim.	12	s. Pancrace.	mercredi	12	s^{e} Olympe. 4T.
lundi	13	s. Isidore.	jeudi	13	s. Ant. de P.
mardi	14	s. Pacôme.	vendredi	14	s. Ruffin.
mercredi	15	s. Isidore.	samedi	15	s. Modeste.
jeudi	16	s. Honoré.	*Dim.*	16	*Trinité.*
vendredi	17	s. Pascal.	lundi	17	s. Avit.
samedi	18	s. Venance.	mardi	18	s^{e} Marine.
Dim.	19	s. Yves.	mercredi	19	s. Gerv. s. Prot.
lundi	20	s. Bernardin.	jeudi	20	*Fête-Dieu.*
mardi	21	s. Sospis.	vendredi	21	s. Leufroi.
mercredi	22	s^{e}. Julie.	samedi	22	s. Paulin.
jeudi	23	s. Didier.	*Dim.*	23	s. Jacques. *V. J.*
vendredi	24	s. Donatien.	lundi	24	*s. Jean-Bapt.*
samedi	25	s. Urbain.	mardi	25	s. Prosper.
Dim.	26	s. Quadrat.	mercredi	26	s. Babolein.
lundi	27	*Rogations.*	jeudi	27	s. Crescent.
mardi	28	s. Germain.	vendredi	28	s. Loubert. *V.J.*
mercredi	29	s. Maximin.	samedi	29	*s. Pier. s. Paul.*
jeudi	30	ASCENSION.	*Dim.*	30	Com. s. Paul.
vendredi	31	s^{e}. Pétronille.			

N° 31.

JUILLET.		
lundi	1	s^{e}. Eléonore.
mardi	2	*Visitat. N. D.*
mercredi	3	s. Thierry.
jeudi	4	s^{e}. Berthe.
vendredi	5	s^{e}. Zoé.
samedi	6	s. Tranquille.
Dim.	7	s^{e}. Aubierge.
lundi	8	s. Procope.
mardi	9	s. Cyrille.
mercredi	10	s^{e} Félicité.
jeudi	11	Tr. s. Benoît.
vendredi	12	s. Gualbert.
samedi	13	s. Eugène.
Dim.	14	s. Bonaventure.
lundi	15	s. Henry.
mardi	16	s. Eustate.
mercredi	17	s. Alexis.
jeudi	18	s. Clair, év.
vendredi	19	s. Vincent de P.
samedi	20	s^{e}. Marguerite.
Dim.	21	s. Victor.
lundi	22	s^{e}. Madeleine.
mardi	23	s. Apollinaire.
mercredi	24	s^{e}. Christine.
jeudi	25	s. Jacq. le maj
vendredi	26	Tr. s. Marcel.
samedi	27	s. Pantaléon.
Dim.	28	s^{e}. Anne.
lundi	29	s^{e}. Marthe.
mardi	30	s. Abdon.
mercredi	31	s. Germ. l'Aux.

AOUT.		
jeudi	1	s^{e}. Sophie.
vendredi	2	s. Etienne, p.
samedi	3	s^{e}. Lydie.
Dim.	4	s. Dominique.
lundi	5	s. Yon.
mardi	6	Trans. de J.-C.
mercredi	7	s. Gaétan.
jeudi	8	s. Justin.
vendredi	9	s. Amour.
samedi	10	s. Laurent.
Dim.	11	s^{e}. Suzanne.
lundi	12	s^{e}. Claire.
mardi	13	s. Hippolyte.
mercredi	14	s. Guer. *Vig.*
jeudi	15	ASSOMPTION.
vendredi	16	s. Roch.
samedi	17	s. Mammès.
Dim.	18	s. Hélène.
lundi	19	s. Louis, év.
mardi	20	s. Bernard.
mercredi	21	s. Privat.
jeudi	22	s. Symphorien.
vendredi	23	s. Sidoine.
samedi	24	s. Barthélemy.
Dim.	25	*s. Louis.*
lundi	26	s. Zéphirin.
mardi	27	s. Césaire.
mercredi	28	s. Augustin.
jeudi	29	s. Médéric.
vendredi	30	s. Fiacre.
samedi	31	s. Ovide.

N° 31.

SEPTEMBRE.			OCTOBRE.		
Dim.	1	s. Leu, s. Giles.	mardi	1	s. Remy.
lundi	2	s. Lazare.	mercredi	2	Sts. Ang. Gard.
mardi	3	s. Grégoire.	jeudi	3	s. Cyprien.
mercredi	4	se. Rosalie.	vendredi	4	s. Franç. d'A.
jeudi	5	s. Bertin, ab.	samedi	5	s. Constant.
vendredi	6	s. Eleuthère.	*Dim.*	6	s. Bruno.
samedi	7	s. Cloud.	lundi	7	s. Serge.
Dim.	8	*Nativité N.-D.*	mardi	8	s. Thais.
lundi	9	s. Omer.	mercredi	9	*s. Denis.*
mardi	10	se. Pulchérie.	jeudi	10	s. Paulin.
mercredi	11	s. Hyacinthe.	vendredi	11	s. Gomer.
jeudi	12	s. Raphael.	samedi	12	s. Vilfride.
vendredi	13	s. Maurille.	*Dim.*	13	s. Gérant.
samedi	14	Exalt. se Croix.	lundi	14	s. Caliste.
Dim.	15	s. Nicomède.	mardi	15	se. Thérèse.
lundi	16	s. Corneille.	mercredi	16	s. Gal.
mardi	17	s Lambert.	jeudi	17	s. Cerbonet.
mercredi	18	s. Jean Chr. 4 T.	vendredi	18	s. Luc, évang.
jeudi	19	s. Janvier.	samedi	19	s. Savinien.
vendredi	20	s. Eustache.	*Dim.*	20	s. Caprais.
samedi	21	s. Mathieu.	lundi	21	se. Ursule.
Dim.	22	s. Maurice.	mardi	22	s. Mellon.
lundi	23	se Thècle.	mercredi	23	s. Hilarion.
mardi	24	s. Andoche.	jeudi	24	s. Magloire.
mercredi	25	s. Firmin.	vendredi	25	s. Crép. s. Cré.
jeudi	26	se Justine.	samedi	26	s. Rustique.
vendredi	27	s. Côme, s. D.	*Dim.*	27	s. Frument. Vi.
samedi	28	s. Venceslas.	lundi	28	s. Sim. s. Jude
Dim.	29	s. Michel.	mardi	29	s. Faron.
lundi	30	s. Jérôme.	mercredi	30	s. Lucain.
			jeudi	31	s. Quentin. *V.J.*

N° 31.

NOVEMBRE.

vendredi	1	TOUSSAINT.
samedi	2	*Trépassés.*
Dim.	3	s. Marcel.
lundi	4	s. Charles.
mardi	5	s. Zacharie.
mercredi	6	s. Léonard.
jeudi	7	s. Florent.
vendredi	8	Stes. Reliques.
samedi	9	s. Mathurin.
Dim.	10	s. Juste.
lundi	11	s. Martin.
mardi	12	s. René.
mercredi	13	s. Brice.
jeudi	14	s. Bertrand.
vendredi	15	s. Malo.
samedi	16	s. Edme.
Dim.	17	s. Agnan.
lundi	18	se. Odes.
mardi	19	se. Elizabeth.
mercredi	20	s. Edmond.
jeudi	21	Présent. N.-D
vendredi	22	se. Cécile.
samedi	23	s. Clément.
Dim.	24	s. Séverin, soli.
lundi	25	se. Catherine.
mardi	26	se. Geneviève.
mercredi	27	s. Siméon, met
jeudi	28	s. Sosthène.
vendredi	29	s. Saturnin.
samedi	30	s. André.

DÉCEMBRE.

Dim.	1	*Avent.*
lundi	2	s. Franç. Xav.
mardi	3	s. Eloque.
mercredi	4	se. Barbe.
jeudi	5	s. Sabas.
vendredi	6	s. Nicolas.
samedi	7	se Fare.
Dim.	8	*Concept. N.-D.*
lundi	9	se. Gorgonie.
mardi	10	se. Valère.
mercredi	11	s. Daniel.
jeudi	12	s. Valeri.
vendredi	13	se. Luce.
samedi	14	s. Nicaise.
Dim.	15	s. Mémin.
lundi	16	se. Adélaide.
mardi	17	se. Olympie.
mercredi	18	s. Gatien. 4 T.
jeudi	19	s. Thimothée.
vendredi	20	s. Philogone.
samedi	21	s. Thomas.
Dim.	22	s. Honorat.
lundi	23	se. Victoire.
mardi	24	se.Delphine. *V.J*
mercredi	25	NOEL.
jeudi	26	*s. Etienne.*
vendredi	27	*s. Jean, évang.*
samedi	28	Sts. Innocents.
Dim.	29	s. Trophime.
lundi	30	s. Sabin.
mardi	31	s. Silvestre, p

JANVIER.			FÉVRIER.		
lundi	1	*Circoncision.*	jeudi	1	s. Ignace.
mardi	2	s. Basile.	vendredi	2	*Purification.*
mercredi	3	*se. Geneviève.*	samedi	3	s. Blaise.
jeudi	4	s Rigobert.	*Dim.*	4	s. Gilbert.
vendredi	5	s. Sim., *s. Vig.*	lundi	5	se. Agathe.
samedi	6	*Epiphanie.*	mardi	6	s. Vaast.
Dim.	7	Noces.	mercredi	7	s. Romuald.
lundi	8	s. Lucien.	jeudi	8	s. Jean de M.
mardi	9	s. Pierre, év.	vendredi	9	se. Apolline.
mercredi	10	s. Paul, erm.	samedi	10	se Scolastique.
jeudi	11	s. Théodore.	*Dim.*	11	s. Séverin.
vendredi	12	s. Arcade, m.	lundi	12	se. Eulalie.
samedi	13	Bapt. de J.-C.	mardi	13	s. Grégoire.
Dim.	14	s. Hilaire.	mercredi	14	s. Valentin.
lundi	15	s. Maur.	jeudi	15	s. Faustin.
mardi	16	s. Guillaume.	vendredi	16	se. Julienne.
mercredi	17	s. Antoine.	samedi	17	s. Théodule.
jeudi	18	Ch. s. Pier. à R.	*Dim.*	18	*Septuagésime.*
vendredi	19	s. Sulpice.	lundi	19	s. Gabin.
samedi	20	s. Sebastien.	mardi	20	s. Eucher.
Dim.	21	se. Agnès.	mercredi	21	s. Pépin.
lundi	22	s. Vincent.	jeudi	22	se Isabelle.
mardi	23	s. Ildefonse.	vendredi	23	s. Mérault.
mercredi	24	s. Babylas.	samedi	24	s. Mathias.
jeudi	25	Conv. s. Paul.	*Dim.*	25	*Sexagésime.*
vendredi	26	se. Paule.	lundi	26	s. Nestor.
samedi	27	s. Julien.	mardi	27	s. Arille.
Dim.	28	s. Charlemagne.	mercredi	28	se Honorine.
lundi	29	s. Franç. de S.			s. Romain.
mardi	30	se. Bathilde.			
mercredi	31	se. Marcèle.			

N° 32.

MARS.

jeudi	1	s. Aubin.
vendredi	2	s. Simplice.
samedi	3	se. Cunégonde.
Dim.	4	*Quinquagésime.*
lundi	5	s. Adrien.
mardi	6	*Mardi gras.*
mercredi	7	*Cendres.*
jeudi	8	s. Jean de D.
vendredi	9	se. Françoise.
samedi	10	s. Blanchard.
Dim.	11	*Quadragésime.*
lundi	12	s. Paul, év.
mardi	13	se. Euphrasie.
mercredi	14	s. Lubin. 4 T.
jeudi	15	s. Zacharie.
vendredi	16	s. Cyriaque.
samedi	17	se. Gertrude.
Dim.	18	*Reminiscere.*
lundi	19	s. Joseph.
mardi	20	s. Joachim.
mercredi	21	s. Benoît.
jeudi	22	s. Emile.
vendredi	23	s. Victorien.
samedi	24	s. Simon, m.
Dim.	25	*Annonciation.*
lundi	26	s. Ludger.
mardi	27	s. Jean, erm.
mercredi	28	se. Dorothée.
jeudi	29	s. Gontrand.
vendredi	30	s. Rieul.
samedi	31	se. Balbine.

AVRIL.

Dim.	1	*Lætare.*
lundi	2	s. Franç. de P.
mardi	3	s. Richard.
mercredi	4	s. Ambroise.
jeudi	5	s. Albert.
vendredi	6	se Prudence.
samedi	7	s. Clotaire.
Dim.	8	*La Passion.*
lundi	9	se Marie, égy.
mardi	10	s. Fulbert.
mercredi	11	se. Godeberte.
jeudi	12	s. Jules.
vendredi	13	s. Marcelin.
samedi	14	s. Tiburce.
Dim.	15	*Rameaux.*
lundi	16	s. Paterne.
mardi	17	s. Anicet.
mercredi	18	s. Parfait.
jeudi	19	s. Leon.
vendredi	20	*Vendredi Saint.*
samedi	21	s. Anselme.
Dim.	22	PAQUES.
lundi	23	s. Georges.
mardi	24	s Léger.
mercredi	25	s. Marc.
jeudi	26	s. Clet.
vendredi	27	s. Polycarpe.
samedi	28	s. Vital.
Dim.	29	*Quasimodo.*
lundi	30	s. Eutrope.

MAI.		
mardi	1	s. Jacq., s. Phil.
mercredi	2	s. Athanase.
jeudi	3	Inv. s^{e}. Croix.
vendredi	4	s^{e}. Monique.
samedi	5	Conv. s. Aug.
Dim.	6	s. Jean-p.-Lat.
lundi	7	s. Stanislas.
mardi	8	s^{e}. Désirée.
mercredi	9	Trans. s. Nic.
jeudi	10	s. Gordien.
vendredi	11	s. Mamert.
samedi	12	s. Pancrace.
Dim.	13	s. Isidore.
lundi	14	s. Pacome
mardi	15	s. Isidore.
mercredi	16	s. Honoré.
jeudi	17	s. Pascal.
vendredi	18	s. Venance.
samedi	19	s. Yves.
Dim.	20	s. Bernardin.
lundi	21	s. Sospis.
mardi	22	s^{e}. Julie.
mercredi	23	s. Didier.
jeudi	24	s. Donatien.
vendredi	25	s. Urbain.
samedi	26	s. Quadrat.
Dim.	27	s. Hildevert.
lundi	28	*Rogations.*
mardi	29	s. Maximin.
mercredi	30	s. Félix.
jeudi	31	ASCENSION.

JUIN.		
vendredi	1	s. Pamphile.
samedi	2	s. Pothin.
Dim.	3	s^{e} Clotilde.
lundi	4	s. Optat.
mardi	5	s. Boniface.
mercredi	6	s. Claude.
jeudi	7	s. Lié.
vendredi	8	s. Médard.
samedi	9	s^{e} Pélagie. *V. J.*
Dim.	10	PENTECOTE.
lundi	11	s. Barnabé.
mardi	12	s^{e}. Olympe.
mercredi	13	s. Ant. de P. 4 T.
jeudi	14	s. Ruffin.
vendredi	15	s. Modeste.
samedi	16	s. Cyr.
Dim.	17	*Trinité.*
lundi	18	s^{e}. Marine.
mardi	19	s. Gerv. s. Prot.
mercredi	20	s. Sylvère.
jeudi	21	*Fête-Dieu.*
vendredi	22	s. Paulin.
samedi	23	s. Jacques. *V. J.*
Dim.	24	*s. Jean-Bapt.*
lundi	25	s. Prosper.
mardi	26	s. Babolein.
mercredi	27	s. Crescent.
jeudi	28	s. Loubert. *V. J.*
vendredi	29	*s. Pier., s Paul.*
samedi	30	Com. s. Paul.

N° 32.

JUILLET.			AOUT.		
Dim.	1	se. Eléonore.	mercredi	1	se. Sophie.
lundi	2	*Visitat. N.-D.*	jeudi	2	s. Etienne, p.
mardi	3	s. Thierry.	vendredi	3	se. Lydie.
mercredi	4	se. Berthe.	samedi	4	s. Dominique.
jeudi	5	se. Zoé.	*Dim.*	5	s. Yon.
vendredi	6	s. Tranquille.	lundi	6	Tr. de J.-C.
samedi	7	se. Aubierge.	mardi	7	s. Gaëtan.
Dim.	8	s. Procope.	mercredi	8	s. Justin.
lundi	9	s. Cyrille.	jeudi	9	s. Amour.
mardi	10	se. Félicité.	vendredi	10	s. Laurent.
mercredi	11	Tr. s. Benoit.	samedi	11	se. Suzanne.
jeudi	12	s. Gualbert.	*Dim.*	12	se. Claire.
vendredi	13	s. Eugène.	lundi	13	s. Hippolyte.
samedi	14	s. Bonaventure.	mardi	14	s. Guer. *Vig.*
Dim.	15	s. Henry.	mercredi	15	ASSOMPTION.
lundi	16	s. Eustate.	jeudi	16	s. Roch.
mardi	17	s. Alexis.	vendredi	17	s. Mammès.
mercredi	18	s. Clair, év.	samedi	18	se. Hélène.
jeudi	19	s. Vincent de P.	*Dim.*	19	s. Louis, év.
vendredi	20	se. Marguerite.	lundi	20	s. Bernard.
samedi	21	s. Victor.	mardi	21	s. Privat.
Dim.	22	se. Madeleine.	mercredi	22	s. Symphorien.
lundi	23	s. Apollinaire.	jeudi	23	s. Sidoine.
mardi	24	se. Christine.	vendredi	24	s. Barthélemy.
mercredi	25	s. Jacq. le maj.	samedi	25	*s. Louis.*
jeudi	26	Tr. s. Marcel.	*Dim.*	26	s. Zéphirin.
vendredi	27	s. Pantaléon.	lundi	27	s. Césaire.
samedi	28	se. Anne.	mardi	28	s. Augustin.
Dim.	29	se. Marthe.	mercredi	29	s. Médéric.
lundi	30	s. Abdon.	jeudi	30	s. Fiacre.
mardi	31	s. Germ. l'Aux.	vendredi	31	s. Ovide.

SEPTEMBRE.			OCTOBRE.		
samedi	1	s. Leu, s. Giles.	lundi	1	s. Remi.
Dim.	2	s. Lazare.	mardi	2	Sts. Ang. gard.
lundi	3	s. Grégoire.	mercredi	3	s. Cyprien.
mardi	4	s^e^. Rosalie.	jeudi	4	s. Franç. d'A.
mercredi	5	s. Bertin, ab.	vendredi	5	s. Constant.
jeudi	6	s. Eleuthère.	samedi	6	s. Bruno.
vendredi	7	s. Cloud.	*Dim.*	7	s. Serge.
samedi	8	NAT. DE N.-D.	lundi	8	s. Thais.
Dim.	9	s. Omer.	mardi	9	*s. Denis.*
lundi	10	s^e^. Pulchérie.	mercredi	10	s. Paulin.
mardi	11	s. Hyacinthe.	jeudi	11	s. Gomer.
mercredi	12	s. Raphaël.	vendredi	12	s^e^. Vilfride.
jeudi	13	s. Maurille.	samedi	13	s. Gérant.
vendredi	14	Exalt. s^e^. Croix.	*Dim.*	14	s. Caliste.
samedi	15	s. Nicomède.	lundi	15	s^e^. Thérèse.
Dim.	16	s. Corneille.	mardi	16	s. Gal.
lundi	17	s. Lambert.	mercredi	17	s. Cerbonet.
mardi	18	s. Jean Chrys.	jeudi	18	s. Luc, évang.
mercredi	19	s. Janvier. 4 T.	vendredi	19	s. Savinien.
jeudi	20	s. Eustache.	samedi	20	s. Caprais.
vendredi	21	s. Mathieu.	*Dim.*	21	s^e^. Ursule.
samedi	22	s. Maurice.	lundi	22	s. Mellon.
Dim.	23	s^e^. Thècle.	mardi	23	s. Hilarion.
lundi	24	s. Andoche.	mercredi	24	s. Magloire.
mardi	25	s. Firmin.	jeudi	25	s. Crép. s. Cré.
mercredi	26	s^e^. Justine.	vendredi	26	s. Rustique.
jeudi	27	s. Côme, s. D.	samedi	27	s. Frument. *Vi.*
vendredi	28	s. Venceslas.	*Dim.*	28	s. Sim., s. Jud.
samedi	29	s. Michel.	lundi	29	s. Faron.
Dim.	30	s. Jérôme.	mardi	30	s. Lucain.
			mercredi	31	s. Quentin. *V. J.*

NOVEMBRE.			DÉCEMBRE.		
jeudi	1	TOUSSAINT.	samedi	1	s. Eloi.
vendredi	2	*Trépassés.*	*Dim.*	2	*Avent.*
samedi	3	s. Marcel.	lundi	3	s. Eloque.
Dim.	4	s. Charles.	mardi	4	se. Barbe.
lundi	5	s. Zacharie.	mercredi	5	s. Sabas.
mardi	6	s. Léonard.	jeudi	6	s. Nicolas.
mercredi	7	s. Florent.	vendredi	7	se. Fare.
jeudi	8	Stes Reliques.	samedi	8	*Concept. N.-D.*
vendredi	9	s. Mathurin.	*Dim.*	9	se. Gorgonie.
samedi	10	s. Juste.	lundi	10	se. Valère.
Dim.	11	s. Martin.	mardi	11	s. Daniel.
lundi	12	s. René.	mercredi	12	s. Valeri.
mardi	13	s. Brice.	jeudi	13	se. Luce.
mercredi	14	s. Bertrand.	vendredi	14	s. Nicaise.
jeudi	15	s. Malo.	samedi	15	s. Ménin.
vendredi	16	s. Edme.	*Dim.*	16	se. Adelaïde.
samedi	17	s. Agnan.	lundi	17	se. Olympie.
Dim.	18	se. Odes.	mardi	18	s. Gatien.
lundi	19	se. Elizabeth.	mercredi	19	s. Thimoth. 4 T
mardi	20	s. Edmond.	jeudi	20	s. Philogone.
mercredi	21	Présent. N.-D	vendredi	21	s. Thomas.
jeudi	22	se. Cécile.	samedi	22	s. Honorat.
vendredi	23	s. Clément.	*Dim.*	23	se. Victoire.
samedi	24	s. Séverin, sol.	lundi	24	se. Delphine. V.
Dim.	25	se. Catherine.	mardi	25	NOEL.
lundi	26	se. Genev., ard.	mercredi	26	*s. Etienne.*
mardi	27	s. Siméon, mèt.	jeudi	27	*s. Jean, évang.*
mercredi	28	s. Sosthène.	vendredi	28	Sts. Innocents.
jeudi	29	s. Saturnin.	samedi	29	s. Trophime.
vendredi	30	s. André.	*Dim.*	30	s. Sabin.
			lundi	31	s. Silvestre, p.

JANVIER.			FÉVRIER.		
Dim.	1	*Circoncision.*	mercredi	1	s. Ignace.
lundi	2	s. Basile.	jeudi	2	*Purification.*
mardi	3	se *Geneviève.*	vendredi	3	s. Blaise.
mercredi	4	s. Rigobert.	samedi	4	s. Gilbert.
jeudi	5	s. Siméon, *V.J.*	*Dim.*	5	se Agathe.
vendredi	6	*Epiphanie.*	lundi	6	s. Vaast.
samedi	7	Noces.	mardi	7	s. Romuald.
Dim.	8	s. Lucien.	mercredi	8	s. Jean de M.
lundi	9	s. Pierre, év.	jeudi	9	se. Apolline.
mardi	10	s. Paul, erm.	vendredi	10	se. Scolastique.
mercredi	11	s. Théodore.	samedi	11	s. Séverin.
jeudi	12	s. Arcade.	*Dim.*	12	se Eulalie.
vendredi	13	Bapt. de J.-C.	lundi	13	s. Grégoire.
samedi	14	s. Hilaire.	mardi	14	s. Valentin.
Dim.	15	s. Maur.	mercredi	15	s. Faustin.
lundi	16	s. Guillaume.	jeudi	16	se. Julienne.
mardi	17	s. Antoine.	vendredi	17	s. Théodule.
mercredi	18	Ch. s. P. à R.	samedi	18	s. Siméon.
jeudi	19	s. Sulpice.	*Dim.*	19	*Septuagésime.*
vendredi	20	s. Sébastien.	lundi	20	s. Eucher.
samedi	21	se. Agnès.	mardi	21	s. Pépin.
Dim.	22	s. Vincent.	mercredi	22	se Isabelle.
lundi	23	s. Ildefonse.	jeudi	23	s. Mérault.
mardi	24	s. Babylas.	vendredi	24	s. Mathias.
mercredi	25	Conv. s. Paul.	samedi	25	s. Césaire.
jeudi	26	se. Paule.	*Dim.*	26	*Sexagésime.*
vendredi	27	s. Julien.	lundi	27	s. Arille.
samedi	28	s. Charlemagne.	mardi	28	se Honorine.
Dim.	29	s. Franç. de S.			s. Romain.
lundi	30	se. Bathilde.			
mardi	31	se. Marcèle.			

N° 33.

MARS.

mercredi	1	s. Aubin.
jeudi	2	s. Simplice.
vendredi	3	se. Cunégonde.
samedi	4	s. Casimir.
Dim.	5	*Quinquagésime.*
lundi	6	se Colette.
mardi	7	*Mardi-gras.*
mercredi	8	*Cendres.*
jeudi	9	se. Françoise.
vendredi	10	s. Blanchard.
samedi	11	s. Euloge.
Dim.	12	*Quadragésime.*
lundi	13	se. Euphrasie.
mardi	14	s. Lubin.
mercredi	15	s. Zacharie. 4 T.
jeudi	16	s. Cyriaque.
vendredi	17	se. Gertrude.
samedi	18	s. Alexandre.
Dim.	19	*Reminiscere.*
lundi	20	s. Joachim.
mardi	21	s. Benoît.
mercredi	22	s. Emile.
jeudi	23	s. Victorien
vendredi	24	s. Simon, m.
samedi	25	*Annonciation.*
Dim.	26	*Oculi.*
lundi	27	s. Jean, évang.
mardi	28	se. Dorothée.
mercredi	29	s. Gontrand.
jeudi	30	s. Rieul.
vendredi	31	se Balbine.

AVRIL.

samedi	1	s. Hugues.
Dim.	2	*Lætare.*
lundi	3	s. Richard.
mardi	4	s. Ambroise.
mercredi	5	s. Albert.
jeudi	6	se. Prudence.
vendredi	7	s. Romuald.
samedi	8	s. Edèse.
Dim.	9	*La Passion.*
lundi	10	s. Fulbert.
mardi	11	se. Godeberte.
mercredi	12	s. Jules.
jeudi	13	s. Marcelin.
vendredi	14	s. Tiburce.
samedi	15	s. Maxime.
Dim.	16	*Rameaux.*
lundi	17	s. Avicet.
mardi	18	s. Parfait.
mercredi	19	s. Léon.
jeudi	20	s. Théotime.
vendredi	21	*Vend.-Saint.*
samedi	22	se. Opportune.
Dim.	23	PAQUES.
lundi	24	s. Léger.
mardi	25	s. Marc.
mercredi	26	s. Clet.
jeudi	27	s. Polycarpe.
vendredi	28	s. Vital.
samedi	29	s. Robert.
Dim.	30	*Quasimodo.*

MAI.			JUIN.		
lundi	1	s. Jacq. s. Phil.	jeudi	1	ASCENSION.
mardi	2	s. Athanase.	vendredi	2	s. Pothin.
mercredi	3	Inv.-se.-Croix.	samedi	3	se Clotilde.
jeudi	4	se. Monique.	*Dim.*	4	s. Optat.
vendredi	5	Conv.-s.-Aug.	lundi	5	s. Boniface.
samedi	6	s. Jean-p.-Lat.	mardi	6	s. Claude, év.
Dim.	7	s. Stanislas.	mercredi	7	s. Lié.
lundi	8	se Desirée.	jeudi	8	s. Médard.
mardi	9	Trans.-s.-Nic.	vendredi	9	se. Pélagie.
mercredi	10	s. Gordien.	samedi	10	s. Landri. *V. J.*
jeudi	11	s. Mamert.	*Dim.*	11	PENTECOTE.
vendredi	12	s. Pancrace.	lundi	12	se. Olympe.
samedi	13	s. Servais.	mardi	13	s. Ant. de P.
Dim.	14	s. Pacôme.	mercredi	14	s. Ruffin. 4 T.
lundi	15	s. Isidore.	jeudi	15	s. Modeste.
mardi	16	s. Honoré.	vendredi	16	s. Cyr.
mercredi	17	s. Pascal.	samedi	17	s. Avit.
jeudi	18	s. Venance.	*Dim.*	18	*Trinité.*
vendredi	19	s. Yves.	lundi	19	s. Gerv., s. Pr.
samedi	20	s. Bernardin.	mardi	20	s. Sylvère.
Dim.	21	s. Sospis.	mercredi	21	s. Leufroi.
lundi	22	se Julie.	jeudi	22	*Fête-Dieu.*
mardi	23	s. Didier.	vendredi	23	s. Jacques, *V.-J.*
mercredi	24	s. Donatien.	samedi	24	s. *Jean-Bapt.*
jeudi	25	s. Urbain.	*Dim.*	25	s. Prosper
vendredi	26	s. Quadrat.	lundi	26	s. Babolein.
samedi	27	s. Ildevert.	mardi	27	s. Crescent.
Dim.	28	s. Germain.	mercredi	28	s. Loubert. *V.J.*
lundi	29	*Rogations.*	jeudi	29	s. *Pierre, s. P.*
mardi	30	s. Félix.	vendredi	30	Conv. s. Paul.
mercredi	31	se Pétronille.			

JUILLET.			AOUT.		
samedi	1	se. Eléonore.	mardi	1	se. Sophie.
Dim.	2	*Visit. N.-D.*	mercredi	2	s. Etienne, p.
lundi	3	s. Thierry.	jeudi	3	se. Lydie.
mardi	4	se. Berthe.	vendredi	4	s. Dominique.
mercredi	5	se. Zoé.	samedi	5	s. Yon.
jeudi	6	s. Tranquille.	*Dim.*	6	Tr. de J.-C.
vendredi	7	se. Aubierge.	lundi	7	s. Gaétan.
samedi	8	s. Procope.	mardi	8	s. Justin.
Dim.	9	s. Cyrille.	mercredi	9	s. Amour.
lundi	10	se. Félicité.	jeudi	10	s. Laurent.
mardi	11	Tr. s. Benoît.	vendredi	11	se. Suzanne.
mercredi	12	s. Gualbert.	samedi	12	s. Claire.
jeudi	13	s. Eugène.	*Dim.*	13	s. Hippolyte.
vendredi	14	s. Bonaventure.	lundi	14	s. Guer. *V.-J.*
samedi	15	s. Henry.	mardi	15	ASSOMPTION.
Dim.	16	s. Eustate.	mercredi	16	s. Roch.
lundi	17	s. Alexis.	jeudi	17	s. Mammès.
mardi	18	s. Clair. év.	vendredi	18	se. Helène.
mercredi	19	s. Vincent de P.	samedi	19	s. Louis, év.
jeudi	20	se. Marguerite.	*Dim.*	20	s. Bernard.
vendredi	21	s. Victor.	lundi	21	s. Privat.
samedi	22	se. Madeleine.	mardi	22	s. Symphorien.
Dim.	23	s. Apollinaire.	mercredi	23	s. Sidoine.
lundi	24	se. Christine.	jeudi	24	s. Barthelemy.
mardi	25	s. Jacq. le maj.	vendredi	25	s. *Louis.*
mercredi	26	Tr. s. Marcel.	samedi	26	s. Zéphirin.
jeudi	27	s. Pantaléon.	*Dim.*	27	s. Césaire.
vendredi	28	se. Anne.	lundi.	28	s. Augustin.
samedi	29	se. Marthe.	mardi	29	s. Médéric.
Dim.	30	s. Abdon.	mercredi	30	s. Fiacre.
lundi	31	s. Germ. l'Aux.	jeudi	31	s. Ovide.

SEPTEMBRE.			OCTOBRE.		
vendredi	1	s. Leu, s. Giles.	*Dim.*	1	s. Remy.
samedi	2	s. Lazare.	lundi	2	Sts. Anges G.
Dim.	3	s. Grégoire.	mardi	3	s. Cyprien.
lundi	4	s^e^. Rosalie.	mercredi	4	s. François d'A.
mardi	5	s. Bertin, ab.	jeudi	5	s. Constant.
mercredi	6	s. Eleuthère.	vendredi	6	s. Bruno.
jeudi	7	s. Cloud.	samedi	7	s. Serge.
vendredi	8	*Nativité N.-D.*	*Dim.*	8	s. Thaïs.
samedi	9	s. Omer.	lundi	9	s. *Denis.*
Dim.	10	s^e^. Pulchérie.	mardi	10	s. Paulin.
lundi.	11	s. Hyacinthe.	mercredi	11	s. Gomer.
mardi	12	s. Raphael.	jeudi	12	s^e^. Vilfride.
mercredi	13	s. Maurille.	vendredi	13	s. Gérant.
jeudi	14	s. Ex. s^e^. Croix.	samedi	14	s. Caliste.
vendredi	15	s. Nicomède.	*Dim.*	15	s^e^. Thérèse.
samedi	16	s. Corneille.	lundi	16	s. Gal.
Dim.	17	s. Lambert.	mardi	17	s. Cerbonet.
lundi	18	s. Jean Chrys.	mercredi	18	s. Luc, évan.
mardi	19	s. Janvier.	jeudi	19	s. Savinien.
mercredi	20	s. Eustache, 4 *T.*	vendredi	20	s. Caprais.
jeudi	21	s. Mathieu.	samedi	21	s^e^. Ursule.
vendredi	22	s. Maurice.	*Dim.*	22	s. Mellon.
samedi	23	s^e^. Thècle.	lundi	23	s. Hilarion.
Dim.	24	s. Andoche.	mardi	24	s. Magloire.
lundi	25	s. Firmin.	mercredi	25	s. Crép. s. Cré.
mardi	26	s^e^. Justine.	jeudi	26	s. Rustique.
mercredi	27	s. Côme, s. Da.	vendredi	27	s. Frument.
jeudi	28	s. Venceslas.	samedi	28	s. Simon, s. J.
vendredi	29	s. Michel.	*Dim.*	29	s. Faron.
samedi	30	s. Jérôme.	lundi	30	s. Lucain.
			mardi	31	s. Quentin, *v. j.*

NOVEMBRE.

mercredi	1	TOUSSAINT.
jeudi	2	*Trépassés.*
vendredi	3	s. Marcel.
samedi	4	s. Charles.
Dim.	5	s. Zacharie.
lundi	6	s. Léonard.
mardi	7	s. Florent.
mercredi	8	Stes. Reliques.
jeudi	9	s. Mathurin.
vendredi	10	s. Juste.
samedi	11	s. Marin.
Dim.	12	s. René.
lundi	13	s. Brice.
mardi	14	s. Bertrand.
mercredi	15	s. Malo.
jeudi	16	s. Edme.
vendredi	17	s. Agnan.
samedi	18	se. Odes.
Dim.	19	se. Elizabeth.
lundi	20	s. Edmond
mardi	21	Prés. N.-D.
mercredi	22	se. Cécile.
jeudi	23	s. Clément.
vendredi	24	s. Séverin.
samedi	25	se. Catherine.
Dim.	26	s. Genev., ard.
lundi	27	s. Siméon, mét.
mardi	28	s. Sosthène.
mercredi	29	s. Saturnin.
jeudi	30	s. André.

DÉCEMBRE.

vendredi	1	s. Eloi.
samedi	2	s. Fran. Xav.
Dim.	3	*Avent.*
lundi	4	se. Barbe.
mardi	5	s. Sabas.
mercredi	6	s. Nicolas.
jeudi	7	se. Fare.
vendredi	8	*Concept. N.-D.*
samedi	9	se. Gorgonie.
Dim.	10	se. Valère.
lundi	11	s. Daniel.
mardi	12	s. Valeri.
mercredi	13	se. Luce.
jeudi	14	s. Nicaise.
vendredi	15	s Mémin.
samedi	16	se. Adélaide.
Dim.	17	se Olympe.
lundi	18	s. Gatien.
mardi	19	s. Thimothée.
mercredi	20	s. Philogone. *4 T.*
jeudi	21	s. Thomas.
vendredi	22	s. Honorat.
samedi	23	se. Victoire. *V. J*
Dim.	24	se. Delphine.
lundi	25	NOEL.
mardi	26	s. *Etienne.*
mercredi	27	s. *Jean, évang.*
jeudi	28	Sts Innocents.
vendredi	29	s. Trophime.
samedi	30	s. Sabin.
Dim.	31	s. Silvestre, p.

JANVIER.			FÉVRIER.		
samedi	1	*Circoncision.*	mardi	1	s. Ignace.
Dim.	2	s. Basile.	mercredi	2	*Purification.*
lundi	3	se. *Geneviève.*	jeudi	3	s. Blaise.
mardi	4	s. Rigobert.	vendredi	4	s. Gilbert.
mercredi	5	s. Siméon, s. *Vig.*	samedi	5	se. Agathe.
jeudi	6	*Epiphanie.*	*Dim.*	6	s. Vaast.
vendredi	7	Noces.	lundi	7	s. Romuald.
samedi	8	s. Lucien.	mardi	8	s. Jean de M.
Dim.	9	s. Pierre, év.	mercredi	9	se. Apolline.
lundi	10	s. Paul, erm.	jeudi	10	se. Scolastique.
mardi	11	s. Théodore.	vendredi	11	s. Séverin.
mercredi	12	s. Arcade, m.	samedi	12	se. Eulalie.
jeudi	13	Bapt. de J.-C.	*Dim.*	13	s. Grégoire.
vendredi	14	s. Hilaire.	lundi	14	s. Valentin.
samedi	15	s. Maur.	mardi	15	s. Faustin.
Dim.	16	s. Guillaume.	mercredi	16	se Julienne.
lundi	17	s. Antoine.	jeudi	17	s. Theodule.
mardi	18	Ch. s. Pier. à R	vendredi	18	s. Siméon.
mercredi	19	s. Sulpice.	samedi	19	s. Gabin.
jeudi	20	s. Sébastien.	*Dim.*	20	*Septuagésime.*
vendredi	21	se. Agnès.	lundi	21	s. Pépin.
samedi	22	s. Vincent.	mardi	22	se Isabelle.
Dim.	23	s. Ildefonse.	mercredi	23	s. Mérault.
lundi	24	s. Babylas.	jeudi	24	s. Mathias.
mardi	25	Conv. s. Paul.	vendredi	25	s. Césaire.
mercredi	26	se. Paule.	samedi	26	s. Nestor.
jeudi	27	s. Julien.	*Dim.*	27	*Sexagésime.*
vendredi	28	s. Charlemagne.	lundi	28	se. Honorine.
samedi	29	s. Franç. de S.			s. Romain.
Dim.	30	se Bathilde.			
lundi	31	se. Marcèle.			

MARS.			AVRIL.		
mardi	1	s. Aubin.	vendredi	1	s. Hugues.
mercredi	2	s. Simplice.	samedi	2	s. Franç. de P.
jeudi	3	s^{e}. Cunégonde.	*Dim.*	3	*Lætare.*
vendredi	4	s. Casimir.	lundi	4	s. Ambroise.
samedi	5	s. Adrien.	mardi	5	s. Albert.
Dim.	6	*Quinquagésime.*	mercredi	6	s^{e}. Prudence.
lundi	7	s. Thomas d'A.	jeudi	7	s. Clotaire
mardi	8	*Mardi gras.*	vendredi	8	s. Edèse.
mercredi	9	*Cendres.*	samedi	9	s^{e}. Marie, égy.
jeudi	10	s. Blanchard.	*Dim.*	10	*La Passion.*
vendredi	11	s. Euloge.	lundi	11	s^{e}. Godeberte.
samedi	12	s. Paul, év.	mardi	12	s. Jules.
Dim.	13	*Quadragésime.*	mercredi	13	s. Marcelin.
lundi	14	s. Lubin.	jeudi	14	s. Tiburce.
mardi	15	s. Zacharie.	vendredi	15	s. Maxime.
mercredi	16	s. Cyriaque. 4T.	samedi	16	s. Paterne.
jeudi	17	s^{e}. Gertrude.	*Dim.*	17	*Rameaux.*
vendredi	18	s. Alexandre.	lundi	18	s. Parfait.
samedi	19	s. Joseph.	mardi	19	s. Léon.
Dim.	20	*Reminiscere.*	mercredi	20	s. Théotime.
lundi	21	s. Benoît.	jeudi	21	s. Anselme.
mardi	22	s. Emile.	vendredi	22	*Vendredi-Saint.*
mercredi	23	s. Victorien.	samedi	23	s. Georges.
jeudi	24	s. Simon, m.	*Dim.*	24	PAQUES.
vendredi	25	*Annonciation.*	lundi	25	s. Marc.
samedi	26	s. Ludger.	mardi	26	s. Clet.
Dim.	27	*Oculi.*	mercredi	27	s. Polycarpe.
lundi	28	s^{e}. Dorothée.	jeudi	28	s. Vital.
mardi	29	s. Gontrand.	vendredi	29	s. Robert.
mercredi	30	s. Rieul.	samedi	30	s. Eutrope.
jeudi	31	s^{e}. Balbine.			

MAI.			JUIN.		
Dim.	1	*Quasimodo.*	mercredi	1	s. Pamphile.
lundi	2	s. Athanase.	jeudi	2	ASCENSION.
mardi	3	Inv. s^{e}. Croix.	vendredi	3	s^{e}. Clotilde.
mercredi	4	s^{e}. Monique.	samedi	4	s. Optat.
jeudi	5	Conv. s. Aug.	*Dim.*	5	s. Boniface.
vendredi	6	s. Jean-p.-Lat.	lundi	6	s. Claude, év.
samedi	7	s. Stanislas.	mardi	7	s. Lié.
Dim.	8	s^{e}. Désirée.	mercredi	8	s. Médard.
lundi	9	Trans. S. Nic.	jeudi	9	s^{e} Pélagie.
mardi	10	s. Gordien.	vendredi	10	s. Landri.
mercredi	11	s. Mamert.	samedi	11	s. Barnabé. *V. J.*
jeudi	12	s. Pancrace.	*Dim.*	12	PENTECOTE.
vendredi	13	s. Servais.	lundi	13	s. Ant. de Pad.
samedi	14	s. Pacôme.	mardi	14	s. Ruffin.
Dim.	15	s. Isidore.	mercredi	15	s. Modeste. 4 T.
lundi	16	s. Honoré.	jeudi	16	s. Cyr.
mardi	17	s. Pascal.	vendredi	17	s. Avit.
mercredi	18	s. Venance.	samedi	18	s^{e}. Marine.
jeudi	19	s. Yves.	*Dim.*	19	*Trinité.*
vendredi	20	s. Bernardin.	lundi	20	s. Sylvère.
samedi	21	s. Sospis.	mardi	21	s. Leufroi.
Dim.	22	s^{e} Julie.	mercredi	22	s. Paulin.
lundi	23	s. Didier.	jeudi	23	*Fête-Dieu. V. J.*
mardi	24	s. Donatien.	vendredi	24	*s. Jean-Baptiste.*
mercredi	25	s. Urbain.	samedi	25	s. Prosper.
jeudi	26	s. Quadrat.	*Dim.*	26	s. Babolein.
vendredi	27	s. Hildevert.	lundi	27	s. Crescent.
samedi	28	s. Germain.	mardi	28	s. Loubert. *V. J.*
Dim.	29	s. Maximin.	mercredi	29	*s. Pier., s. Paul.*
lundi	30	*Rogations.*	jeudi	30	Com. s. Paul.
mardi	31	s^{e}. Pétronille.			

JUILLET.			AOUT.		
vendredi	1	se. Eléonore.	lundi	1	se. Sophie.
samedi	2	*Visitat. N.-D.*	mardi	2	s. Etienne, p.
Dim.	3	s. Thierry.	mercredi	3	se. Lydie.
lundi	4	se. Berthe.	jeudi	4	s. Dominique.
mardi	5	se. Zoé.	vendredi	5	s. Yon.
mercredi	6	s. Tranquille.	samedi	6	Trans. de J.-C
jeudi	7	se. Aubierge.	*Dim.*	7	s. Gaétan.
vendredi	8	s. Procope.	lundi	8	s. Justin.
samedi	9	s. Cyrille.	mardi	9	s. Amour.
Dim.	10	se. Félicité.	mercredi	10	s. Laurent.
lundi	11	Tr. s. Benoît.	jeudi	11	se. Suzanne.
mardi	12	s. Gualbert.	vendredi	12	se Claire.
mercredi	13	s. Eugène.	samedi	13	s. Hippol. *V. J.*
jeudi	14	s. Bonaventure.	*Dim.*	14	s. Guer.
vendredi	15	s. Henry.	lundi	15	ASSOMPTION.
samedi	16	s. Eustate.	mardi	16	s. Roch.
Dim.	17	s. Alexis.	mercredi	17	s. Mammès.
lundi	18	s. Clair, év.	jeudi	18	se. Hélène.
mardi	19	s. Vincent de P.	vendredi	19	s. Louis, év.
mercredi	20	se. Marguerite.	samedi	20	s. Bernard.
jeudi	21	s. Victor.	*Dim.*	21	s. Privat.
vendredi	22	se. Madeleine.	lundi	22	s. Symphorien.
samedi	23	s. Apollinaire.	mardi	23	s. Sidoine.
Dim.	24	se. Christine.	mercredi	24	s. Barthélemy.
lundi	25	s. Jacq. le maj.	jeudi	25	s. *Louis.*
mardi	26	Tr. s. Marcel.	vendredi	26	s. Zéphirin.
mercredi	27	s. Pantaléon.	samedi	27	s. Césaire.
jeudi	28	se. Anne.	*Dim.*	28	s. Augustin.
vendredi	29	se. Marthe.	lundi	29	s. Médéric.
samedi	30	s. Abdon.	mardi	30	s. Fiacre.
Dim.	31	s. Germ. l'Aux.	mercredi	31	s. Ovide.

SEPTEMBRE.			OCTOBRE.		
jeudi	1	s. Leu, s. Giles.	samedi	1	s. Remi.
vendredi	2	s. Lazare.	*Dim.*	2	Sts. Ang. Gard.
samedi	3	s. Grégoire.	lundi	3	s. Cyprien.
Dim.	4	s^e^. Rosalie.	mardi	4	s. Franç. d'A.
lundi	5	s. Bertin, ab.	mercredi	5	s. Constant.
mardi	6	s. Eleuthère.	jeudi	6	s. Bruno.
mercredi	7	s. Cloud.	vendredi	7	s. Serge.
jeudi	8	*Nativ. de N.-D.*	samedi	8	s. Thais.
vendredi	9	s. Omer.	*Dim.*	9	s. *Denis.*
samedi	10	s^e^. Pulchérie	lundi	10	s. Paulin.
Dim.	11	s. Hyacinthe.	mardi	11	s. Gomer.
lundi	12	s. Raphael.	mercredi	12	s^e^. Vilfride.
mardi	13	s. Maurille.	jeudi	13	s. Gérant.
mercredi	14	Exalt. s. Croix.	vendredi	14	s. Caliste.
jeudi	15	s. Nicomède.	samedi	15	s^e^. Thérèse.
vendredi	16	s. Corneille.	*Dim.*	16	s. Gal.
samedi	17	s. Lambert.	lundi	17	s. Cerbonet.
Dim.	18	s. Jean Chrys.	mardi	18	s. Luc, évang.
lundi	19	s. Janvier.	mercredi	19	s. Savinien.
mardi	20	s. Eustache.	jeudi	20	s. Caprais
mercredi	21	s. Mathieu. 4 T.	vendredi	21	s^e^. Ursule.
jeudi	22	s. Maurice.	samedi	22	s. Mellon.
vendredi	23	s^e^. Thècle.	*Dim.*	23	s. Hilarion.
samedi	24	s. Andoche.	lundi	24	s. Magloire.
Dim.	25	s. Firmin.	mardi	25	s. Crép., s. Cr.
lundi	26	s^e^. Justine.	mercredi	26	s. Rustique.
mardi	27	s. Côme, s. D.	jeudi	27	s. Frument.
mercredi	28	s. Venceslas.	vendredi	28	s. Simon, s. Jud.
jeudi	29	s. Michel.	samedi	29	s. Faron.
vendredi	30	s. Jérôme.	*Dim.*	30	s. Lucain.
			lundi	31	s. Quentin. *V.J.*

NOVEMBRE.

mardi	1	Toussaint.
mercredi	2	*Trépassés.*
jeudi	3	s. Marcel.
vendredi	4	s. Charles.
samedi	5	s. Zacharie.
Dim.	6	s. Léonard.
lundi	7	s. Florent.
mardi	8	Stes. Reliques.
mercredi	9	s. Mathurin.
jeudi	10	s. Juste.
vendredi	11	s. Martin.
samedi	12	s. René.
Dim.	13	s. Brice.
lundi	14	s. Bertrand.
mardi	15	s. Malo.
mercredi	16	s. Edme.
jeudi	17	s. Agnan.
vendredi	18	se. Odes.
samedi	19	se. Elizabeth.
Dim.	20	s. Edmond.
lundi	21	Présent. N.-D.
mardi	22	se. Cécile.
mercredi	23	s. Clément.
jeudi	24	s. Séverin, sol.
vendredi	25	se. Catherine.
samedi	26	se. Genev., ard
Dim.	27	*Avent.*
lundi	28	s. Sosthène.
mardi	29	s. Saturnin.
mercredi	30	s. André.

DÉCEMBRE.

jeudi	1	s. Eloi.
vendredi	2	s. Franç. Xav.
samedi	3	s. Eloque.
Dim.	4	se. Barbe.
lundi	5	s. Sabas.
mardi	6	s. Nicolas.
mercredi	7	se. Fare.
jeudi	8	*Concept. N.-D.*
vendredi	9	se. Gorgonie.
samedi	10	se. Valère.
Dim.	11	s. Daniel.
lundi	12	s. Valéri.
mardi	13	se. Luce.
mercredi	14	s. Nicaise. 4 T.
jeudi	15	s. Mémin.
vendredi	16	se. Adélaïde.
samedi	17	se. Olympie.
Dim.	18	s. Gatien.
lundi	19	s. Thimothée.
mardi	20	s. Philogone.
mercredi	21	s. Thomas.
jeudi	22	s. Honorat.
vendredi	23	se. Victoire.
samedi	24	s. Delphine. *V. J.*
Dim.	25	Noel.
lundi	26	*s. Etienne.*
mardi	27	*s. Jean, évang.*
mercredi	28	Sts. Innocents.
jeudi	29	s. Trophime.
vendredi	30	s. Sabin.
samedi	31	s. Silvestre, p.

JANVIER.			FÉVRIER.		
vendredi	1	*Circoncision.*	lundi	1	s. Ignace.
samedi	2	s. Basile.	mardi	2	*Purification.*
Dim.	3	se *Geneviève.*	mercredi	3	s. Blaise.
lundi	4	s. Rigobert	jeudi	4	s. Gilbert.
mardi	5	s. Siméon s. *Vig*	vendredi	5	se. Agathe.
mercredi	6	*Epiphanie.*	samedi	6	s. Vaast.
jeudi	7	Noces.	*Dim.*	7	s. Romuald.
vendredi	8	s. Lucien.	lundi	8	s. Jean de m.
samedi	9	s. Pierre, év.	mardi	9	se. Apolline.
Dim.	10	s. Paul, erm.	mercredi	10	se. Scolastique.
lundi	11	s. Théodore.	jeudi	11	s. Séverin.
mardi	12	s. Arcade.	vendredi	12	se. Eulalie.
mercredi	13	Bapt. de J. C.	samedi	13	s. Grégoire.
jeudi	14	s. Hilaire.	*Dim.*	14	s. Valentin.
vendredi	15	s. Maur.	lundi	15	s. Faustin.
samedi	16	s. Guillaume.	mardi	16	se Julienne.
Dim.	17	s. Antoine.	mercredi	17	s. Théodule.
lundi	18	Ch. s. P. à R.	jeudi	18	s. Siméon.
mardi	19	s. Sulpice,	vendredi	19	s. Gabin.
mercredi	20	s. Sébastien.	samedi	20	s. Eucher.
jeudi	21	se. Agnès.	*Dim.*	21	*Septuagésime.*
vendredi	22	s. Vincent.	lundi	22	se. Isabelle.
samedi	23	s. Ildefonse.	mardi	23	s. Mérault.
Dim.	24	s. Babylas.	mercredi	24	s. Mathias.
lundi	25	Conv. s. Paul.	jeudi	25	s. Césaire.
mardi	26	se. Paule.	vendredi	26	s. Nestor.
mercredi	27	s. Julien.	samedi	27	s. Arille.
jeudi	28	s. Charlemagne.	*Dim.*	28	*Sexagésime.* s. Romain.
vendredi	29	s. Franç. de S.			
samedi	30	se. Bathilde.			
Dim.	31	se Marcèle.			

N° 35.

MARS.			AVRIL.		
lundi	1	s. Aubin.	jeudi	1	s. Hugues.
mardi	2	s. Simplice.	vendredi	2	S. Franç. de P
mercredi	3	se Cunégonde.	samedi	3	s. Richard.
jeudi	4	s. Casimir.	*Dim.*	4	*Lœtare.*
vendredi	5	s. Adrien.	lundi	5	s. Albert.
samedi	6	se. Colette.	mardi	6	se. Prudence.
Dim.	7	*Quinquagésime.*	mercredi	7	s. Clotaire.
lundi	8	s. Jean de D.	jeudi	8	s. Edèse.
mardi	9	*Mardi-gras.*	vendredi	9	Trans. s. Nic.
mercredi	10	*Cendres.*	samedi	10	s. Fulbert.
jeudi	11	s. Euloge.	*Dim.*	11	*La Passion.*
vendredi	12	s. Paul, év.	lundi.	12	s. Jules.
samedi	13	se. Euphrasie.	mardi	13	s. Marcelin.
Dim.	14	*Quadragésime.*	mercredi	14	s. Tiburce.
lundi.	15	s. Zacharie.	jeudi	15	s. Maxime.
mardi	16	s. Cyriaque.	vendredi	16	s. Paterne.
mercredi	17	se Gertrude. 4 T.	samedi	17	s. Aviat.
jeudi	18	s. Alexandre.	*Dim.*	18	*Rameaux.*
vendredi	19	s. Joseph.	lundi.	19	s. Léon.
samedi	20	s. Joachim.	mardi	20	s. Theotime.
Dim.	21	*Reminiscere.*	mercredi	21	s. Anselme.
lundi	22	s. Emile.	jeudi	22	se. Opportune.
mardi	23	s. Victorien.	vendredi	23	*Vendredi-Saint*
mercredi	24	s. Simon, m.	samedi	24	s. Léger.
jeudi	25	*Annonciation.*	*Dim.*	25	PAQUES.
vendredi	26	s. Ludger.	lundi	26	s. Clet.
samedi	27	s. Jean, évang.	mardi	27	s. Polycarpe.
Dim.	28	*Oculi.*	mercredi	28	s. Vital.
lundi	29	s. Gontrand.	jeudi	29	s. Robert.
mardi	30	s. Rieul.	vendredi	30	s. Eutrope.
mercredi	31	se. Balbine.			

MAI.			JUIN.		
samedi	1	s. Jacq. s. Phil.	mardi	1	s. Pamphile.
Dim.	2	*Quasimodo.*	mercredi	2	s. Pothin.
lundi	3	Inv. s^e^ Croix.	jeudi	3	ASCENSION.
mardi	4	s^e^. Monique.	vendredi	4	s. Optat.
mercredi	5	Conv. s. Aug.	samedi	5	s. Boniface.
jeudi	6	s. Jean P.-Lat.	*Dim.*	6	s. Claude, év.
vendredi	7	s. Stanislas.	lundi	7	s. Lié.
samedi	8	s^e^. Désirée.	mardi	8	s. Médard.
Dim.	9	Tran. s. Nic.	mercredi	9	s^e^. Pélagie.
lundi	10	s. Gordien.	jeudi	10	s. Landri.
mardi	11	s. Mamert.	vendredi	11	s. Barnabé
mercredi	12	s. Pancrace.	samedi	12	s^e^ Olympe. *V.J.*
jeudi	13	s. Servais.	*Dim.*	13	PENTECOTE.
vendredi	14	s. Pacôme.	lundi	14	s. Ruffin.
samedi	15	s. Isidore.	mardi	15	s. Modeste.
Dim.	16	s. Honoré.	mercredi	16	s. Cyr. 4 T.
lundi	17	s. Pascal.	jeudi	17	s. Avit.
mardi	18	s. Venance.	vendredi	18	s^e^. Marine.
mercredi	19	s. Yves.	samedi	19	s. Gerv. s. Prot.
jeudi	20	s. Bernardin.	*Dim.*	20	*Trinité.*
vendredi	21	s. Sospis.	lundi	21	s. Leufroi.
samedi	22	s^e^. Julie.	mardi	22	s. Paulin.
Dim.	23	s. Didier.	mercredi	23	s. Jacq. V. J.
lundi	24	s. Donatien.	jeudi	24	*Fête-D. S. J.-B.*
mardi	25	s. Urbain.	vendredi	25	s. Prosper.
mercredi	26	s. Quadrat.	samedi	26	s. Babolein.
jeudi	27	s. Hildevert.	*Dim.*	27	s. Crescent.
vendredi	28	s. Germain.	lundi	28	s. Loubert. *V J.*
samedi	29	s. Maximin.	mardi	29	*s. Pierre, s. P.*
Dim.	30	s. Félix.	mercredi	30	Com. s. Paul.
lundi	31	*Rogations.*			

JUILLET.			AOUT.		
jeudi	1	se. Éléonore.	*Dim.*	1	se. Sophie.
vendredi	2	*Visit. N. D.*	lundi	2	s. Étienne, p.
samedi	3	s. Thierry.	mardi	3	se. Lydie.
Dim.	4	se. Berthe.	mercredi	4	s. Dominique.
lundi	5	se. Zoé.	jeudi	5	s. Yon.
mardi	6	s. Tranquille.	vendredi	6	Tr. de J.-C.
mercredi	7	se. Aubierge.	samedi	7	s. Gaëtan.
jeudi	8	s. Procope.	*Dim.*	8	s. Justin.
vendredi	9	s. Cyrille.	lundi	9	s. Amour.
samedi	10	se. Félicité.	mardi	10	s. Laurent.
Dim.	11	Tr. s. Benoît.	mercredi	11	se Suzanne.
lundi	12	s. Gualbert.	jeudi	12	se. Claire.
mardi	13	s. Eugène.	vendredi	13	s. Hippolyte.
mercredi	14	s. Bonaventure.	samedi	14	s. Guer. *V. J.*
jeudi	15	s. Henry.	*Dim.*	15	ASSOMPTION.
vendredi	16	s. Eustate.	lundi	16	s. Roch.
samedi	17	s. Alexis.	mardi	17	s. Mammès.
Dim.	18	s. Clair, év.	mercredi	18	se. Hélène.
lundi	19	s. Vincent de P.	jeudi	19	s. Louis, év.
mardi	20	se. Marguerite.	vendredi	20	s. Bernard.
mercredi	21	s. Victor.	samedi	21	s. Privat.
jeudi	22	se. Madeleine.	*Dim.*	22	s. Symphorien.
vendredi	23	s. Apollinaire.	lundi	23	s. Sidoine
samedi	24	se. Christine.	mardi	24	s. Barthélemy.
Dim.	25	s. Jacq. le maj.	mercredi	25	s. Louis.
lundi	26	Tr. s. Marcel.	jeudi	26	s. Zéphirin.
mardi	27	s. Pantaléon.	vendredi	27	s. Cesaire.
mercredi	28	se. Anne.	samedi	28	s. Augustin.
jeudi	29	se. Marthe.	*Dim.*	29	s. Médéric.
vendredi	30	s. Abdon.	lundi	30	s. Fiacre.
samedi	31	s. Germ. l'Aux.	mardi	31	s. Ovide.

SEPTEMBRE.			OCTOBRE.		
mercredi	1	s. Leu, s. Giles.	vendredi	1	s. Remi.
jeudi	2	s. Lazare.	samedi	2	Sts. Anges Gard.
vendredi	3	s. Grégoire.	*Dim.*	3	s. Cyprien.
samedi	4	se. Rosalie.	lundi	4	s. Franç. d'A.
Dim.	5	s. Bertin, ab.	mardi	5	s. Constant.
lundi	6	s. Eleuthère.	mercredi	6	s. Bruno.
mardi	7	s. Cloud.	jeudi	7	s. Serge.
mercredi	8	s. *Nativ. N.-D.*	vendredi	8	s. Thais.
jeudi	9	s. Omer.	samedi	9	s. *Denis.*
vendredi	10	se. Pulchérie.	*Dim.*	10	s. Paulin.
samedi	11	s. Hyacinthe.	lundi	11	s. Gomer.
Dim.	12	s. Raphael.	mardi	12	se. Vilfride.
lundi	13	s. Maurille.	mercredi	13	s. Gérant.
mardi	14	Exalt. se. Croix.	jeudi	14	s. Caliste.
mercredi	15	s. Nicomède. 4 T.	vendredi	15	se. Thérèse.
jeudi	16	s. Corneille.	samedi	16	s. Gal.
vendredi	17	s. Lambert.	*Dim.*	17	s. Cerbonet.
samedi	18	s. Jean Chrys.	lundi	18	s. Luc, évang.
Dim.	19	s. Janvier.	mardi	19	s. Savinien.
lundi	20	s. Eustache.	mercredi	20	s. Caprais.
mardi	21	s. Mathieu.	jeudi	21	se. Ursule.
mercredi	22	s. Maurice	vendredi	22	s. Mellon.
jeudi	23	se. Thècle.	samedi	23	s. Hilarion.
vendredi	24	s. Andoche.	*Dim.*	24	s. Magloire.
samedi	25	s. Firmin.	lundi	25	s. Crép. s. Cr
Dim.	26	se. Justine.	mardi	26	s. Rustique.
lundi	27	s. Côme, s. D.	mercredi	27	s. Frument.
mardi	28	s. Vinceslas.	jeudi	28	s. Simon, s. J.
mercredi	29	s. Michel.	vendredi	29	s. Faron.
jeudi	30	s. Jerome.	samedi	30	s. Lucain. *V. J.*
			Dim.	31	s. Quentin.

N° 35.

NOVEMBRE.

lundi	1	TOUSSAINT.
mardi	2	*Trépassés.*
mercredi	3	s. Marcel.
jeudi	4	s. Charles.
vendredi	5	s. Zacharie.
samedi	6	s. Léonard.
Dim.	7	s. Florent.
lundi	8	ses. Reliques.
mardi	9	s. Mathurin.
mercredi	10	s. Just.
jeudi	11	s. Martin.
vendredi	12	s. René.
samedi	13	s. Brice.
Dim.	14	s. Bertrand.
lundi	15	s. Malo.
mardi	16	s. Edme.
mercredi	17	s. Agnan.
jeudi	18	se. Odes.
vendredi	19	se. Elisabeth.
samedi	20	s. Edmond.
Dim.	21	Présent. N. D.
lundi	22	se. Cécile.
mardi	23	s. Clément.
mercredi	24	s. Séverin.
jeudi	25	se. Catherine.
vendredi	26	se. Genev., ard.
samedi	27	s. Siméon, mét.
Dim.	28	*Avent.*
lundi	29	s. Saturnin.
mardi	30	s. André.

DÉCEMBRE.

mercredi	1	s. Éloi.
jeudi	2	s. Franç. Xav.
vendredi	3	s. Éloque.
samedi	4	se. Barbe.
Dim.	5	s. Sabas.
lundi	6	s. Nicolas.
mardi	7	se. Fare.
mercredi	8	*Concept. N.-D.*
jeudi	9	se. Gorgonie.
vendredi	10	se. Valère.
samedi	11	s. Daniel.
Dim.	12	s. Valéry.
lundi	13	se. Luce.
mardi	14	s. Nicaise.
mercredi	15	s. Mémin. 4 T.
jeudi	16	se. Adélaide.
vendredi	17	se. Olympie.
samedi	18	s. Gatien.
Dim.	19	s. Timothée.
lundi	20	s. Philogône.
mardi	21	s. Thomas.
mercredi	22	s. Honorat.
jeudi	23	se. Victoire.
vendredi	24	se. Delphine. *v.-j.*
samedi	25	NOEL.
Dim.	26	*s. Étienne.*
lundi	27	*s. Jean, évang.*
mardi	28	Sts. Innocents.
mercredi	29	s. Trophime.
jeudi	30	s. Sabin.
vendredi	31	s. Silvestre, p.

SECONDE PARTIE.

THÉORIE

DE LA CONSTRUCTION DES CALENDRIERS.

Quelques calendriers en usage dans la plus haute antiquité ayant été perfectionnés dans les siècles suivants, ont servi de base à celui que nous employons aujourd'hui. Pour rendre plus aisée l'intelligence des principes adoptés dans celui-ci, il nous paraît utile d'exposer d'abord la composition des premiers.

CALENDRIER DES ÉGYPTIENS.

1. Les anciens Égyptiens faisaient toutes leurs années civiles de 365 jours : elles étaient divisées en douze mois de trente jours chacun, et complétées par cinq jours *épagomènes* qui terminaient l'année. C'est ainsi qu'était formé notre calendrier républicain, sauf l'intercalation d'un jour tous les quatre ans, que les Égyptiens n'admettaient pas.

Ce n'est pas qu'on doive en conclure que ces peuples ne connaissaient pas la durée exacte de l'année solaire, d'à-peu-près 365 jours et un quart : au contraire, on a des preuves positives qu'ils avaient observé et mesuré cette durée, opération qui offrait quelque difficulté, du moins si l'on en juge par l'ignorance où les autres nations ont longtemps été sur ce sujet. Les Égyptiens étaient même parvenus à connaître avec assez de rigueur d'autres périodes astronomiques beaucoup plus difficiles à trouver. (Voyez à ce sujet mon *Uranographie*, où j'ai réuni les preuves incontestables de cette assertion, et rapporté la durée que ce peuple attribuait à ces périodes.)

On présume que, dans les premiers âges, lorsqu'on eut découvert qu'il fallait 365 jours pour que le soleil revînt à l'équinoxe, on crut ce résultat d'observation parfaitement exact; et que dans l'admiration qu'il inspira, on l'introduisit dans la législation et dans les rites sacrés, selon la coutume généralement suivie alors, chez un peuple où tout était réglé par la religion. Lorsqu'ensuite on reconnut que la révolution du soleil dans l'écliptique était faite en près de 365 jours et un quart, on résista à changer un usage que la religion avait consacré. Les coutumes fondées sur le culte ne peuvent que difficilement être modifiées, parce qu'on peut craindre que le culte même n'en reçoive quelque atteinte.

2. Les Arabes, instruits par les Égyptiens, avaient admis une intercalation d'un jour tous les quatre ans, parce qu'ils n'étaient pas retenus par les mêmes considérations qu'eux; et ils avaient l'avantage de voir leur calendrier d'accord avec les phénomènes solaires, les époques des équinoxes et des solstices revenant sans cesse aux mêmes dates, ainsi que les fêtes dans lesquelles on célébrait les travaux et les produits de l'agriculture.

En Égypte, au contraire, l'année civile était *vague*, c'est-à-dire que le premier jour de l'année parcourait lentement, en rétrogradant, tous les degrés du zodiaque. En supposant, par exemple, que l'année civile ait commencé le jour d'un équinoxe, quatre ans après, on trouvait un jour d'erreur, et l'année civile recommençait la veille de l'équinoxe : après 8 ans, il y avait deux jours d'erreur; après 12 ans, 3 jours; et ainsi de suite. Les Arabes, qui admettaient l'intercalation d'un 366e jour tous les quatre ans, avaient donc des dates différentes de celles des Égyptiens, puisque les erreurs s'accumulaient sans cesse : au bout de 4 fois 365 ans ou 1460 ans, l'erreur devenait de 365 jours, ou un an. Ainsi 1460 années arabes en formaient 1461 égyptiennes. En Égypte, le premier jour de l'année avait, dans cette durée, rétrogradé sur l'année solaire, dont il avait parcouru toutes les dates, toutes les saisons. Il en résultait que la division des temps était exprimée par des dates différentes chez ces deux nations voisines, ainsi que cela arrive aujourd'hui pour les Russes par rapport à nous.

3. Chez des peuples aussi superstitieux, où la religion pénétrait dans les parties les plus intimes de l'administration publique et privée, le retour, après 1460 ans, de la coïncidence des deux calendriers, des années civile et solaire, devait être célébré par des fêtes et représenté par des emblêmes sacrés. Les rois, en montant au trône, faisaient serment de ne jamais admettre le système des intercalations; ce qui prouve qu'on en avait connu et mesuré l'étendue : et quand la coïncidence des années civile et solaire se reproduisait, on regardait cet évènement, qui pourtant était une création purement humaine, puisqu'il n'avait lieu que comme conséquence de la loi qui ne donnait que 365 jours à chaque année, on regardait, dis-je, cet évènement comme un bienfait des dieux, et on le célébrait par des réjouissances publiques : on rapporte

même une fable ingénieuse qui était la traduction fidèle du fait. On assure que le phénix est un superbe oiseau, revêtu du plus beau plumage, qui, dès sa naissance, prend son vol et disparaît; mais, 1461 ans après, il revient mourir à Héliopolis, dans le temple du soleil, dont les feux le consument sur un bûcher de bois odoriférant; mais il renaît immédiatement de ses cendres, et prend de nouveau son vol, pour ne revenir que dans 1461 ans, mourir et renaître.

La superstition des autres peuples a même ajouté à cette fable, en croyant que cette période de 1460 années solaires devait amener le retour de toute la série d'événements que ce temps avait vu accomplir. Par suite d'idées religieuses, comme ces événements étaient attribués aux astres, le retour des mêmes aspects célestes, entraînait le retour des mêmes faits politiques. C'est à ces illusions qu'on doit rapporter l'opinion générale des anciens peuples, du retour de l'âge d'or, et de la résurrection d'un monarque qui ramenera sur la terre le bonheur et le règne des vertus. L'éclogue *Sicelides musæ...* n'est qu'une flatterie que Virgile adressait à Auguste, fondée sur cette opinion. Le *Carmen seculare* d'Horace est une allusion du même genre.

4. Du reste, ce serait un bon calendrier que celui qui ne donnerait que 365 jours à toutes les années civiles, sans intercalations, pourvu que les fêtes de l'agriculture n'y fussent pas attachées à des dates fixes; parce que les fêtes de Cérès ne peuvent tomber que dans le temps des moissons, celles de Bacchus que dans celui des vendanges, etc. L'erreur d'un quart de jour par an, ne serait guère sensible dans la vie d'un

homme, puisqu'elle ne produirait que dix jours en 40 ans. Les variations de date de notre fête de Pâques sont bien plus incommodes, puisqu'elles s'étendent à plus d'un mois de durée, et même parcourent souvent cet espace brusquement d'une année à l'autre ; les autres fêtes mobiles participent aussi à ces écarts, qui cependant sont pour nous sans importance véritable.

5. Les Égyptiens voulaient aussi régler le cours de la lune sur leur calendrier, et avaient un cycle de 25 de leurs années vagues, pendant lesquelles les 309 lunaisons s'écoulaient. En effet, la lunaison étant de 29 j, 530 5886, ces 309 lunaisons donnent 9125 jours (à 1 h. 8 m. près), et 25 fois 365 jours font aussi 9125. Ainsi, pour que les années lunaires se trouvassent réparties dans ce cycle, et revenir périodiquement aux mêmes dates, ces peuples composaient 10 de ces années de 355 jours, et les 15 autres de 354 jours : les 9 dernières lunaisons (car il n'y en a encore que 300 d'employées) se partageaient en 5 lunes de 29 jours, et 4 de 30, ce qui complète bien les 9125 jours des 25 années civiles. Les Égyptiens connaissaient aussi le rapport des durées des lunaisons et des révolutions solaires. Nous allons bientôt nous en occuper.

CALENDRIER DES GRECS.

6. Les peuples de la Grèce ne se servaient pas tous du même calendrier : nous nous bornerons à analyser celui des Athéniens, le peuple le plus remarquable de la Grèce, dans les sciences, les beaux-arts, les lettres, la guerre et la politique.

Le calendrier d'Athènes était *luni-solaire*, c'est-à-dire qu'il prétendait accorder l'année civile avec les révolutions de la lune et celles du soleil. L'année avait douze mois qui commençaient à la nouvelle lune : la lunaison ayant un peu plus de 29 jours et demi, on faisait les mois de 30 et 29 jours alternativement. L'année commençait vers le solstice d'été; et comme l'année lunaire, ou 12 lunaisons, faisant 354 j. 367063, est plus courte de 10 j. 21 h. que l'année solaire, cette différence accumulée donnait, à fort peu près, 87 jours au bout de huit ans, ou trois mois de 29 jours. Pour accorder les années lunaires et solaires, il fallait donc ajouter un 13e mois de 29 jours trois fois en 8 ans, ce qui composait l'année civile. Ces années de 13 mois ou 383 j. étaient appelées *embolismiques*.

7. Comme les sciences, et surtout l'astronomie étaient cultivées avec éclat en Egypte, tous les sages de la Grèce y allaient étudier : Thalès, Pythagore, Anaxagore, et une foule d'autres philosophes ont ainsi enrichi leur patrie des découvertes que l'étranger leur enseignait. Méthon, l'un de ses savants, y apprit qu'en 19 années solaires, il y a 235 lunaisons, presque justes : il en conclut que les 228 mois solaires comprenaient 7 lunaisons de plus; par conséquent il suffisait de distribuer 7 mois, additifs aux 228 lunaisons, pour accomplir la durée de 19 années solaires. En conséquence, il proposa d'ajouter un mois à chacune des années :

2e, 5e, 8e, 11e, 13e, 16e, et 19e du cycle de 19 ans.

En effet, exprimant en décimales les fractions de jour, pour faciliter les calculs, on trouve que les durées des révolutions du soleil et de la lune sont :

365 j., 2422175, pour l'un, et 29 j., 5305886 pour l'autre (révolution synodique) ; en répétant 19 fois le premier de ces nombres, et 235 fois le second, on trouve que :

19 années solaires ont	6939 j.,	60213
235 lunaisons ont. . . .	6939,	68832
différence	0,	08619,

ou 2 h. 4 m. Méthon prescrivit de faire 12 années *communes* (ou de 12 mois) et 7 embolismiques (de 13 mois); parmi les premières, 8 avaient 354 jours, et les 4 autres 355 jours; les sept secondes avaient 384 jours, sauf une de 383 jours. On avait ainsi les 6939 jours qui composent les 19 années solaires.

Le 13e mois additif, placé après le mois *Posidéon*, était appelé un *second Posidéon*. Ce système a été établi à Athènes l'an 433 avant notre ère. Il renferme une petite erreur inévitable dans ce genre de calculs, parce que les durées des révolutions du soleil et de la lune sont compliquées de fractions, et que leur rapport ne peut être exprimé qu'approximativement par des nombres entiers et simples. Aussi l'erreur, en s'ajoutant avec les cycles, est devenue sensible, et Calippe, en l'année 330 avant notre ère, fit retrancher un jour à la fin de chaque 4e cycle.

Frappés d'admiration pour la règle de Méthon, les Athéniens en firent graver le calcul en lettres d'or sur les murs du temple de Minerve, ce qui fit donner le nom de *Nombre d'or* au chiffre qui marquait le rang d'une année dans le cycle lunaire de 19 ans, et indiquait si cette année avait 12 ou 13 mois. Selon d'autres personnes, la dénomination de nombre d'or est due à ce qu'on indiquait ces chiffres en lettres d'or dans les anciens calendriers juliens (*Voy*. nº 23). En traitant de ce calendrier, nous retrouverons l'usage de ce cycle, ce qui nous a conduit à nous étendre sur le calendrier des Athéniens.

8. Nous devons dire quelques mots des *Olympiades*, périodes de quatre ans dont les Grecs se servaient pour désigner leurs années, en les rapportant à la célébration des jeux olympiques. La première olympiade, ère des Grecs, eut lieu l'an 776 avant notre ère : la deuxième année de la 42e olympiade est donc la deuxième après 41 révolutions de cette période de 4 ans, ou la 166e à compter de la première. Otant donc 165 ans de 776, le reste 611 indique que l'année dont il s'agit est la 611e avant notre ère.

Quant aux subdivisions des mois, on ne les faisait pas en semaines comme nous, bien que la semaine de 7 jours fût usitée en Egypte ; mais on partageait le mois en *décades*, ou de 10 en 10 jours, comme dans notre calendrier républicain.

CALENDRIER DES ROMAINS.

9. Dans les premiers âges de la république romaine, le temps était divisé d'une manière si compliquée et si bizarre, que nous n'avons aucune connaissance exacte du système suivi, et qu'on attribue à Romulus. Cette nation guerrière n'avait aucune des lumières propres à établir les fondements d'un système raisonnable. L'année n'avait que 10 mois, les uns de 20 jours, les autres de 35 : ces durées paraissent avoir été établies d'après les travaux de l'agriculture, les

idées religieuses dominantes, les superstitions, etc. Plutarque dit que l'année de Romulus avait douze mois, que janvier et février la terminaient, que septembre était le septième, et octobre le huitième,..... dénominations qui ont été conservées après les changements que cet ordre a subis. Le cinquième et le sixième mois étaient appelés *quintilis* et *sextilis*.

10. Numa déplaça le mois de janvier, qui depuis lors commença l'année; février la termina. Il régla les durées des mois sur la révolution de la lune, à l'instar des Grecs : il voulut aussi donner 365 jours et un quart à l'année, en la divisant selon les mouvements lunaires, ce qui le porta à imaginer le calendrier le plus bizarre et le plus compliqué qu'on puisse inventer. Comme ce système n'a subsisté que dans les temps de la république romaine, et encore très-incorrectement, qu'il n'a rien de commun avec celui dont on a fait usage depuis le règne des empereurs, nous pourrions nous dispenser de l'exposer; cependant il est assez curieux de connaître à quel degré de complication, des idées superstitieuses ont conduit l'inventeur de ce système, et nous allons l'expliquer en peu de mots. Nous devons ajouter cependant que plusieurs savants croient que le calendrier attribué à Numa était l'œuvre des Décemvirs, après leur séjour en Grèce.

11. Dans le calendrier de Numa, il ne donna à l'année que 355 jours; elle commençait au solstice d'hiver (*Ideler*, ère des Romains, page 135); mais outre les douze mois, il en ajoutait un treizième de deux en deux ans, ayant 22 ou 23 jours, sous le nom de *Mercédonien*, ce qui alors donnait à l'année 377 et 378 jours

Ainsi les durées étaient formées en périodes de quatre ans qui revenaient sans cesse tour à tour, et étaient respectivement composés de

355, 377, 355 et 378 jours.

Cela faisait donc 1465 jours en quatre ans, ou 366 jours et un quart pour un an, au lieu de 365 $^1/_4$, durée de l'année solaire. Mais pour compenser cette erreur, qui s'élevait à 24 jours en 24 ans, Numa prescrivit que dans les deux dernières périodes quartenaires, les années de 377 et 378 jours seraient réduites à 371 et 372, c'est-à-dire diminuées de 6 jours chacune, ce qui ôte 12 jours chaque fois, ou 24 jours en 24 ans, et ramène les durées totales à leur état réel. Voici les nombres de jours des mois des années de 355 jours :

Janvier,	29 jours.	*Sextilis*,	29 jours.
Mars,	31	*Septembre*,	29
Avril,	29	*Octobre*,	31
Mai,	31	*Novembre*,	29
Juin,	29	*Décembre*,	29
Quintilis,	31	*Février*,	28

Une superstition qui faisait regarder les nombres impairs comme heureux, avait déterminé ces espèces de fractionnements pour que les mois s'éloignassent peu des mois lunaires, et que cependant il y eût des nombres impairs de jours tant dans l'année que dans chaque mois. On doit admirer à quel enchaînement d'irrégularités on a été conduit, pour rester soumis à une aussi inutile exigeance. Février était le seul mois dont le nombre de jours était pair, et ce mois consacré aux expiations et aux funérailles, était considéré comme néfaste.

Et quant aux années de 377 et 378 jours, on les formait, comme on l'a dit, en ajoutant un treizième mois de 22 et 23 jours appelé *Mercédonien*. Mais ce mois n'arrivait pas à son rang, comme les autres mois; il était intercalé entre le 23 et le 24 février : en sorte qu'après les 22, 23 février, on commençait 1, 2, 3,... mercédonien, jusqu'au 22 ou 23; après quoi, on continuait 24, 25,..... février jusqu'à 28. Il est difficile d'imaginer un assemblage plus bizarre, et cependant plus exact dans son irrégularité.

12. Comme ce système était fort compliqué, le grand pontife était chargé du soin d'ordonner ces intercalations, et de veiller à l'exécution des règles prescrites. Sous les Décemvirs, le mois de février fut transporté au second rang, où il est demeuré depuis lors : ce déplacement fut opéré pour allonger d'un mois la durée de la puissance de ces sénateurs revêtus de la souveraineté.

Les Romains avaient l'usage d'une sorte de semaine, et chaque huitième jour, appelé *Nundinal*, était destiné à la tenue du marché public; seulement ce jour ne devait jamais coïncider avec le jour des *Nones* qui était le 5 ou le 7 du mois, ainsi qu'il sera dit ci-après : ce jour était consacré à la mémoire du roi Servius Tullius, qui était révéré des Romains. Au reste, cette dernière obligation, que le pontife devait aussi régler, n'a eu qu'une courte durée.

Les noms des jours n'étaient pas tels qu'aujourd'hui, et nous allons en expliquer bientôt le système, qui était aussi bizarre que le reste du calendrier; ces noms, sous les titres de *Calendes*, *Nones* et *Ides*, servaient à ces désignations.

CALENDRIER JULIEN.

13. Ce n'est que jusqu'à l'empereur Jules César que le système qui vient d'être décrit a été suivi ; et encore a-t-on jugé à propos de s'en écarter souvent. Les pontifes romains, choisis dans les familles patriciennes les plus élevées en dignité et en considération, mirent peu de zèle à s'acquitter des devoirs que Numa leur avait imposés ; par négligence, par superstition, ou par un usage arbitraire de leur puissance, ils allongèrent ou accourcirent l'année, sans s'assujétir à aucune règle. Souvent même ils consultaient pour cela leur commodité, ou les intérêts de leurs amis ou de leur politique. Midleton en cite plusieurs exemples dans sa *Vie de Cicéron* (traduction de l'abbé Prévost, T. III, p. 243.)

Le désordre que cette licence avait jeté dans le calendrier était allé si loin, que les mois avaient changé de saison ; ceux de l'hiver étaient reculés à l'automne ceux d'automne à l'été. Les fêtes étaient célébrées dans des saisons différentes de celles pour lesquelles on les avait instituées ; les fêtes de Cérès arrivaient au printemps, celles de Bacchus en été, etc. La réforme était donc devenue une mesure indispensable. Jules César fit venir d'Egypte un savant, nommé Sosigènes, pour l'aider dans cette opération ; et c'est alors, 45 ans avant notre ère, l'an 709 de la fondation de Rome, qu'il établit le calendrier qui a réglé toutes les durées pendant les siècles de l'empire romain, et qui subsiste encore de nos jours, sauf la réforme grégorienne et la dénomination des jours dont nous parlerons plus tard.

14. Pour réduire la durée de l'année civile à celle de l'année solaire qu'on croyait de 365 jours et un quart, l'empereur prescrivit de faire les années de 365 jours, et tous les quatre ans d'ajouter un 366e jour. Et comme il fallait restituer les fêtes publiques aux saisons qui leur convenaient, on fut obligé d'ajouter deux mois intercalaires, outre le mois mercédonien qui devait aussi en faire partie. On eut donc une année de 15 mois, divisés en 445 jours ; c'est ce qu'on appelle l'*année de confusion*. Voici comment elle fut composée :

Le 1 janvier de l'an 708 de Rome, tomba notre 13 octobre de l'année julienne (*) — 47.

Janvier,	29 jours,	finit le	10 novembre.
Février,	23 jours,	commença le	11 novembre.
Mercédonien,	23 jours,	—	4 décembre.
Reste de février,	5 jours,	—	27 décembre.
Mars,	31 jours,	—	1 janvier, an — 46.
Avril,	29 jours,	—	1 février.
Mai,	31 jours,	—	2 mars.
Juin,	29 jours,	—	2 avril.
Quintilis,	31 jours,	—	1 mai.
Sextilis,	29 jours,	—	1 juin.
Septembre,	29 jours,	—	30 juin.
Octobre,	31 jours,	—	29 juillet.
Novembre,	29 jours,	—	29 août.
2 mois intercalaires,	67 jours,		27 septembre.
Décembre,	29 jours,	—	3 décembre.
1 janvier, l'an 709 de Rome,			1 janvier. — 45

(*) Le signe — mis devant le millésime d'une année indique que cette année est comptée avant notre ère, en rétrogradant. Les chronologistes comptent ainsi les années en remontant 4, 3, 2, 1, —1, —2, —3, etc., tandis que les géomètres, se conformant à d'autres usages

A partir de cette dernière date, l'an —45, le calendrier julien a été établi dans tout l'empire romain, et accepté avec d'autant plus de satisfaction, que sa régularité et sa simplicité le rendaient d'un usage facile. Désormais le calendrier est réglé avec art et mis à la portée de tous les esprits; plus de mois lunaires, qu'on avait d'ailleurs oubliés depuis longtemps au milieu du désordre des dates; plus de mois mercédonien à intercaler dans l'un des mois; plus d'affection pour les nombres impairs, ni de répulsion pour les nombres pairs. Les nombres de jours des mois sont ceux-ci :

1 janvier,	31	7 juillet,	31
2 février,	28 ou 29	8 août,	31
3 mars,	31	9 septembre,	30
4 avril,	30	10 octobre,	31
5 mai,	31	11 novembre,	30
6 juin,	30	12 décembre,	31

Quant aux fêtes, elles sont rappelées à leurs saisons, et Flavius fut chargé de les fixer aux dates convenables, en les établissant d'après le mode de dénominations des différents jours; mais ce mode est encore un reste du vicieux état de l'ancien système; en sorte que ce calendrier, qui est encore en usage aujourd'hui, a cependant dû perdre ces ridicules dénominations, dont voici le singulier système.

15. Les Romains ne connaissaient pas notre semaine:

analogues, introduisent une année zéro avant les ans antérieurs à notre ère, 4, 3, 2, 1, 0, —1, —2, —3, etc. C'est la première méthode que nous suivons ici; ainsi l'an premier de la réforme julienne répond à l'an —45, c'est-à-dire à la 45e année avant notre ère. Le signe — devra donc toujours se traduire par ces mots : *année avant notre ère*.

e premier jour du mois était nommé *Calendes*, d'où lérive le mot *calendrier;* le 5e jour était celui des *Nones;* le 13e celui des *Ides;* cependant en mars, mai, uillet et octobre, mois qui ont 31 jours, les nones étaient le 7 et les ides le 15. Il y avait dans tous les cas, 8 jours d'ides, en sorte que la veille des nones était toujours appelée *octo idus*, le 8e jour des ides; car les noms des autres jours du mois se tiraient de eur rang en rétrogradant; ainsi, on disait le 2e des calendes (*pridiè calendas*) pour désigner la veille, ou e dernier jour du mois précédent; le 3e des calendes était la surveille, etc.; ainsi le 3e, le 4e jour des calendes d'avril étaient le 30 et le 29 mars. Le 366e jour qu'on devait ajouter tous les quatre ans était introduit à la place du mois mercédonien, c'est-à-dire entre le 23 et 24 février; et comme ce 24 était le 6e jour des calendes, le jour additif était appelé un second 6e jour, (*Bissexto calendas*), d'où vient le mot *bissextile*, appliqué aux années de 366 jours.

Les vers suivants expriment cette distribution :

> *Prima dies mensis cujusque est dicta* Calendæ :
> *Sex majus* Nonas, *october, julius et mars*
> *Quator at reliqui : dabit* Idus *quilibet octo;*
> *Indè dies reliquos omnes dic esse calendas,*
> *Quos retrò numerans dices à mense sequente.*

Ainsi, voilà notre calendrier bien expliqué, par les éléments qui lui ont donné naissance, par les principes de sa construction, et par son extrême simplicité; car le calendrier Julien est celui dont nous nous servons encore, à quelques modifications près, que nous ferons connaître en traitant du calendrier Grégorien; il a servi de règle pendant un grand nombre de siècles à tous les pays soumis à la domination romaine ; seulement on a abandonné les divisions de calendes, nones et ides, pour y substituer la semaine, dont il nous reste à parler.

16. La semaine était en usage chez les anciens Égyptiens ; les Juifs en avaient reçu la connaissance et l'avaient adoptée ; et lorsque le christianisme a été répandu en Europe, et est même devenu la religion de l'empire romain, elle a servi généralement à dénommer les jours. L'origine de la semaine est curieuse à rappeler ; on y reconnaît bien les noms des planètes, dont les anciens excluaient la terre, et au rang desquelles ils admettaient le soleil et la lune. Ces planètes énoncées dans l'ordre qu'on leur attribuait d'après leurs distances à la terre, estimées par les durées de leurs retours aux mêmes signes, étaient, en commençant par Saturne, la plus éloignée :

Saturne, Jupiter, Mars, le soleil, Vénus, Mercure et la lune. Or, cet ordre n'est pas celui des jours de la semaine, car *lundi* vient de lune, *mardi* de Mars, *mercredi* de Mercure, *jeudi* de Jupiter, *vendredi* de Vénus, *samedi* de Saturne, et *dimanche* de Dominus, maître, pour indiquer le soleil. L'antiquité était dans l'usage religieux de consacrer chaque heure du jour aux divinités qu'on supposait présider à chaque planète. La première heure du samedi était consacrée à Saturne, la 2e à Jupiter, la 3e à Mars, et ainsi de suite, en observant l'ordre indiqué ci-dessus. Saturne présidait de nouveau à la 8e heure, Jupiter à la 9e, etc. En continuant ainsi, on trouve que la 25e heure, ou la 1re heure du lendemain, était consacrée au soleil ; de là la dénomination de dimanche attribuée à ce jour.

reproduisons la même succession de planètes en partant de dimanche, et puisque nous avons avancé de trois rangs, nous serons porté de même au 3e degré, qui est la lune, pour la 1re heure du lendemain, qui sera lundi. Trois rangs encore au-delà, la première heure du mardi sera consacrée à Mars; la première du mercredi à Mercure, et ainsi de suite, jusqu'à ce que nous soyons revenus au samedi consacré à Saturne. On voit donc que chaque jour de la semaine a tiré son nom de la planète qui présidait à la première heure.

Comme l'année égyptienne était composée de 365 jours, sans intercalation, c'est-à-dire formée de 52 semaines et un jour, le jour de la semaine qui commençait l'année, la terminait; en sorte que le jour initial de l'année suivante avait le nom du lendemain, du jour suivant. Après un lundi venait un mardi, puis un mercredi, etc., pour le jour qui commençait les années consécutives : on avait donc ainsi l'année de la lune, puis celle de Mars, puis celle de Mercure, etc.; car on dévouait l'année entière à la planète qui présidait à la première heure du premier jour de cette année, et donnait son nom à ce jour.

Le premier jour d'une année est ce qu'on appelle sa *marque*, une fois ce jour connu, les noms des jours de toutes les autres dates s'en suivent. Nous allons donner la règle pour trouver cette marque pour toute année proposée.

17. Remarquons que dans un mois quelconque, *les nombres suivants disposés de 7 en 7*

1, 8, 15, 22, 29

sont des dates du même jour de la semaine. Si l'on

grave ces cinq nombres dans sa mémoire, il suffira d connaître la marque d'un mois, pour avoir le nom d quatre autres dates de ce mois; et par suite, celui d toute autre date du mois. Je sais, par exemple, qu'u mois commence par samedi, j'en conclus que le 8, l 15, le 22 et le 29 de ce mois sont aussi des samedis. E si je demande le nom du 17, 2 jours au-delà du 15, j reconnais que c'est un lundi. La marque du mois su vant sera facile à trouver, en procédant de 2 ou de rangs, après le samedi, selon que le mois a 30 ou 3 jours. Cette marque sera donc lundi dans le premie cas, mardi dans le second. On tirera de là les noms de dates de ce mois.

18. Et si l'on veut se transporter à un mois éloigné on comptera le nombre des mois intermédiaires, o multipliera par 2, enfin on ajoutera autant de fois U qu'il y a de mois de 31 jours; il ne restera plus qu' ôter du résultat tous les 7 contenus, pour avoir ce qu' faut compter de rangs au-delà de l'initial de dépar Le mois de février n'est pas compris dans cette énu mération; seulement on ajoute 1 quand il y a 29 jour:

Mars commence par mardi, quel est l'initial d septembre? Il y a 6 mois intermédiaires, dont 4 o 31 jours; on a 6 fois 2 plus 4 font 16, dont on ôte 14 il reste 2; il faut donc avancer de 2 places au-delà d mardi : ainsi septembre commence par jeudi.

19. L'année est composée de 52 semaines, car 5 fois 7 jours font 364 : mais il reste encore un jour d'où l'on voit que l'année est terminée par le mêm jour qui la commence. L'initial de l'année suivante es donc le lendemain. L'an 1842 commence par samedi donc 1843 doit commencer par dimanche; 1844 pa

lundi. Mais après une année bissextile, il faut passer un jour ; 1845 commence par mercredi.

On comprend que la grande régularité du calendrier Julien, permet de trouver la marque d'une année quelconque, ou plutôt celle du mois de mars, afin d'éviter l'intercalation en février des années bissextiles. Voici la règle pour le *Calendrier Julien :*

Au millésime de l'année proposée, ajoutez son quart (en négligeant les fractions) plus un, et supprimez tous les multiples de 7, le reste sera le jour initial de mars, 1 désignant lundi, 2 mardi, 3 mercredi.... 0 dimanche. Ainsi, pour l'an Julien 1842, on a le quart 460, d'où $1842 + 460 + 1 = 2303$; divisant par 7, le reste 0 indique que l'initial cherché est un dimanche, dans le calendrier Julien.

20. On trouvera plus loin un calendrier perpétuel. Les jours de la semaine y sont désignés par les lettres *A*, *B*, *C*, *D*, *E*, *F*, *G*, qui se reproduisent périodiquement. Si l'on sait que *D* représente mardi, toutes les fois que cette lettre revient dans le calendrier, le jour est un mardi, *E* est un mercredi, *F* un jeudi, etc. La *lettre dominicale* est celle qui désigne le dimanche; c'est *B* dans notre exemple. Chaque année a sa lettre dominicale propre, et cette lettre doit rétrograder d'un rang dans la série, en passant à l'année suivante, puisqu'il s'écoule 52 semaines et un jour. Dans les années bissextiles, comme février reçoit un jour de plus qu'il n'est marqué dans le calendrier perpétuel, la lettre qui a désigné dimanche en janvier et février, désigne lundi dans les autres mois, et la lettre dominicale qui se rapporte à ceux-ci précède l'autre. Ainsi, dans les années bissextiles, il faut deux lettres domini-

cales, l'une pour les deux premiers mois, l'autre pour les dix mois suivants; et celle-ci précède la première dans l'ordre *A*, *B*, *C*... Nous avons réservé une colonne de la table qui commence cet ouvrage pour désigner la lettre dominicale.

La règle ci-dessus, qui apprend à connaître la marque d'une année, donne donc la lettre dominicale, puisque la marque de mars est figurée par la lettre *D*. *De* 4 (*ou s'il le faut, de* 11) *retranchez la marque de mars, le reste sera le rang de la lettre dominicale dans l'ordre A, B, C....*

En 1842, l'initial de mars étant 0; 4 ou *D* est la lettre dominicale. Dans l'année 1848, la marque de mars est $1848 + 462 + 1 = 2311$, ou 1, en ôtant les 7; l'initial de mars est lundi; $4 - 1 = 3$; donc *C* est la lettre dominicale; mais comme l'année est bissextile, celle de janvier et février est *D*.

21. Voici la règle qui résulte de ces développements:

Au millésime de l'année ajoutez son quart et en outre 1; *négligez les fractions s'il y en a, et supprimez les multiples de* 7; *vous aurez l'initial de mars pour reste; retranchez-le de* 4 (*ou s'il le faut de* 11), *le nouveau reste sera le rang de la lettre dominicale dans l'ordre A, B, C*... Quand l'année est bissextile, janvier et février ont une autre lettre dominicale, qui est la suivante dans l'ordre. Ainsi, en 1548, on a $1548 + 387 + 1 = 1936$, qu'on réduit à 4, en supprimant les 7; retranchant de 11, on a 7, ou *G*, lettre dominicale; en janvier et février cette lettre est *A*.

22. Ce n'est qu'après 7 bissextiles, ou 7 fois 4 ans, que les lettres dominicales se reproduisent dans le

nême ordre périodique; cette durée de 28 ans compose ce qu'on appelle le *Cycle des lettres dominicales ;* on la nomme aussi *Cycle solaire*, quoique le soleil n'y oit pour rien. Comme ce cycle a commencé l'an 9 avant otre ère, on trouve cette règle : *Ajoutez 9 au millé-ime, divisez par 28, et le reste sera le cycle solaire le l'année proposée :* le quotient marque combien de ois la période s'est reproduite depuis l'origine, 'an — 9. Ainsi, en 1842, on a 1842 + 9 = 1851 ; divisant oar 28, le reste 3 est le cycle solaire, et le quotient ndique que la période s'est reproduite 66 fois.

Dans le calendrier Julien, comme les bissextiles reviennent sans interruption tous les quatre ans, une table de correspondance entre les 28 numéros du cycle olaire sert à perpétuité pour donner la lettre domi-ale de toute année proposée. Voici cette table, qui l'ailleurs n'a plus d'utilité depuis la réforme grégo-ienne ; il en faut dire autant des règles que nous ve-ons de donner, qui seront remplacées par d'autres que nous exposerons quand il s'agira de cette réforme. En Russie et dans l'Eglise grecque, la table suivante st encore en usage, parce que l'on ne s'y sert que du alendrier julien.

Tableau de correspondance du cycle solaire et des lettres dominicales.

cycle	1	G F	cycle	11	A	cycle	21	C B
	2	E		12	G		22	A
	3	D		13	F E		23	G
	4	C		14	D		24	F
	5	B A		15	C		25	E D
	6	G		16	B		26	C
	7	F		17	A G		27	B
	8	E		18	F		28	A
	9	D C		19	E			
	10	B		20	D			

23. Quoiqu'on ait renoncé à conserver les mois lunaires dans le calendrier Julien, et tenté de mettre d'accord les mouvements du soleil et de la lune, à l'aide d'intercalations compliquées; cependant, par un reste d'attachement à d'anciens usages, on a eu recours à un sytème ingénieux pour que le calendrier fît connaître les dates des nouvelles lunes chaque année, et par suite celles des autres phases. Voici en quoi consiste ce système.

Nous avons dit, n° 7, qu'en dix-neuf ans, il y a 235 lunaisons presque exactes, savoir : 7 de plus qu'il n'y a de mois solaires. L'an de la réforme de Jules César, la nouvelle lune tomba le 1er janvier, et peut-être est-ce même par cette raison qu'on a préféré commencer l'année par ce jour plutôt que par celui du solstice d'hiver.

On a écrit le chiffre 1 devant le 1er janvier (Voy. le *Calendrier Julien* à la fin de l'ouvrage), et aussi à toutes les dates des nouvelles lunes de cette année; c'est-à-dire à toutes les périodes successives de 30 et de 29 jours alternativement. On est arrivé ainsi au 22 décembre, jour où recommence une 13e nouvelle lune, qu'on doit prendre de vingt-neuf jours. En procédant au-delà jusqu'au 29e jour, on tombe sur le 20 janvier, jour de la nouvelle lune de l'année suivante, n° 2 du cycle de 19 ans. On écrit 2 à cette date, ainsi qu'à toutes les nouvelles lunes suivantes, qu'on trouve en procédant de nouveau par mois de 30 et 29 jours comme ci-dessus. De même, on écrit 3 le 9 janvier, première nouvelle lune de la 3e année du cycle, et ainsi en suivant la même méthode, de manière à accomplir les 235 lûnaisons, et qu'en arrivant à la fin de la 19e année, on retombe sur le 1er janvier, pour recommencer un nouveau cycle.

Connaissant le *nombre d'or* d'une année quelconque, on cherchera ce chiffre dans le calendrier Julien, et toutes les fois qu'il se rencontrera, ce sera la date d'une nouvelle lune. On en conclut ensuite les phases ; car la pleine lune est le 14e jour (13 jours après) ; les quartiers sont au milieu des intervalles. C'est ce qu'on peut voir par le calendrier julien.

24. La première colonne de notre calendrier Julien contient, pour chaque mois, les dates ; la 2e les noms que les Romains donnaient aux jours ; en observant que les calendes prennent toujours le titre du mois suivant : le 31 mars est appelé *pridiè calendas aprilis;* le 27 mai, *sexto calendas junii ;* et ainsi des autres.

La troisième colonne contient les nombres d'or ; voici la règle qui les détermine pour le mois de janvier, ainsi que cela résulte de ce qui a été expliqué. Partant du 1 au premier jour, on ajoute 19, et on écrit 2 à la date du 20. Comme 20 surpasse 11, on ôte 11, et on écrit 3 à la date du 9 ; $9 + 19 = 28$, et on écrit 4 à la date 28 ; $28 - 11 = 17$, on écrit 5 le 17, etc. ; soustraire 11, revient à ajouter 19, puis retrancher 30 de la somme. Quant aux chiffres des autres mois, on répète les précédents après des intervalles de 29 et 30 jours alternativement.

Quand la date de janvier est plus petite que 11, l'année renferme 13 nouvelles lunes, et celle du mois de janvier suivant est la 14e ; il y a alors deux lunaisons successives qui peuvent avoir 30 jours. Comme cette circonstance arrive 7 fois en 19 ans, ces 7 jours sont destinés à faire une compensation à l'erreur qu'on commet à raison des années bissextiles où février a un jour de plus que ne le marque notre calendrier, et aussi en donnant 29 jours et demi à la lunaison ; car les 235 lunaisons, à raison de 29 $\frac{1}{2}$ jours, font 6932 $\frac{1}{2}$ jours, et ajoutant 7, on a 6939 jours $\frac{1}{2}$ qui sont bien le produit de la lunaison 29 j., 5305886 par 235 (*Voy.* n° 7). Voyez l'*Art de vérifier les dates*, article du cycle lunaire.

25. Du reste, notre table représente bien les lunaisons du temps de Jules César ; mais comme l'on n'y tient pas compte *exactement* des durées de la lunaison et de l'année solaire, au bout de deux siècles, on a une erreur d'un jour; et l'accumulation de ces erreurs ne permet plus d'appliquer cette table depuis longtemps. On en pourrait construire une semblable pour les autres temps, mais on a préféré lui substituer la table des *Épactes*, dont il sera question, en traitant du calendrier grégorien.

La règle pour trouver le nombre d'or d'une année, c'est-à-dire, son rang dans le cycle de 19 ans, est celle-ci : *Ajoutez 1 au millésime de cette année, et divisez par* 19; *le reste de cette division est le nombre d'or demandé*. Quand la division se fait sans reste, le nombre d'or est 19, et non pas 0. En 1848, on divisera 1849 par 19 ; on aura le reste 6 qui est le nombre d'or de l'an 1848, et le quotient 97 qui marque que depuis l'origine de notre ère, le cycle s'est accompli 97 fois.

La 4e colonne est composée des lettres dominicales. Les progrès que le christianisme a faits dans les premiers siècles de notre ère ont introduit l'usage de la semaine, concuremment avec celui des calendes, nones et ides ; le chapitre 2 de la Genèse nous apprend que Dieu ayant créé le monde en six jours, s'est reposé le septième. Ce jour de repos, qui était le samedi ou *Sabbat* pour les Israélites, a été le dimanche pour tous les chrétiens. Nous avons expliqué comment on pouvait connaître la lettre dominicale qui convient à une année julienne proposée, ce qui permet d'assigner les noms de toutes les dates.

Nous ne parlerons pas ici des dates auxquelles on porte les fêtes chrétiennes et les noms des saints invoqués par l'Eglise. Ce sujet sera traité quand nous aurons expliqué le *Calendrier Grégorien*, car les fêtes sont les mêmes, et déterminées par les mêmes règles; les dates n'éprouvant d'autre changement que celui qu'exige la réforme dont nous allons traiter.

CALENDRIER GRÉGORIEN.

26. Dans le style Julien, on attribue à l'année solaire la durée de 365 jours et un quart; on la suppose donc trop longue de 11′ 12″. Il en résulte que l'intercalation bissextile d'un jour tous les 4 ans, est trop forte de près de trois-quarts d'heure dans cette durée de 4 ans. Quatre ans plus tard, on anticipera de nouveau de $^3/_4$ d'heure sur le soleil, et ainsi de suite. Avec la succession des temps cette erreur s'accumule, et produit un jour en 128 ans et demi, 2 jours en 257 ans, etc. L'équinoxe du printemps qui, dans l'origine tombait le 21 mars, est donc arrivé le 20, puis le 19, puis le 18, etc., remontant ainsi d'un jour à chaque période de 128 ans et demi.

On ne voit pas à cela un inconvénient véritable; l'année civile était *vague*, comme celle des anciens Egyptiens, comme l'est celle des Musulmans; et dans la vie humaine la plus longue, il n'en résultait aucune appréciation possible pour changer les usages sociaux, ni l'ordre des travaux de l'agriculture. Mais les chrétiens qui avaient adopté une règle pour célébrer la fête de Pâques, en la faisant dépendre du jour de l'équinoxe, ont cru devoir faire disparaître cette erreur, en ramenant sans cesse l'équinoxe au 21 mars, et c'est le motif qui a déterminé le pape Grégoire XIII à faire adopter une réforme au calendrier Julien.

Il fallait d'abord ramener l'équinoxe au 21 mars, puis s'opposer ensuite à ce qu'il s'en écartât à l'avenir. On y est parvenu de la manière suivante (*) :

27. En 1582, l'équinoxe du printemps arriva le 11 mars, en retard de 10 jours : le pape ordonna qu'on fît la suppression de 10 jours au mois d'octobre. Le lendemain du jeudi, 4 de ce mois, au lieu de compter 5, on a compté vendredi 15 : en sorte que le mois d'octobre, privé de 10 jours, a été composé de 1, 2, 3, 4, 15, 16, etc. ; et comme rien n'a été changé à l'ordre des jours de la semaine, la lettre dominicale qui était *G* est devenue *C* depuis le 15 octobre jusqu'à la fin de l'année de la réforme 1582. Par cette suppression de 10 jours, l'équinoxe s'est retrouvée le 21 mars, en 1583 et années suivantes.

28. Pour éviter à l'avenir l'anticipation de l'année

(*) La réforme grégorienne a été adoptée immédiatement par les Italiens, les Espagnols et les Portugais : mais les Français ne l'ont suivie que du 10 au 19 décembre de la même année 1582 ; et dans le Brabant, du 15 au 24 du même mois. A Strasbourg, on ne l'a adoptée que du 18 février au 1er mars 1682 ; dans les états protestants d'Allemagne, du 18 février au 1er mars 1700 ; en Angleterre, du 20 août au 1er septembre 1752 ; enfin en Suède, du 17 février au 1er mars 1753

laire sur l'année civile, il fallait diminuer les intercalations; et comme il est d'une grande importance que le mode soit simple et d'un facile usage, voici ce qui a été imaginé : le pontife ordonna la suppression de trois bissextiles séculaires sur quatre. Les années 1700, 1800 et 1900 qui devaient être bissextiles dans le style julien, à raison de leur rang dans la période de 4 ans, ont été communes; mais l'an 2000 devra être bissextile, et ainsi de 4 en 4 siècles. On n'intercale donc que 97 jours en 400 ans, au lieu de 100 jours : ces 400 ans sont ainsi formés de 400 fois 365 jours, plus 97 jours, ce qui, en divisant par 400, donne pour durée de l'année civile 365 j. + $^{97}/_{400}$ de jour, ou 365j., 2425; et comme l'année solaire est de 365j., 242218. Il y a bien encore une très-légère différence de 24″, 36 par an ; mais elle ne produit en mille ans qu'un peu moins de 7 heures, et il sera temps dans 3 ou 4 mille ans, de supprimer encore un jour du calendrier, pour ramener l'équinoxe au 21 mars, si l'on juge toutefois que cela ait quelque importance.

29. La réforme grégorienne comprend donc deux parties : l'une est la suppression de 10 jours en 1582, chose une fois faite pour toujours, et dont il n'y aura plus à s'occuper ; l'autre la suppression de trois bissextiles séculaires sur quatre, dont l'effet se fera sentir au retour des années séculaires ; ce n'est que tous les cent ans qu'on s'écarte de la règle des bissextiles du calendrier Julien. Voici cette règle :

1° *Pour reconnaître si une année proposée est commune ou bissextile, divisez par 4 le nombre exprimé par les deux chiffres à droite du millésime; l'année est bissextile quand la division se fait sans reste.* L'an

1843 est la 3e après une bissextile, parce qu'en pre nant le quart de 43, il reste 3. L'an 1844 a 366 jours parce que le quart de 44 est juste 11.

2o *Pour une année séculaire, supprimez les deux zéros à droite du millésime, et pour que cette année soit bissextile, il faut que le quart des chiffres restants (partie séculaire) soit entier :* 1800 n'est pas bissextile, parce que le quart de 18 n'est pas entier; 2000 l'est, car le quart de 20 est 5.

Quant à la règle pour trouver la lettre dominicale elle doit être modifiée pour avoir égard à la suppression de 10 jours en 1582, et à celle de trois bissextiles séculaires sur quatre.

C'est un fait que *le jour qui commence le mois de mars de l'an* 1800 *est un samedi*, représenté par 6 et comme, chaque année commune, ce jour avance d'un rang, et de deux rangs dans une année bissextile, on en conclut la règle suivante pour *trouver la marque du mois de mars* d'une année quelconque de notre siècle :

Au nombre exprimé par les deux chiffres à droite du millésime, ajoutez son quart (en négligeant les fractions, s'il y en a) plus 6; *supprimez tous les multiples de* 7, *et le reste sera le rang du jour initial de mars* dans l'ordre lundi 1, mardi 2, mercredi 3, etc., dimanche 0 ou 7, comme no 19. En 1842, on a $42 + 10 + 6 = 58$ qu'on réduit à 2; mars commence par mardi. Pour l'an 1844, on a $44 + 11 + 6 = 61$, qu'on réduit à 5; le jour initial de mars 1844 est vendredi.

Une règle semblable s'applique à tous les siècles,

mais en changeant le chiffre additif 6 : ainsi *le jour qui commence le mois de mars*,

L'an 1600,2000,2400. . . . est mercredi, ou 3;
L'an 1700,2100,2500. . . . est lundi, ou 1;
L'an 1800,2200,2600. . . . est samedi, ou 6;
L'an 1900,2300,2700. . . . est jeudi, ou 4;

et ainsi périodiquement de 4 en 4 siècles. Le chiffre 6 de la règle ci-dessus doit donc être changé en 3, 1, 6 ou 4, selon le siècle.

Voici la raison de ce changement. Si l'initial de mars en 1600 est mercredi, comme 400 années grégoriennes comprennent 400 fois 365 jours plus 97, ou 146097 jours, qui complètent juste 20871 semaines, donc le mois de mars de l'an 2000, de l'an 2400, etc., commencera aussi le mercredi. Cette remarque s'applique encore au jour initial de tout autre mois qui revient le même tous les 400 ans.

Du 1 mars 1600 au 1 mars 1700, on trouve 100 fois 365 jours plus 24, ou 5217 semaines plus 5 jours; et puisque mars 1600 commence le mercredi, mars 1700 doit commencer 5 rangs après, ou le lundi. De même mars 1800 encore cinq rangs après, ou le samedi; et mars 1900 le jeudi. Mais comme l'an 2000 a un 29 février, il y a un jour de plus, et il faut aller six rangs après le jeudi pour avoir l'initial de mars en 2000; et voilà pourquoi on retombe sur le mercredi.

Quant à *la lettre dominicale*, lorsqu'on connaît le chiffre de l'initial de mars, il suffit de retrancher ce chiffre de 4 (ou de 11, quand le chiffre surpasse 4); la différence est le rang de cette lettre dans l'ordre *A*, *B*, *C*... Cela vient de ce que le premier mars porte la lettre *D*, qui est la 4e. Ainsi, en 1842, la lettre dominicale est 4 — 2 ou 2, c'est-à-dire *B*.

En 1924, on a $24 + 6 + 4 = 34$, qu'on réduit à 6 mars commence par samedi, et la lettre dominical $11 - 6 = 5$, est *E*. D'ailleurs comme 1924 est un année bissextile, janvier et février ont une autre lettr qui est la suivante, ou *F*.

Nous avons dit, *page* 279, que le cycle des lettres do minicales n'était plus d'aucune utilité depuis la réform grégorienne, à cause de la suppression des bissextile séculaires : cependant on peut encore se servir de c cycle pendant la durée de 100 ans, pourvu qu'o change à chaque siècle la correspondance entre les n du cycle et les lettres dominicales. Ainsi, pendant tou le cours du 19e siècle, on fera usage de la table sui vante, si l'on veut se dispenser du calcul qu'on vien d'indiquer. *On ajoute* 9 *au millésime proposé; o divise la somme par* 28, *et le reste est le cycle solair* dont le chiffre cherché dans la table suivante donne l lettre dominicale de l'année.

Correspondance du cycle solaire et de la lettre domi nicale depuis l'an 1800 *jusqu'à la fin de l'an* 1899 *dans le style grégorien.*

cycle 1	E D	cycle 11	F	cycle 21	A G
2	C	12	E	22	F
3	B	13	D C	23	E
4	A	14	B	24	D
5	G F	15	A	25	C B
6	E	16	G	26	A
7	D	17	F E	27	G
8	C	18	D	28	F
9	B A	19	C		
10	G	20	B		

A partir de l'an 1900, jusqu'à l'an 2099, il faudra for

ner une autre table dans laquelle le n° 17 du cycle sera remplacé par 1; 18 le sera par 2; 19 par 3, etc. et ainsi périodiquement, en conservant l'ordre des autres.

30. La partie la plus importante de la réforme grégorienne est relative à la distribution des fêtes mobiles, ou plutôt à la fixation de la fête de Pâques qui les détermine, comme on va le dire.

Les pères du concile de Nicée décidèrent, en 325, que *la fête de Pâques serait célébrée le premier dimanche d'après la pleine lune qui suit le* 20 *mars*. On supposait alors que les durées des révolutions du soleil et de la lune étaient connues avec exactitude, et on croyait que par l'intercalation d'un jour tous les 4 ans, l'équinoxe du printemps devait toujours arriver le 21 mars. On reconnut plus tard que le concile était dans l'erreur, la succession des temps ayant mis en évidence de petites différences, par leur accumulation. C'est à ce défaut d'exactitude que le pape Grégoire XIII voulut remédier par la réforme, afin de ramener toujours l'équinoxe au 21 mars.

Voilà donc ce qu'il faut faire pour trouver le jour de la fête de Pâques, une année quelconque : cherchez le jour de la nouvelle lune en mars, *comptez treize jours après*, vous aurez le jour de la pleine lune; s'il est le 21 mars ou au-delà, *le dimanche suivant* sera la fête pascale : mais si ce jour est avant le 21 mars, cette lune n'est pas pascale, et il faut recourir à la lune suivante, pour laquelle on devra opérer de même.

Par exemple, si la nouvelle lune de mars est le 3; 13 et 3 font 16; le 16 est la pleine lune, et ce n'est pas elle qui détermine la fête de Pâques, parce qu'elle vient avant le 21. La nouvelle lune suivante est le avril; 13 et 2 font 15; le 15 avril est donc la plei lune pascale; si le dimanche d'*après* est le 18, c'est 18 avril qu'on doit célébrer la fête de Pâques.

31. Observez que si la pleine lune tombe le 21 mar et que le lendemain 22 soit un dimanche; ce jour c la fête de Pâques, qui tombe ainsi le plus tôt possibl De même, si la pleine lune tombe le 20 mars, auqu cas elle n'est point pascale, la pleine lune suivan tombe le 18 avril; si ce jour est un dimanche, la Pâqu doit être célébrée le dimanche suivant qui est le 2 avril; c'est le plus tard qu'elle puisse arriver. Ain cette fête doit tomber dans les limites du 22 mars du 25 avril, renfermant 35 jours. Il y a donc 35 cale driers possibles ainsi que nous l'avons dit *page* 3.

Mais les nouvelles et pleines lunes dont on fait usag dans cette détermination, ne sont pas les lunes astro nomiques, telles que les donnent les tables et le observations; ce ne sont pas même des lunes moyenne dégagées de toutes les inégalités qui affectent le cour de cet astre; mais des lunes dites *civiles*, ou plut *ecclésiastiques*, déterminées par des règles que nou allons donner, en nous servant des *nombres d'or* et de *épactes*.

32. On donne le nom d'*Épacte* à l'âge de la lune l 31 décembre, qu'on prend pour renouvellement d l'année suivante. Dans le *Calendrier Grégorien perpe tuel*, la colonne intitulée *épactes*, est formée des nom bres décroissants 30, 29, 28... jusqu'à 1, qu'on a ins crits aux dates 1, 2, 3... du mois de janvier. On con tinue cette même série aux dates des autres mois mais comme elle est destinée à représenter les moi

naires, de 29 j. ½, on cumule ensemble de deux deux mois, les épactes 24 et 25, pour que les mois ient alternativement de 30 et de 29 jours. (*Voy.* à la du livre le *Calendrier Grégorien perpétuel.*)

Maintenant, si l'on connaît l'épacte d'une année, est-à-dire, l'âge de la lune le 31 décembre qui la précède, en retranchant cet âge de 31, le reste est la te de la première nouvelle lune en janvier. Mais dans *Calendrier perpétuel* ci-après, la somme d'une date et son épacte est 31, pendant tout le mois de janvier; soustraction dont il s'agit est donc toute faite, car suffit de chercher l'âge parmi les épactes, et la date rrespondante sera celle de la nouvelle lune de janer. Par exemple, si l'épacte d'une année est 17, en tranchant de 31, le reste 14 est le nombre de jours à couler pour arriver à la nouvelle lune, qui sera le 14 nvier; et 17 répondant à la date 14, dans le *Calendrier perpétuel*, la soustraction était inutile à faire. même, il résulte de la construction des colonnes épactes du reste de l'année, que chaque fois qu'on trouve 17, la date correspondante est celle d'une ouvelle lune : dans notre exemple, ce sera donc les 2 février, 14 mars, 12 avril, 12 mai, 10 juin, etc.

Ainsi le chiffre d'épacte d'une année en fait immédiatement connaître toutes les nouvelles lunes civiles : n retranchant 13 de l'épacte, le reste est le chiffre ui répond à toutes les pleines lunes : dans notre xemple, le nombre 4 se rencontre à toutes les pleies lunes dans la colonne d'épacte, parce que 7 — 13 = 4, savoir les 27 janvier, 25 février, 27 mars, 25 avril, etc. De même, en retranchant 6 ou 20 de 'épacte, on a les quartiers de la lune. Au lieu de retrancher 20 on peut ajouter 10, complément à 30; et ainsi des autres soustractions.

33. Il reste donc à *trouver l'épacte d'une année proposée*, et nos colonnes d'épacte feront connaître à la simple vue toutes les phases lunaires moyennes, procédé beaucoup plus facile à pratiquer que le système des nombres d'or du style julien.

Nous avons dit qu'en *ajoutant* 1 *au millésime d'une année, et divisant par* 19, *le reste est le nombre d'or de cette année*, en le prenant = 19, quand la division est exacte.

Puisque l'année solaire dépasse la lunaire de 11 jours, si l'épacte est zéro pour une année, c'est-à-dire, si la nouvelle lune tombe le 31 décembre précédent, elle sera 11 pour l'année suivante, 22 pour celle d'après, 33 (ou plutôt 3, en retranchant un mois de 30 jours) pour la suivante, etc. De là, le tableau suivant de correspondance entre les nombres d'or et les épactes; * ou 0 équivaut à l'épacte 30.

CORRESPONDANCE DES NOMBRES D'OR ET DES ÉPACTES

Nombre d'or,	I	II	III	IV	V	VI	VII	VIII	IX	X
Epacte,	*	11	22	3	14	25	6	17	28	
Nombre d'or	XI	XII	XIII	XIV	XV	XVI	XVII	XVIII	XIX	
Epacte,	20	1	12	23	4	15	26	7	18	

On forme l'équidifférence 0, 11, 22, 33, 44, 55, etc dont la raison est 11; on y supprime tous les multiples de 30, et on a la suite des épactes, 0, 11, 22, 3, 14, 25, etc. *Pour avoir l'épacte d'une année, cherchez le nombre d'or par la règle ci-dessus, et cette petite table, ou l'équidifférence d'où elle est tirée donnera l'épacte*. Si le nombre d'or est 13, calculez le 13e terme de la progression dont la différence est 11, et le 1er terme 0; il est 11 × 12 ou 132, qui, dégagé des multiples de 30, se réduit à 12, épacte demandée, comme la donne la table ci-dessus.

34. Il est vrai qu'il s'en faut de 2h. 3/4 que l'année solaire dépasse la lunaire de 11j., et qu'en ajoutant ainsi 11j. consécutivement, l'erreur, en s'accroissant, tend à s'élever à 2 jours par cycle. Mais si l'on a bien compris ce qui a été dit nº 23 sur le nombre d'or, on sait que les 235 lunaisons du cycle de 19 années solaires y sont comprises, et qu'en faisant usage de la progression qui attribue 354 jours à l'année lunaire, il s'établit naturellement une compensation presque complète, sauf une très-faible erreur chaque cycle.

Et pourtant cette table exige des changements avec les siècles, parce qu'on n'y a égard ni à la correction grégorienne, ni à l'erreur du cycle même de 19 ans. Voici les corrections nécessitées par ces deux causes.

35. On sait que 19 années juliennes de 365 jours et un quart surpassent 235 lunaisons (en les évaluant avec les connaissances qu'avait le pape Grégoire) de 1h. 459; en sorte qu'après 19 années juliennes révolues, les nouvelles lunes devaient revenir aux mêmes dates, mais une heure et demie plus tôt. Cet excès s'accumulant avec les cycles de 19 ans, on trouve que l'erreur est d'un jour après 312 ans en demi, car 0j., 0608 : 19 ans : : 1j. : 312 1/2.

Après 312 ans 1/2, les nouvelles lunes moyennes arrivent donc un jour plus tôt, et tombent la veille du jour où l'épacte civile les marque dans le calendrier perpétuel. Mais la colonne des épactes procédant selon l'ordre rétrograde 30, 29, 28, 27.... La correction qu'exige cette avance, consiste à augmenter toutes les épactes de 1 après 312 $^1/_2$ ans. Après 625 ans, on ajoutera de nouveau 1, etc.; enfin, après 2500 ans, on aura ainsi ajouté 8 à toutes les épactes de la table précédente. On obéit à cette prescription en pratiquant la règle suivante : ajoutez 1 à l'épacte après chaque période de 300 ans, et lorsque sept de ces périodes auront été écoulées, n'ajoutez la 8e unité qu'après 400 ans.

C'est ce qu'on voit dans le tableau ci-après où les + repartis selon cette règle indiquent chacun l'augmentation de un qu'il faut faire à chaque épacte. Arrivé à 3900, le + n'est porté que 4 siècles après.

36. D'ailleurs, l'année grégorienne supprime trois bissextiles séculaires sur quatre, et nos dates actuelles sont plus avancées d'un rang chaque fois, que dans le calendrier Julien. Ainsi on devra diminuer de 1 les épactes après chacune de ces bissextiles séculaires supprimées. Ce que nous avons indiqué par des signes —

Le signe — qui suit 1900 dans ce tableau, marque qu'il faut soustraire 1 de toutes les épactes de la table qui précède, sans changer les nombres d'or, si l'on veut la faire servir de 1900 à 1999, et même jusqu'en 2199, puisque 2000 n'est affecté d'aucun signe, et que 2100 porte deux signes qui se détruisent. En 2200 on a —, on retranchera de nouveau 1; en 2300, on ôtera une 3e unité, on en ajoutera une à 2400, etc. Ainsi notre table de correspondance des nombres d'or avec les épactes pourra servir indéfiniment avec ces corrections :

De l'an	1900 à 2199	retranchez	1	aux épactes de la table.	
De	2200 à 2299	—	2	—	
De	2300 à 2399	—	3	—	
De	2400 à 2499	—	2	—	
De	2500 à 2599	—	3	—	

et ainsi de suite : les nombres d'or restent d'ailleurs les mêmes.

On demande, par exemple, l'épacte de l'an 3181 dont le nombre d'or est 9, ainsi qu'on le trouve en prenant le reste de 3182 divisé par 19. Le nombre d'or IX répond à l'épacte 28. Mais le tableau suivant montre que de 1900 à 3100, il y a sept — et un +, sans compter les ± qui se détruisent; c'est donc 6 qu'il faut ôter à toutes les épactes; en sorte que 22 est celle de l'an 3181.

1600	2800	4000
1700 —	2900 —	4100 —
1800 ±	3000 ±	4200 —
1900 —	3100 —	4300 ±
2000	3200	4400
2100 ±	3300 ±	4500 —
2200 —	3400 —	4600 ±
2300 —	3500 —	4700 —
2400 +	3600 +	4800
2500 —	3700 —	4900 ±
2600 —	3800 —	5000 —
2700 ±	3900 ±	5100 —

37. Maintenant que nous savons trouver facilement l'épacte d'une année quelconque, et que par conséquent nous savons lire sur le calendrier perpétuel toutes les dates des phases lunaires moyennes, il nous

sera bien aisé de mettre en pratique la règle donnée pour fixer la fête de Pâques; car nous chercherons en mars la nouvelle lune et nous compterons *treize jours au-delà*, pour avoir la pleine lune pascale; si cette phase est le 21 mars ou au-delà, le dimanche suivant sera la fête de Pâques. Mais il faudra recourir à la lunaison d'avril, si cette pleine lune ne tombe pas *après* le 20 mars, et opérer de même. Cette opération très-simple est encore rendue plus aisée à pratiquer par la règle suivante.

38. Observez que dans le calendrier perpétuel, chaque date de mars ajoutée à l'épacte correspondante donne 31 pour somme; ainsi la date = 31 — *épacte*. Ajoutant 13 pour passer de la nouvelle à la pleine lune, on a 44 — *épacte* pour la date de la pleine lune pascale, quand la nouvelle lune tombe en mars. Si l'on est obligé de recourir à celle d'avril, cette date est 43 — *épacte*, parce qu'alors la somme de la date d'avril plus l'épacte n'est que 30.

Et comme la nouvelle lune n'est pascale en mars qu'autant qu'elle tombe au-delà du 7, c'est-à-dire qu'autant que l'épacte est plus petite que 24, on en tire cette règle, facile à appliquer :

Si l'épacte est plus petite que 24, prenez la date (44 — épacte) en mars, ce sera la pleine lune pascale : bien entendu que le 32 mars équivaut au 1er avril, le 33 mars au 2 avril, etc.

Si l'épacte surpasse 24, prenez la date (43 — épacte) en avril, ce sera la pleine lune pascale.

Enfin si l'épacte est 24, on la change en 25; si elle est 25 en même temps que le nombre d'or est plus grand que 11, on change 25 en 26. La raison de ces changements tient à ce que, dans un même cycle de 19 ans, il ne doit jamais arriver que deux phases lunaires moyennes tombent sur la même date; or cela n'aurait plus lieu si on cumulait dans tous les cas les épactes 24 et 25, et 25 doit être cumulé avec 26, quand le nombre d'or est plus grand que 11.

Du reste, la fête de Pâques est le dimanche d'après la date ci-dessus trouvée pour la pleine lune pascale.

39. Voici donc la succession d'opérations à faire pour obtenir la date pascale :

Cherchez 1° la lettre dominicale de mars, par la règle donnée *page* 287;
2° Le nombre d'or, par la règle donnée *page* 282 et 292;
3° L'épacte, par le tableau de la *page* 292;

Ensuite distinguez trois cas :

1° *Si l'épacte est* < 24, *la pleine lune pascale est le* (44 — *épacte*) *de mars;*

2° *Si l'épacte est* > 24, *la pleine lune pascale est le* (43 — *épacte*) *d'avril;*

3° *Si l'épacte est* 24, *on la change en* 25; *et si elle est* 25 *avec le nombre d'or* > 11, *on change* 25 *en* 26; *et on pratique la règle précédente.*

Enfin, le dimanche d'*après* cette pleine lune est celui de Pâques; la lettre dominicale de mars fait connaître ce jour, en consultant le calendrier perpétuel.

Voici plusieurs exemples de ces opérations :

Pour l'an 1848, la lettre dominicale est *A* (Voy. *p.* 287) dans les mois de mars, avril, etc. Le nombre d'or est 6, reste de la division $^{1849}/_{19}$; ainsi l'épacte est 25. Il faut donc prendre ce chiffre dans la colonne d'avril, où il est cumulé avec 24, parce que le nombre d'or est < 11; $43 -$ épacte $= 18$ est la date de la pleine lune pascale en avril : la lettre dominicale *A* se rencontre le 23 de ce mois immédiatement après cette date; Pâques est donc le 23 avril dans le calendrier Grégorien.

Voici quelques autres exemples pour s'exercer à ces calculs :

	Let. dom.	Nomb. d'or	Ép.	Pâques le
En 1734	C,	6,	25,	15 avril.
1778	D,	12,	1,	19 avril.
1818	D,	14,	23,	22 mars.
1820	A,	16,	15,	2 avril.
1837	A,	14,	23,	26 mars.
1954	C,	17,	25,	18 avril.
2258	C,	17,	24,	25 avril.
2296	D,	17,	24,	19 avril.

40. La règle qui vient d'être donnée pour déterminer la date pascale ne convient qu'au calendrier Grégorien : les Chrétiens du rite grec ne l'ont pas suivie; outre qu'ils n'ont pas supprimé dix jours à l'an 1582, ils ont conservé toutes les bissextiles séculaires, ce qui maintenant produit 12 jours de différence entre leurs dates et les nôtres : ils datent 1 quand nous datons 13. De plus ils n'ont pas égard à la condition relative à la pleine lune de l'équinoxe, et s'en tiennent aux prescriptions du concile de Nicée, exécutées comme on le faisait avant 1582 dans toute la chrétienté.

Comme la fête de Pâques résulte du nombre d'or et de la lettre dominicale, et que les cycles qui s'y rapportent sont de 19 et de 28 ans, nombres dont le produit est 532 ; il est clair que deux années quelconques qui ont mêmes cycles lunaire et solaire, dans le calendrier julien, doivent avoir la fête de Pâques à la même date. Aussi, tous les 532 ans, les dates successives de cette fête reviennent dans le même ordre périodique. C'est ce qu'on appelle le *cycle pascal* ou de 532 ans, qui n'existe plus pour nous, mais subsiste pour les Russes et les Grecs. Telle est la raison de la règle donnée *page 4*, pour trouver la date pascale dans le style Julien.

La table que nous avons présentée en tête de cet ouvrage ne donne la date pascale dans le style Grégorien que jusqu'à l'an 2200; mais on peut l'étendre à 2291, en remplaçant

l'année	1609	par	2201
	1610	par	2202
	1611	par	2203, etc.
enfin	1699	par	2291,

et ainsi de suite, ajoutant toujours 592 à l'année. Cela vient de ce que les lettres dominicales et les épactes se reproduisent les mêmes périodiquement; ce qui amène la fête pascale aux mêmes dates dans le 23e siècle. Cependant il faut ajouter ici que les épactes 27, 8 et 19 sont remplacées dans ce siècle par 28, 9 et 20, sans altérer toutefois la date pascale. Mais comme 2292 répondait à 1700 qui est un nouveau siècle, la règle ci-dessus cesse de subsister.

DÉFAUTS DU CALENDRIER GRÉGORIEN.

41. Les rédacteurs de ce calendrier ont supposé à l'année solaire une durée trop longue de 27 secondes. Au lieu de supprimer trois bissextiles en 400 ans, ils auraient dû en ôter une tous les 128 ans, ce qui eût

été un obstacle à l'uniformité; car en pareille matière, on doit chercher non-seulement à employer des nombres rigoureusement exacts, mais il faut en outre que l'usage en soit simple, facile et à la portée de tout le monde. La réforme remplit cette dernière condition, mais non pas la première, ce qui forcera, comme nous l'avons déjà dit d'apporter une nouvelle correction dans 40 siècles environ, du moins si l'on veut se renfermer dans les mêmes conditions.

Mais un autre vice bien plus grave, c'est que les lunes civiles ne sont ni les lunes astronomiques, ni les lunes moyennes : quelquefois la nouvelle lune arrive un, deux et même trois jours avant celui qui est marqué par l'épacte, et rarement le jour même. On regarde dans le calendrier, la nouvelle lune, comme étant arrivée le jour où l'on peut apercevoir le léger croissant dans les feux du soleil couchant; et on sait que ce phénomène n'a lieu que deux jours après la nouvelle lune astronomique, conjonction du soleil et de la lune. Il s'ensuit que tel dimanche qui devrait être la fête de Pâques suivant le concile de Nicée, ne l'est quelquefois pas. En 1798, par exemple, la pleine lune pascale devait arriver le 31 mars selon les éphémérides. Ce jour était un samedi; la fête de Pâques devait donc être le lendemain 1er avril. Mais, par le calendrier, l'épacte répondait au 19 mars, et la pleine lune était le 1er avril qui étant un dimanche, a fait reporter la Pâques au 8 avril.

Une objection encore a été tirée des pays situés à l'est ou à l'ouest de l'Europe, qui n'ont pas les nouvelles lunes à la même heure que nous, et qui peuvent, en obéissant aux prescriptions du concile, cé lébrer, dans certains cas, la fête pascale à des dates très-différentes. Cette difficulté est sans importance, puisque les jours de la célébration sont fixés par les calendriers européens.

Assurément, le calendrier Julien, qui ordonne l'intercalation d'un jour tous les quatre ans, est l'idée la plus simple qu'on ait pu imaginer, et il importe peu que l'équinoxe remonte sa date peu à peu dans l'année. On ne voit même pas que si l'on n'eût fait aucune intercalation, il y aurait eu des inconvénients; les anciens Egyptiens s'en contentaient fort bien, et leurs opérations agricoles n'en éprouvaient pas d'obstacles : la perte d'une année sur 1460 ans n'offre rien de réellement nuisible.

42. Tout porte dans notre calendrier l'empreinte fâcheuse d'idées anciennement admises pour accorder les mouvements du soleil et de la lune, but qu'il est impossible et qu'il serait bien inutile d'atteindre. Les pères du concile de Nicée n'ont même pas pris une décision formelle à ce sujet, pour la rendre obligatoire à tous les chrétiens. Assurément l'église était en droit d'ordonner que la fête de Pâques fut célébrée le 1er ou le 2e dimanche d'avril, et toutes les difficultés auraient disparu à jamais. Au lieu de cela, on a fait de grands frais de savoir et d'esprit pour concilier deux choses inconciliables en toute rigueur, et qu'on est réduit à n'accorder que par approximation. Cette méthode se ressent de l'opinion reconnue fausse aujourd'hui, que la lune exerce son influence sur les saisons, sur les hommes et les choses, et, reste de l'astrologie judiciaire, que les phénomènes célestes déterminent les événements terrestres. Le concile avait surtout en vue

d'empêcher que la pâques des chrétiens fût célébrée le même jour que celle des Juifs et d'une secte appelée *quarto-decimans*, qui fêtaient la pâques le 14e jour de la lune, quel que fût ce jour.

Quoi qu'il en soit, jusqu'à ce qu'une nouvelle ordonnance ecclésiastique prescrive, comme on en a certainement le droit, un mode plus simple de fixer le jour pascal, nous avons donné tous les éléments propres à la résolution de ce problème.

DATES DES FÊTES MOBILES ET FIXES.

43. Il ne nous reste plus, pour achever la composition du calendrier de toute année proposée, qu'à indiquer la place des *fêtes mobiles*, d'après celle de la fête de Pâques.

Le dimanche des Rameaux est celui qui précède Pâques; cette semaine est appelée *sainte;* elle contient le jeudi, le vendredi et le samedi saints; la *Passion* est le dimanche d'avant les Rameaux; la *Septuagésime*, la *Sexagésime*, la *Quinquagésime* et la *Quadragésime* sont le 7e, le 6e, le 5e et le 4e dimanche avant la passion : les trois dimanches suivants sont appelés *Reminiscere*, *Oculi*, *Lætare*, et le dimanche d'après Pâques est *Quasimodo :* ces quatre mots latins sont les mots qui commencent l'antienne qu'on chante ces jours dans le service divin. La quinquagésime, ou *Dimanche gras*, est le 49e jour avant Pâques; le *mardi gras* est le mardi suivant, les *Cendres* le mercredi d'après. La *Septuagésime* est le 9e dimanche, 63e jour avant Pâques.

Le jeudi 40e jour après Pâques est l'*Ascension*, qu'on fait précéder de trois jours de *Rogations*.

La *Pentecôte* est le 10e jour après l'Ascension; la *Trinité* est le dimanche d'après, le 8e après Pâques : la *Fête-Dieu* est le jeudi suivant; cette fête tombe sur la même date que le samedi saint, mais deux mois plus tard.

Les quatre dimanches avant Noël sont ceux de l'*Avent*.

Enfin les *Quatre-Temps* sont les mercredis qui suivent 1° les Cendres, 2° la Pentecôte, 3° le 14 septembre, 4° le 13 décembre.

L'*Annonciation* tombe le 25 mars; cependant, lorsque le dimanche de Pâques tombe avant le 2 avril, comme le 25 mars se trouve compris dans la semaine sainte, l'Annonciation est remise au lundi lendemain de la Quasimodo, c'est-à-dire, huit jours après Pâques.

44. Voici un moyen bien simple de répartir les fêtes mobiles chacune à sa date, quand le jour de Pâques est connu :

Dates des fêtes mobiles, lorsque Pâques tombe le 31 mars.

La *Septuagésime*, 27 janvier (le 28 quand l'année est bissextile);

Les *Cendres*, 13 février (le 14 des années bissextiles);

La *Passion*, 17 mars; les *Rameaux*, 24 mars;

L'*Ascension*, 9 mai;

La *Pentecôte*, 19 mai;

La *Trinité*, 26 mai; la *Fête-Dieu*, 30 mai.

Lorsque Pâques tombe en avril, ajoutez la date de ce dimanche à toutes les dates précédentes;

Et quand Pâques tombe en mars, comptez combien

de jours avant le 31, et retranchez ce nombre de tous les précédents.

Par exemple, en 1842, Pâques tombe le 27 mars, c'est-à-dire 4 jours avant le 31 ; ôtant 4 de toutes nos dates, on voit que la Septuagésime est le 23 janvier, les Cendres le 9 février, la Passion le 13 mars, les Rameaux le 20 mars, l'Ascension le 5 mai, la Pentecôte le 15 mai, la Trinité le 22 mai, la Fete-Dieu le 26 mai.

En 1843, Pâques est le 16 avril, il faut ajouter 16 à toutes nos dates : la Septuagésime tombe le 43 janvier ou plutôt le 12 février; les Cendres le 29 février ou plutôt 1er mars; la Passion 33 mars ou 2 avril; les Rameaux le 9 avril; l'Ascension le 25 mai; la Pentecôte le 35 mai ou le 4 juin, etc.

45. Il est facile maintenant de construire le calendrier d'une année proposée. On commence par trouver la lettre dominicale par la règle *p.* 287, ce qui donne le nom du jour initial de l'année, et par conséquent les noms de tous les autres jours, qu'on inscrit près de chaque date. Les règles *page* 292 font connaître le nombre d'or et l'épacte, et par suite la date de la fête de Pâques, par la règle posée *p.* 296, ainsi que celle de toutes les fêtes mobiles, comme il a été expliqué Quant aux autres fêtes, on les écrit aussi à leurs dates qui sont les suivantes :

La *Circoncision* tombe le 1er janvier;

L'*Epiphanie* ou *les Rois*, le 6 janvier;

La *Purification* ou *la Chandeleur*, le 2 février;

L'*Annonciation*, le 25 mars (*Voy.* page 303 :

La *Saint-Jean-d'Été*, le 24 juin;

La *Saint Pierre* et *Saint Paul*, le 29 juin :

L'*Assomption*, le 15 août;
La *Saint Louis*, le 25 août;
La *Nativité*, le 8 septembre;
La *Toussaint*, le 1er novembre;
La *Conception*, le 8 décembre;
Noël, le 25 décembre.

La légende nous présente un plus grand nombre de saints qu'il n'y a de jours dans l'année, et l'autorité ecclésiastique a groupé les noms de ces saints aux différentes dates. Mais comme les calendriers ne portent qu'un seul nom à chaque date, le choix qu'on en fait, dans divers pays, parmi ceux qui y sont affectés, dépend des localités, parce qu'on y honore ceux des saints qui ont rendu les plus grands services à la contrée, ou au christianisme. Les noms que nous avons inscrits dans nos calendriers sont en général ceux qu'on fête à Paris; mais ailleurs, on préfère parfois honorer d'autres saints; c'est ce qui explique la diversité des féries attachées à chaque date.

46. Appliquons ces principes au calendrier de l'an 1841. On trouve que la lettre dominicale est *C*, qui désigne dimanche à tous ses retours dans le calendrier perpétuel; l'année commence par un vendredi. Voici les commencements de chaque mois (*Voy.* n° 18).

	JANVIER.	FÉVRIER.	MARS.	AVRIL.	MAI.	JUIN.
1	Vend.	Lundi	Lundi.	Jeudi.	Sam.	Mardi.
2	Sam.	Mardi.	Mardi.	Vend.	Dim.	Merc.
3	Dim.	Merc.	Merc.	Sam.	Lundi.	Jeudi.
4	Lundi	Jeudi.	Jeudi.	Dim.	Mardi.	Vend.
	etc.					

	JUILLET.	AOUT.	SEPT.	OCTOB.	NOVEMB.	DÉCEMB.
1	Jeudi.	Dim.	Merc.	Vend.	Lundi	Merc.
2	Vend.	Lundi.	Jeudi.	Sam.	Mardi.	Jeudi.
3	Sam.	Mardi.	Vend.	Dim.	Merc.	Vend.
4	Dim.	Merc.	Sam.	Lundi.	Jeudi.	Sam.
	etc.					

Les jours de la semaine étant ainsi distribués, les saints et les fêtes fixes sont aisément inscrits chacun à sa date, et il ne reste plus qu'à marquer les fêtes mobiles, d'après la date pascale. La règle *p.* 292 donne XVIII pour nombre d'or, reste de $^{1862}/_{19}$, et par suite l'épacte 7, et la fête de Pâques, qui tombe le 11 avril. On marque ensuite les autres fêtes mobiles, savoir :

La *Septuagésime*, le 7 février ;

La *Quinquagésime*, le 21 février ;

Les *Cendres*, le 24 février ;

L'*Annonciation*, le 25 mars ;

La *Passion*, le 28 mars ;

Les *Rameaux*, le 4 avril ;

Pâques, le 11 avril ;

La *Quasimodo*, le 18 avril ;

L'*Ascension*, le 20 mai ;

La *Pentecôte*, le 30 mai ;

La *Trinité*, le 6 juin ;

La *Fête-Dieu*, le 10 juin

Le Premier dimanche de l'*Avent* est le 28 novembre ;

Les *Quatre-Temps* sont les 3 mars, 2 juin, 15 septembre, 15 decembre.

47. On annonce aussi dans les almanachs les dates des phases de la lune, et si on veut se contenter des phases moyennes, on les trouvera par les épactes qui les accusent ordinairement 1 ou 2 jours plus tard que les lunes astronomiques. Dans l'exemple précédent,

toutes les fois qu'on trouve 7 dans le calendrier perpétuel, ce sera la date d'une nouvelle lune ; treize jours plus loin, aux épactes 23, on aura les pleines lunes, etc. Mais comme ces dates ne tiennent pas compte des inégalités lunaires, ce sont les tables astronomiques qui doivent les déterminer.

On donne à chaque lune le nom du mois où elle finit, et non pas celui du mois où elle commence ; mais c'est là une chose de pure convention. On appelle *lune rousse* celle qui succède à la fête de Pâques environ 15 jours après : cette dénomination tient à des idées bizarres et fausses auxquelles il est inutile de nous attacher.

Quant aux prédictions politiques et morales, et à celles des variations atmosphériques dont on enrichit les almanachs, nous croirions faire injure à nos lecteurs en les entretenant de ces ridicules présages, qu'il faut rejeter parmi les absurdes rêveries de l'*astrologie judiciaire*.

CALENDRIER RÉPUBLICAIN.

48. Dans un temps où l'on s'efforçait de détruire toutes les institutions qui portaient l'empreinte du régime précédent, on eut l'idée malheureuse, qu'ont vainement repoussée des savants distingués, de créer un nouveau calendrier. Pour appuyer cette proposition, on alléguait qu'on avait donné à la France de nouvelles mesures de longueur, de surface, de poids, etc., et qu'on pouvait bien en donner aussi pour la durée ; que d'ailleurs le gouvernement républicain devant être éternel, il fallait adopter une ère nouvelle.

Mais combien il y avait de différence entre le changement des mesures et celui du calendrier : la multitude des mesures en usage dans les diverses parties non-seulement de la France, mais même de l'Europe, appelait une réforme dont tout le monde concevait l'utilité et l'importance ; et le nouveau système eût-il été mal choisi, dès qu'il devenait uniforme, c'était déjà un grand bien. Pour le calendrier, c'était tout le contraire : les nations, qui ne s'accordent que sur un seul point, qui est de ne pas s'accorder entre elles, étaient depuis dix-huit siècles soumises au système Julien, et presque toutes avaient adopté la réforme grégorienne ; cette uniformité si avantageuse se trouvait détruite, sans produire d'ailleurs aucun avantage réel ; et quoiqu'on se fît alors une illusion en pensant que la domination française serait assez puissante pour faire accepter son calendrier, encore eût-il fallu attendre pour l'établir que cette puissance fût bien assurée. Il n'y avait qu'un empereur romain, maître de tout le monde civilisé, qui pût réussir à fonder un système nouveau de mesure du temps, avec l'espoir qu'il ferait longtemps la loi du monde. Ainsi, le calendrier républicain, même en le supposant préférable au précédent, avait peu de chances de durée, par l'effet même de son origine, et parce qu'il substituait à une précieuse unanimité, une déplorable dissidence.

Cependant, comme des transactions privées ou commerciales ont été faites dans le temps de la république, que les actes publics, les lois, les entreprises de longue durée, ont été rédigés à des dates et pour des termes exprimés dans ce nouveau style, il est parfois nécessaire de connaître à quelle date de l'ancien calendrier répond une date du nouveau, ce qui nous conduit à consacrer quelques pages à cette question.

49. Le calendrier républicain était assurément plus simple et plus rationnel que celui de Jules César, corrigé par le pape Grégoire XIII. Tous les mois ont des durées égales, les subdivisions en sont faciles à retenir, il n'y a point d'intercalation dans le cours de l'année, les noms des mois caractérisent bien les saisons, etc.

Tous les mois ont 30 jours, et comme 12 mois ne font que 360 jours, l'année est complétée par 5 ou 6 jours complémentaires. On avait adopté la durée de 365 jours et un quart pour l'année, et par conséquent on ajoutait tous les 4 ans un 6e jour complémentaire. Ces 5 ou 6 jours, qu'on avait rejetés à la fin de l'année, étaient des fêtes publiques, qu'on avait bizarrement appelées *sans-culotides*, selon l'esprit dominant du temps.

L'année commençait à l'équinoxe d'automne, époque de la fondation de la république : les mois d'automne étaient appelés :

Vendémiaire, *Brumaire*, *Frimaire*.

Ceux d'hiver :

Nivôse, *Pluviôse*, *Ventôse*.

Ceux du printemps :

Germinal, *Floréal*, *Prairial*.

Ceux d'été :

Messidor, *Thermidor*, *Fructidor*.

Ces noms, tirés du latin, caractérisaient les époques de l'année, et leurs désinences marquaient les saisons.

Et si l'on objecte que ces saisons n'étaient pas les mêmes dans toutes les parties de la terre, on pouvait dire que ces dénominations étaient préférables à d'autres aussi insignifiantes que janvier, février, etc., et que leur adoption serait un hommage rendu à la nation qui les avait établies pour son propre climat.

Les trente jours du mois étaient répartis, comme ceux des anciens Grecs, en semaines de dix jours appelées *décades*, et les noms des jours se tiraient de leur ordre: *primidi*, *duodi*, *tridi*, *quartidi*, etc.; le dixième jour *décadi* était férié.

Quant à l'erreur produite par la supposition que l'année solaire a 365 jours $^1/_4$, on chargeait les astronomes de fixer les époques éloignées où il serait nécessaire de corriger la durée écoulée, en supprimant un 6e jour complémentaire.

50. Rien n'est plus simple et mieux conçu qu'un pareil système, et il ne lui manquait pour réunir tous les avantages, que d'être reçu par les autres nations : mais on devait désespérer d'obtenir ce consentement, et le défaut d'uniformité devenait une gêne universelle, qui ôtait au système son plus précieux avantage.

Nous ne parlerons pas de l'idée singulière de remplacer les noms des saints par des fruits, des racines, des instruments, etc., car le ridicule a bientôt fait justice de cette inutile sottise.

51. Les trois tables que nous donnons à la fin de l'ouvrage sont destinées à établir la concordance des deux calendriers :

La première indique la date du mois de septembre où les années républicaines ont commencé ; la lettre *B* marque les années de 366 jours, savoir, celles qui ont

6e jour complémentaire, et celles qui ont 29 jours mois de février.

La seconde contient, sous trois colonnes, les dates jour initial de chaque mois, dans les trois suppo-ions où l'année républicaine a commencé le 22, le ou le 24 septembre. On remarque que les 6 derniers ois occupent deux lignes chacun, suivant que l'année égorienne est ou n'est pas bissextile; on choisit celle ces lignes qui convient. Par exemple, on voit que mois de mai commence le 12, le 11 ou le 10 floréal, une année commune, ou le 13, le 12 ou le 11 floréal une année bissextile; et on préfère, dans chacun de s deux cas, celle de ces trois dates qui répond au r jour de l'année républicaine, le 22, 23 ou 24 sep-mbre.

C'est avec ces éléments qu'on entre dans la 3e table, mposée de 8 colonnes, outre celles des dates gré-riennes : on choisit celle de ces colonnes qui porte tête la date du jour initial du mois républicain, telle l'on vient de la trouver.

Ainsi, pour trouver la date correspondante au 15 airial an XII, la première table apprend que l'an II a commencé le 24 septembre 1803; on prend onc la 3e colonne de la 2e table, et à la ligne de prai-al, on voit que juin commence le 12 prairial de nnée bissextile 1804. On doit donc passer à la 3e ble, prendre la 5e colonne qui porte 12 en tête, et escendre dans cette colonne, jusqu'à la ligne de la ate 15, qui correspond à 4; donc le 15 prairial an II revient au 4 juin 1804.

Prenons encore le 24 messidor an XV. Par la remière table, cette année commence le 23 septembre 1806 : la 3e colonne de la 2e table indique qu le 11 messidor répond au 1 juillet : enfin la 3e table en descendant dans la colonne qui porte 11 en tête jusqu'à ce qu'on rencontre le chiffre 24 qui est vis-à vis 14, montre que le 24 messidor an XV revient a 14 juillet 1807.

A quelle date répond le 2e jour complémentaire a XIX? L'an XX commence le 23 septembre 1811; l'a XIX étant de 365 jours, le 2e jour complémentair arrive 4 jours avant; donc le 2e complémentaire d l'an XIX revient au 19 septembre 1811.

CALENDRIER MUSULMAN.

52. Nos possessions dans la régence d'Alger nou mettent en relations commerciales et politiques avec le Mahométans, il est utile de savoir comparer leur dates avec les nôtres. Ce que je vais énoncer ici es tiré d'un Mémoire que j'ai inséré dans la connaissanc des temps de 1844, et suffira pour l'objet que nou nous proposons.

Le calendrier mahométan est réglé sur les mouve ments de la lune, et n'a aucun égard aux saisons l'année est divisée en 12 mois dont chacun commenc à la nouvelle lune; ainsi ces mois sont composés de 3 et de 29 jours alternativement. Et comme la lunaiso a un peu plus de 29 jours et demi, on évite les an ticipations de l'année lunaire, en ajoutant par fois u jour au dernier mois, qui en a alors 30, au lieu de 29. Ainsi l'année civile musulmane a 354, et par fois 35 jours, et le jour qui la commence parcourt l'anné solaire, en rétrogradant de 10 à 11 jours selon qu'ell est ou n'est pas intercalaire, et de 12 jours dans nos années bissextiles. Ces années de 355 jours sont appelées *Kébices :* elles sont, dans la période de 30 ans, les

2e, 5e, 7e, 10e, 13e, 16e, 18e, 21e, 24e, 26e et 29e.

11 jours sont ainsi intercalés dans ce cycle, et les 30 ans comprennent 10631 jours. Comme la lunaison de 29j, 5305886, répétée 12 fois, donne 354j, 3670629 pour l'année lunaire, en multipliant par 30, on trouve pour le cycle trentenaire 10631j, 011886 : l'erreur n'est donc, en 30 ans, que de 17′ 7″, et il faut 2524 années musulmanes pour trouver un jour entier d'erreur : il sera facile d'y remédier dans 10 à 12 siècles.

53. Les éléments précédents ne sont pas à l'usage des Mahométans de notre temps; leur profonde ignorance des mouvements célestes les rend complètement inhabiles à calculer les règles de leur annuaire. N'est-ce pas une chose déplorable de voir que des peuples qui nous ont transmis le bel héritage des sciences de l'Égypte et de la Chaldée, qui ont été gouvernés par tant de califes célèbres en astronomie, soient devenus incapables de faire leur calendrier quelque temps à l'avance. C'est par l'observation actuelle du ciel qu'ils déterminent le commencement des mois ; à l'approche de ce jour, les prêtres se rendent attentifs, montent sur les lieux élevés, dans les minarets de leurs mosquées, pour guetter si, au coucher du soleil, ils n'aperçoivent pas le léger croissant de la lune, dans les feux de l'horizon. Les jours ne commencent pas pour eux, comme chez nous, à minuit, mais le soir; ils comptent par nuits, et le 1er jour du mois est celui où, pour la première fois, on a vu le croissant lunaire; et,

si des nuages couvrent le ciel, comme l'observation est impossible, il arrive que des nations voisines ne commencent pas le mois en même temps, et ont des dates différentes. Mais comme la date est souvent accompagnée du jour de la semaine, il n'en résulte aucune confusion, aucune incertitude sur les époques des évènements.

54. Le calendrier musulman est plus simple que le nôtre; car on peut, pour ainsi dire, lire la date dans l'étendue de la phase lunaire; de plus, l'intercalation du jour supplémentaire s'y fait à la fin de l'année, et non pas dans un mois intermédiaire; il n'y a besoin d'aucun système de nombre d'or et d'épactes, etc.; mais il ne peut régler les travaux de l'agriculture, parce qu'il n'a aucun rapport avec la marche du soleil; ces travaux sont donc exécutés en se conformant au lieu de cet astre sur l'écliptique, ou si l'on veut, au calendrier Julien qui en est l'expression, ou à des phénomènes physiques qui en dépendent.

55. Voici les noms des mois et ceux des jours de la semaine :

1. *Muharrem* . .	30 j.	7. *Redjeb* . .	30 jours.
2. *Ssafar*. . . .	29	8. *Châban* . .	29
3. *Raby-el-aouel*. .	30	9. *Ramadan* .	30
4. *Raby-el-thany* .	29	10. *Chaoual*. .	29
5. *Djemasi el-aouel*.	30	11. *Zoulkadeh* .	30
6. *Djemasi-el-thany*.	29	12. *Zoulhedghé*.	29 ou 30

Dimanche. . . .	*Youm-el-ahad.*
Lundi	*Youm-el-thany.*
Mardi.	*Youm-el-thaleth.*
Mercredi. . . .	*Youm-el-arbaa.*

Jeudi . . . . . *Youm-el-khamis.*
Vendredi. . . . *Youm-el-jouma.*
Samedi . . . . *Youm-el-sebt.*

C'est le vendredi qui est le jour férié, comme chez nous le dimanche, et chez les juifs le samedi ou sabbat. C'est le lundi qu'on célèbre les mariages.

Dans le mois Ramadan, il n'est permis de manger que la nuit, et c'est le temps des banquets et des réjouissances nocturnes : le *petit Beiram* célébré les 1, 2 et 3 Chaoual, est une fête qui met fin au jeûne. Le 10 Zoulhedgué est le *grand Beiram*, ou fête des sacrifices et des victimes; c'est la pâque mahométane. On célèbre encore plusieurs autres fêtes, qu'il est inutile d'indiquer ici.

56. L'ère des Musulmans est appelée *Hégyre*, mot qui signifie fuite, cette année étant celle où Mahomet fut forcé de fuir de la Mecque. Le premier jour répond au 16 juillet 622; c'est le jeudi 1er muharrem. Pour savoir si une année est composée de 354 ou de 355 jours, il faut connaitre quel est son rang dans la période de 30 ans, ainsi qu'on l'a expliqué nº 52. Diminuez de 1 l'année d'hégyre proposée, et divisez par 30, le reste augmenté de 1 sera le rang demandé; le quotient est le nombre de cycles trentenaires accomplis depuis l'origine : quand il n'y a pas de reste, l'année recommence la période. Ainsi, l'an d'hégyre 1150 donne 9 pour reste de la division de 1149 par 30; par conséquent cette année est la 10e du cycle; elle est kébice ou de 355 jours.

En divisant 354 par 7, on voit que l'année musulmane est composée de 50 semaines plus 4 jours. Quand on connaît la marque d'une année, il faut ajouter 4, pour avoir celle de l'année suivante : on ajoute 5 après une année kébice. Bien entendu qu'on retranchera 7 de la somme, quand elle surpassera 7. L'année kébice 1150 commence par le mercredi, représenté par 3 ; ajoutant 5, on a 8, ou plutôt un, et on voit que l'an 1151 commence par lundi. Le 1er muharrem 1249 est mardi ou 2; celui de l'an 1250 est 2 + 4, ou 6, ou samedi; celui de 1251 est 6 + 4, qu'on réduit à 3, ou mercredi.

57. Le calcul qui sert à établir la correspondance entre une date de l'hégyre et une date de notre calendrier, est trop compliqué pour trouver place ici : nous renvoyons à cet égard au Mémoire cité. Mais lorsqu'on veut procéder d'année en année, rien n'est plus simple ; car le premier jour d'une année musulmane rétrograde de 11 jours chaque an dans notre calendrier, de 10 jours seulement après une année kébice; et de 12 jours, si dans l'intervalle se trouve compris le 29 février d'une année bissextile.

Dans la table suivante on soustrait chaque fois 11 jours de la date de la 2e colonne, 10 jours seulement quand l'année musulmane a 355 jours, et 12 dans une année bissextile. Cette table peut de la sorte être continuée aussi loin qu'on voudra.

L'an 1258 d'hégyre commence le samedi 12 février 1842.

1259 kéb.	le jeudi 1 février 1843.
1260.	le mardi 22 janvier 1844 *B.*
1261.	le vendredi 10 janvier 1845.
1262 kéb.	le mercredi 30 décemb. 1845.
1263.	le dimanche 20 déc. 1846.
1264.	le vendredi 9 décembre 1847.
1265 kéb.	le mardi 27 novemb 1848 *B.*
1266.	le samedi 17 novembre 1849.

Au reste, il arrive souvent que l'on n'a besoin que de la correspondance des millésimes des deux calendriers, sans avoir égard aux dates des jours qui les commencent : le calcul est alors très-simple, puisque l'année julienne est de 365j. $^1/_4$, et l'année musulmane de 354j. $^{11}/_{30}$, nombres qui sont à fort peu près entre eux comme 1,03 est à 1. Donc :

Le millésime d'une année Julienne moins 621,54 *est égal aux* 0,97 *du millésime de l'année d'hégyre correspondante.*

Par exemple, pour l'année musulmane 1252, en prenant les 0,97 de ce chiffre, donne 1214 à 1215; ajoutant 621,54, on trouve que l'an 1836 répond à l'année d'hégyre 1252.

CALENDRIER DES ISRAÉLITES.

58. Les Israélites commencent le jour à 6 heures du soir, les mois à chaque nouvelle lune; ces mois ont 30 et 29 jours alternativement : ils ont aussi la semaine de sept jours; le samedi est férié sous le nom de *sabbat*... l'année a 354 jours, et on ne l'accorde avec celle du soleil qu'en intercalant, comme les anciens Grecs, sept mois dans le cycle de 19 ans. Ce 13e mois des années *embolismiques*, appelé *Véadar*, a 29 jours, et est ajouté aux années

3e, 6e, 8e, 11e, 14e, 17e et 19e du cycle.

Les noms des mois sont :

1. *Tisri* . . .	30 jours.	7. *Nisan*. . .	30 jours
2. *Marchesvan*.	29 ou 30	8. *Ijar* . . .	29
3. *Kasleu* . .	29 ou 30	9. *Sivan* . .	30
4. *Thèbet* . .	29	10. *Thammuz* .	29
5. *Schébat* . .	30	11. *Ab* . . .	30
6. *Adar* . . .	30	12. *Elul*. . .	29

Peu versés en astronomie, les anciens juifs divisaient très-irrégulièrement leur année. Même après Moïse, on ne commençait l'année qu'au printemps, à la nouvelle lune la plus voisine. Le jour de Pâques tombait le 14 de nisan. Ce signe régulateur dépendant des saisons était très-variable, la loi prescrivant d'offrir à Dieu les prémices des moissons le jour de la Pentecôte, qui venait 50 jours après Pâques.

Lors de la captivité de Babylone, les Juifs reçurent des Chaldéens quelques notions d'astronomie, et leur empruntèrent les mois et les périodes d'intercalation. A partir d'Esdras, et surtout des Machabées, le calendrier a pris la régularité qu'il a conservée jusqu'à ce jour; l'année a commencé à l'automne par le mois Tisri.

Les Israélites célèbrent la Pâque en mémoire de leur passage de la mer rouge, et de ce que l'ange exterminateur a épargné leurs premiers nés, durant leur séjour en Égypte : c'est le soir du 14ᵉ jour de nisan que cette fête commence, et qu'on immole et mange l'agneau : elle dure huit jours, et cette semaine est appelée *Kébie*. La Pentecôte, ou le jour des prémices, est 50 jours après, en mémoire de la loi donnée sur le mont Sinaï; cette fête dure 2 jours.

La fête de l'expiation, ou du pardon, est célébrée le 10 tisri; le bouc émissaire *Azazel* est chargé des péchés du peuple.

La purification du temple, par Judas Machabée, est fêtée le 25 kasleu et dure 8 jours ; on nomme cette fête *Encénie*.

La fête appelée *Purin*, les 14 et 15 adar, est en mémoire d'Esther, qui a sauvé la nation juive.

Celle des *trompettes*, les 1 et 2 Tisri, célèbre le retour d'une nouvelle année.

L'ère des Juifs est la création du monde, qu'ils supposent en —4111, quoique Joseph la place l'an —4658, les septantes l'an — 5508, le texte samaritain en — 4424, et l'*art de vérifier les dates* en — 4963. Nous ne pouvons exposer ici le procédé assez compliqué propre à déterminer la correspondance du calendrier Juif avec le nôtre. (Voir le Mémoire de M. Ideler, page 38.)

Outre leur calendrier civil, les Juifs en ont un sacré, qui commence au printemps par le mois Nisan, et ne diffère d'ailleurs pas du premier.

JANVIER.

DATES.	NOMS des JOURS.		N. D'OR.	L. DOM.
1	*calendes*		1	A
2	nones	4		B
3	nones	3	9	C
4	nones	2		D
5	*nones*		17	E
6	ides	8	6	F
7	ides	7		G
8	ides	6	14	A
9	ides	5	3	B
10	ides	4		C
11	ides	3	11	D
12	ides	2		E
13	*ides*		19	F
14	calendes	19	8	G
15	calendes	18		A
16	calendes	17	16	B
17	calendes	16	5	C
18	calendes	15		D
19	calendes	14	13	E
20	calendes	13	2	F
21	calendes	12		G
22	calendes	11	10	A
23	calendes	10		B
24	calendes	9	18	C
25	calendes	8	7	D
26	calendes	7		E
27	calendes	6	15	F
28	calendes	5	4	G
29	calendes	4		A
30	calendes	3	12	B
31	calendes	2	1	C

FÉVRIER.

DATES.	NOMS des JOURS.		N. D'OR.	L. DOM.
1	*calendes*		9	D
2	nones	4	17	E
3	nones	3		F
4	nones	2	6	G
5	*nones*			A
6	ides	8	14	B
7	ides	7	3	C
8	ides	6		D
9	ides	5	11	E
10	ides	4		F
11	ides	3	19	G
12	ides	2	8	A
13	*ides*			B
14	calendes	16	16	C
15	calendes	15	5	D
16	calendes	14		E
17	calendes	13	13	F
18	calendes	12	2	G
19	calendes	11		A
20	calendes	10	10	B
21	calendes	9		C
22	calendes	8	18	D
23	calendes	7	7	E
24	calendes	6		F
25	calendes	5	15	G
26	calendes	4	4	A
27	calendes	3		B
28	calendes	2	12	C

MARS.

DATES.	NOMS des JOURS.		N. D'OR.	L. DOM.
1	*calendes*		1	D
2	nones	6		E
3	nones	5	9	F
4	nones	4		G
5	nones	3	17	A
6	nones	2	6	B
7	*nones*			C
8	ides	8	14	D
9	ides	7	3	E
10	ides	6		F
11	ides	5	11	G
12	ides	4		A
13	ides	3	19	B
14	ides	2	8	C
15	*ides*			D
16	calendes	17	16	E
17	calendes	16	5	F
18	calendes	15		G
19	calendes	14	13	A
20	calendes	13	2	B
21	calendes	12		C
22	calendes	11	10	D
23	calendes	10		E
24	calendes	9	18	F
25	calendes	8	7	G
26	calendes	7		A
27	calendes	6	15	B
28	calendes	5	4	C
29	calendes	4		D
30	calendes	3	12	E
31	calendes	2	1	F

AVRIL.

DATES.	NOMS des JOURS.		N. D'OR.	L. DOM.
1	*calendes*		9	G
2	nones	4		A
3	nones	3	17	B
4	nones	2	6	C
5	*nones*			D
6	ides	8	14	E
7	ides	7	3	F
8	ides	6		G
9	ides	5	11	A
10	ides	4		B
11	ides	3	19	C
12	ides	2	8	D
13	*ides*			E
14	calendes	18	16	F
15	calendes	17	5	G
16	calendes	16		A
17	calendes	15	13	B
18	calendes	14	2	C
19	calendes	13		D
20	calendes	12	10	E
21	calendes	11		F
22	calendes	10	18	G
23	calendes	9	7	A
24	calendes	8		B
25	calendes	7	15	C
26	calendes	6	4	D
27	calendes	5		E
28	calendes	4	12	F
29	calendes	3	1	G
30	calendes	2		A

MAI.

DATES.	NOMS des JOURS.		N. D'OR.	L. DOM.
1	*calendes*		9	B
2	nones	6		C
3	nones	5		D
4	nones	4	17	E
5	nones	3	6	F
6	nones	2		G
7	*nones*		14	A
8	ides	8	3	B
9	ides	7		C
10	ides	6	11	D
11	ides	5		E
12	ides	4	19	F
13	ides	3	8	G
14	ides	2		A
15	*ides*		16	B
16	calendes	17	5	C
17	calendes	16		D
18	calendes	15	13	E
19	calendes	14	2	F
20	calendes	13		G
21	calendes	12	10	A
22	calendes	11		B
23	calendes	10	18	C
24	calendes	9	7	D
25	calendes	8		E
26	calendes	7	15	F
27	calendes	6	4	G
28	calendes	5		A
29	calendes	4	12	B
30	calendes	3	1	C
31	calendes	2	9	D

JUIN.

DATES.	NOMS des JOURS.		N. D'OR.	L. DOM.
1	*calendes*		17	E
2	nones	4	6	F
3	nones	3		G
4	nones	2	14	A
5	*nones*		3	B
6	ides	8		C
7	ides	7	11	D
8	ides	6		E
9	ides	5	19	F
10	ides	4	8	G
11	ides	3		A
12	ides	2	16	B
13	*ides*		5	C
14	calendes	18		D
15	calendes	17	13	E
16	calendes	16	2	F
17	calendes	15		G
18	calendes	14	10	A
19	calendes	13		B
20	calendes	12	18	C
21	calendes	11	7	D
22	calendes	10		E
23	calendes	9	15	F
24	calendes	8	4	G
25	calendes	7		A
26	calendes	6	12	B
27	calendes	5	1	C
28	calendes	4		D
29	calendes	3	9	E
30	calendes	2		F

JUILLET ou QUINTILIS.

DATES.	NOMS des JOURS.		N. D'OR.	L. DOM.
1	*calendes*		17	G
2	nones	6	6	A
3	nones	5		B
4	nones	4	14	C
5	nones	3	3	D
6	nones	2		E
7	*nones*		11	F
8	ides	8		G
9	ides	7	19	A
10	ides	6	8	B
11	ides	5		C
12	ides	4	16	D
13	ides	3	5	E
14	ides	2		F
15	*ides*		13	G
16	calendes	17	2	A
17	calendes	16		B
18	calendes	15	10	C
19	calendes	14		D
20	calendes	13	18	E
21	calendes	12	7	F
22	calendes	11		G
23	calendes	10	15	A
24	calendes	9	4	B
25	calendes	8		C
26	calendes	7	12	D
27	calendes	6	1	E
28	calendes	5		F
29	calendes	4	9	G
30	calendes	3		A
31	calendes	2	17	B

AOUST ou SEXTILIS.

DATES.	NOMS des JOURS.		N. D'OR.	L. DOM.
1	*calendes*		6	C
2	nones	4	14	D
3	nones	3	3	E
4	nones	2		F
5	*nones*		11	G
6	ides	8		A
7	ides	7	19	B
8	ides	6	8	C
9	ides	5		D
10	ides	4	16	E
11	ides	3	5	F
12	ides	2		G
13	*ides*		13	A
14	calendes	19	2	B
15	calendes	18		C
16	calendes	17	10	D
17	calendes	16		E
18	calendes	15	18	F
19	calendes	14	7	G
20	calendes	13		A
21	calendes	12	15	B
22	calendes	11	4	C
23	calendes	10		D
24	calendes	9	12	E
25	calendes	8	1	F
26	calendes	7		G
27	calendes	6	9	A
28	calendes	5		B
29	calendes	4	17	C
30	calendes	3	6	D
31	calendes	2		E

SEPTEMBRE.

Dates.	Noms des jours.		N. d'or.	L. dom.
1	*calendes*		14	F
2	nones	4	3	G
3	nones	3		A
4	nones	2	11	B
5	*nones*			C
6	ides	8	19	D
7	ides	7	8	E
8	ides	6		F
9	ides	5	16	G
10	ides	4	5	A
11	ides	3		B
12	ides	2	13	C
13	*ides*		2	D
14	calendes	18		E
15	calendes	17	10	F
16	calendes	16		G
17	calendes	15	18	A
18	calendes	14	7	B
19	calendes	13		C
20	calendes	12	15	D
21	calendes	11	4	E
22	calendes	10		F
23	calendes	9	12	G
24	calendes	8	1	A
25	calendes	7		B
26	calendes	6	9	C
27	calendes	5		D
28	calendes	4	17	E
29	calendes	3	6	F
30	calendes	2	14	G

OCTOBRE.

Dates.	Noms des jours.		N. d'or.	L. dom.
1	*calendes*		3	A
2	nones	6		B
3	nones	5	11	C
4	nones	4		D
5	nones	3	19	E
6	nones	2	8	F
7	*nones*			G
8	ides	8	16	A
9	ides	7	5	B
10	ides	6		C
11	ides	5	13	D
12	ides	4	2	E
13	ides	3		F
14	ides	2	10	G
15	*ides*			A
16	calendes	17	18	B
17	calendes	16	7	C
18	calendes	15		D
19	calendes	14	15	E
20	calendes	13	4	F
21	calendes	12		G
22	calendes	11	12	A
23	calendes	10	1	B
24	calendes	9		C
25	calendes	8	9	D
26	calendes	7		E
27	calendes	6	17	F
28	calendes	5	6	G
29	calendes	4		A
30	calendes	3	14	B
31	calendes	2	3	C

NOVEMBRE.

DATES.	NOMS des JOURS.		N. D'OR.	L. DOM.
1	*calendes*			D
2	nones	4	11	E
3	nones	3		F
4	nones	2	19	G
5	*nones*		8	A
6	ides	8		B
7	ides	7	16	C
8	ides	6	5	D
9	ides	5		E
10	ides	4	13	F
11	ides	3	2	G
12	ides	2		A
13	*ides*		10	B
14	calendes	18		C
15	calendes	17	18	D
16	calendes	16	7	E
17	calendes	15		F
18	calendes	14	15	G
19	calendes	13	4	A
20	calendes	12		B
21	calendes	11	12	C
22	calendes	10	1	D
23	calendes	9		E
24	calendes	8	9	F
25	calendes	7		G
26	calendes	6	17	A
27	calendes	5	6	B
28	calendes	4		C
29	calendes	3	14	D
30	calendes	2	3	E

DÉCEMBRE.

DATES.	NOMS des JOURS.		N. D'OR.	L. DOM.
1	*calendes*		11	F
2	nones	4		G
3	nones	3	19	A
4	nones	2	8	B
5	*nones*			C
6	ides	8	16	D
7	ides	7	5	E
8	ides	6		F
9	ides	5	13	G
10	ides	4	2	A
11	ides	3		B
12	ides	2	10	C
13	*ides*			D
14	calendes	19	18	E
15	calendes	18	7	F
16	calendes	17		G
17	calendes	16		A
18	calendes	15	15	B
19	calendes	14	4	C
20	calendes	13		D
21	calendes	12	12	E
22	calendes	11	1	F
23	calendes	10	9	G
24	calendes	9		A
25	calendes	8	17	B
26	calendes	7	6	C
27	calendes	6		D
28	calendes	5	14	E
29	calendes	4	3	F
30	calendes	3		G
31	calendes	2	11	A

DATES.	L. DOM.	ÉPACT.	JANVIER.
1	A	0	*Circoncision.*
2	B	29	s. Bazile.
3	C	28	se *Geneviève.*
4	D	27	s. Rigobert.
5	E	26	s. Siméon. s. V.
6	F	25	*Epiphanie.*
7	G	24	Noces.
8	A	23	s. Lucien.
9	B	22	s. Pierre, év.
10	C	21	s. Paul, erm.
11	D	20	s. Theodore.
12	E	19	s. Arcade, m.
13	F	18	Bapt. de J.-C.
14	G	17	s. Hilaire.
15	A	16	s. Maur.
16	B	15	s. Guillaume.
17	C	14	s. Antoine.
18	D	13	Ch. s. p. à R.
19	E	12	s. Sulpice.
20	F	11	s. Sébastien.
21	G	10	se Agnès.
22	A	9	s. Vincent.
23	B	8	s. Ildefonse.
24	C	7	s. Babylas.
25	D	6	Conv. s. Paul.
26	E	5	se Paule.
27	F	4	s. Julien.
28	G	3	s. Charlemagne
29	A	2	s. François de S.
30	B	1	se Bathilde.
31	C	0	se Marcèle.

DATES.	L. DOM.	ÉPACT.	FÉVRIER.
1	D	29	s. Ignace.
2	E	28	*Purification.*
3	F	27	s. Blaise.
4	G	26	s. Gilbert.
5	A	24*	se Agathe.
6	B	23	s. Vaast.
7	C	22	s. Romuald.
8	D	21	s. Jean de M.
9	E	20	se Apolline.
10	F	19	se Scolastique.
11	G	18	s. Séverin.
12	A	17	se Éulalie.
13	B	16	s. Gregoire.
14	C	15	s. Valentin.
15	D.	14	s. Faustin.
16	E	13	se Julienne.
17	F	12	s. Théodule.
18	G	11	s. Siméon.
19	A	10	s. Gabin.
20	B	9	s. Eucher.
21	C	8	s. Pépin.
22	D	7	se Isabelle.
23	E	6	s. Mérault.
24	F	5	s. Mathias.
25	G	4	s. Césaire.
26	A	3	s. Nestor.
27	B	2	s. Arille.
28	C	1	se Honorine.
			s. Romain.

DATES.	L. DOM.	ÉPACT.	MARS.
1	D	0	s. Aubin.
2	E	29	s. Simplice.
3	F	28	se Cunégonde.
4	G	27	s. Casimir.
5	A	26	s. Adrien.
6	B	25	se Colette.
7	C	24	s. Thomas d'A.
8	D	23	s. Jean de D.
9	E	22	se Françoise.
10	F	21	s. Blanchard.
11	G	20	s. Euloge.
12	A	19	s. Paul, év.
13	B	18	se Euphrasie.
14	C	17	s. Lubin.
15	D	16	s. Zacharie.
16	E	15	s. Cyriaque.
17	F	14	se Gertrude.
18	G	13	s. Alexandre.
19	A	12	s. Joseph.
20	B	11	s. Joachim.
21	C	10	s. Benoît.
22	D	9	s. Emile
23	E	8	s. Victorien.
24	F	7	s. Simon, m.
25	G	6	*Annonciation.*
26	A	5	s. Ludger.
27	B	4	s. Jean, erm.
28	C	3	se Dorothée.
29	D	2	s. Gontrand.
30	E	1	s. Rieul.
31	F	0	se Balbine.

DATES.	L. DOM.	ÉPACT.	AVRIL.
1	G	29	s. Hugues.
2	A	28	s. François de P.
3	B	27	s. Richard.
4	C	26	s. Ambroise.
5	D	24*	s. Albert.
6	E	23	se Prudence.
7	F	22	s. Clotaire.
8	G	21	s. Edèse.
9	A	20	se Marie, égy
10	B	19	s. Fulbert.
11	C	18	se Godeberte.
12	D	17	s. Jules.
13	E	16	s. Marcelin.
14	F	15	s. Tiburce.
15	G	14	s. Maxime.
16	A	13	s. Paterne.
17	B	12	s. Anicet.
18	C	11	s. Parfait.
19	D	10	s. Léon.
20	E	9	s. Theotime.
21	F	8	s. Anselme.
22	G	7	se Opportune.
23	A	6	s. Georges.
24	B	5	s. Léger.
25	C	4	s. Marc.
26	D	3	s. Clet.
27	E	2	s. Polycarpe.
28	F	1	s. Vital.
29	G	0	s. Robert.
30	A	29	s. Eutrope.

DATES.	L. DOM.	ÉPACT.	MAI.	DATES.	L. DOM.	ÉPACT.	JUIN.
1	B	28	s. Jacq. s. Phil.	1	E	27	s. Pamphile.
2	C	27	s. Athanase.	2	F	26	s. Pothin.
3	D	26	Inv. s^{e} Croix.	3	G	24*	s^{e} Clotilde.
4	E	25	s^{e} Monique.	4	A	23	s. Optat.
5	F	24	Conv. s. Aug.	5	B	22	s. Boniface.
6	G	23	s. Jean-p.-Lat.	6	C	21	s. Claude, év.
7	A	22	s. Stanislas.	7	D	20	s. Lié.
8	B	21	s^{e} Désirée.	8	E	19	s. Médard.
9	C	20	Trans. s. Nic.	9	F	18	s^{e} Pélagie.
10	D	19	s. Gordien.	10	G	17	s. Landri.
11	E	18	s. Mamert.	11	A	16	s. Barnabé.
12	F	17	s. Pancrace.	12	B	15	s^{e} Olympe.
13	G	16	s. Servais.	13	C	14	s. Antoine de P.
14	A	15	s. Pacôme.	14	D	13	s. Ruffin.
15	B	14	s. Isidore.	15	E	12	s. Modeste.
16	C	13	s. Honoré.	16	F	11	s. Cyr.
17	D	12	s. Pascal.	17	G	10	s. Avit.
18	E	11	s. Venance.	18	A	9	s^{e} Marine.
19	F	10	s. Yves.	19	B	8	s. Gerv. s. Prot.
20	G	9	s. Bernardin.	20	C	7	s. Sylvère.
21	A	8	s. Sospis.	21	D	6	s. Leufroy.
22	B	7	s^{e} Julie.	22	E	5	s. Paulin.
23	C	6	s. Didier.	23	F	4	s. Jacques. *V. J.*
24	D	5	s. Donatien.	24	G	3	s. *Jean-Bapt.*
25	E	4	s. Urbain.	25	A	2	s. Prosper.
26	F	3	s. Quadrat.	26	B	1	s. Babolein.
27	G	2	s. Hildevert.	27	C	0	s. Crescent.
28	A	1	s. Germain.	28	D	29	s. Loubert. *V. J.*
29	B	0	s. Maximin.	29	E	28	s. *Pierre*. s. *Paul*.
30	C	29	s. Félix.	30	F	27	Com. s. Paul.
31	D	28	s^{e} Petronille.				

DATES.	L. DOM.	ÉPACT.	JUILLET.
1	G	26	sᵉ Eléonore.
2	A	25	*Visit. N.-D.*
3	B	24	s. Thierry.
4	C	23	sᵉ Berthe.
5	D	22	sᵉ Zoé.
6	E	21	s. Tranquille.
7	F	20	sᵉ Aubierge.
8	G	19	s. Procope.
9	A	18	s. Cyrille.
10	B	17	sᵉ Félicité.
11	C	16	Trans. s. Benoît
12	D	15	s. Gualbert.
13	E	14	s. Eugène.
14	F	13	s. Bonaventure.
15	G	12	s. Henry.
16	A	11	s. Eustate.
17	B	10	s. Alexis.
18	C	9	s. Clair, év.
19	D	8	s Vincent de P.
20	E	7	sᵉ Marguerite.
21	F	6	s. Victor.
22	G	5	sᵉ Madeleine.
23	A	4	s. Apollinaire.
24	B	3	sᵉ Christine.
25	C	2	s. Jacq. le maj.
26	D	1	Trans. s. Marcel
27	E	0	s. Pantaléon.
28	F	29	sᵉ Anne.
29	G	28	sᵉ Marthe.
30	A	27	s. Abdon.
31	B	26	s. Germ. l'Aux.

DATES.	L. DOM.	ÉPACT.	AOUT.
1	C	24*	sᵉ Sophie.
2	D	23	s. Etienne p
3	E	22	sᵉ Lydie.
4	F	21	s. Dominique.
5	G	20	s. Yon.
6	A	19	Trans. de J.-C.
7	B	18	s. Gaetan.
8	C	17	s. Justin.
9	D	16	s. Amour.
10	E	15	s. Laurent.
11	F	14	sᵉ Suzanne
12	G	13	sᵉ Claire.
13	A	12	s. Hippolyte.
14	B	11	s. Guer. *V. J.*
15	C	10	ASSOMPTION.
16	D	9	s. Roch.
17	E	8	s. Mammès.
18	F	7	s. Helène
19	G	6	s. Louis, év.
20	A	5	s. Bernard.
21	B	4	s. Privat.
22	C	3	s. Symphorien.
23	D	2	s. Sidoine.
24	E	1	s. Barthélemy.
25	F	0	s. *Louis.*
26	G	29	s. Zéphirin.
27	A	28	s. Césaire.
28	B	27	s. Augustin.
29	C	26	s. Méderic.
30	D	25	s. Fiacre.
31	E	24	s. Ovide.

DATES.	L. DOM.	EPACT.	SEPTEMB.	DATES.	L. DOM.	EPACT.	OCTOBRE.
1	F	23	s. Leu. s. Giles.	1	A	22	s. Remi.
2	G	22	s. Lazare.	2	B	21	s^ts^ Anges gard
3	A	21	s. Grégoire.	3	C	20	s. Cyprien.
4	B	20	s^e^ Rosalie.	4	D	19	s. Franç. d'A.
5	C	19	s. Bertin, ab.	5	E	18	s. Constant.
6	D	18	s. Eleuthère.	6	F	17	s. Bruno.
7	E	17	s. Cloud. *V. J.*	7	G	16	s. Serge.
8	F	16	*Nativ. N.-D.*	8	A	15	s. Thaïs.
9	G	15	s. Omer.	9	B	14	s. *Denis.*
10	A	14	s^e^ Pulchérie.	10	C	13	s. Paulin.
11	B	13	s. Hyacinthe.	11	D	12	s. Gomer.
12	C	12	s. Raphael.	12	E	11	s^e^ Vilfride.
13	D	11	s. Maurille.	13	F	10	s. Gérant.
14	E	10	Exalt. s^e^ Croix.	14	G	9	s. Caliste.
15	F	9	s. Nicomède.	15	A	8	s^e^ Thérèse.
16	G	8	s. Corneille.	16	B	7	s. Gal.
17	A	7	s. Lambert.	17	C	6	s. Gerbouet.
18	B	6	s. J. Chrysost.	18	D	5	s. Luc, évang.
19	C	5	s. Janvier.	19	E	4	s. Savinien.
20	D	4	s. Eustache.	20	F	3	s. Caprais.
21	E	3	s. Mathieu.	21	G	2	s^e^ Ursule.
22	F	2	s. Maurice.	22	A	1	s. Mellon.
23	G	1	s^e^ Thècle.	23	B	0	s. Hilarien.
24	A	0	s. Andoche.	24	C	29	s. Magloire.
25	B	29	s. Firmin.	25	D	28	s. Crép. s. Cré
26	C	28	s^e^ Justine.	26	E	27	s. Rustique.
27	D	27	s. Côme. s. Dam	27	F	26	s. Frument.
28	E	26	s. Venceslas.	28	G	25	s. Simon, s. Jude
29	F	24*	s. Michel.	29	A	24	s. Faron.
30	G	23	s. Jerôme.	30	B	23	s. Lucain.
				31	C	22	s. Quentin *V. J.*

DATES.	L. DOM.	ÉPACT.	NOVEMBRE.	DATES.	L. DOM.	ÉPACT.	DÉCEMBRE.
1	D	21	TOUSSAINT.	1	F	20	s. Eloi.
2	E	20	*Trépassés.*	2	G	19	s. Franç. Xav.
3	F	19	s. Marcel.	3	A	18	s. Eloque.
4	G	18	s. Charles.	4	B	17	se Barbe.
5	A	17	s. Zacharie.	5	C	16	s. Sabas.
6	B	16	s. Leonard.	6	D	15	s. Nicolas.
7	C	15	s. Florent.	7	E	14	se Fare. *V. J.*
8	D	14	ses Reliques.	8	F	13	*Conc. N.-D.*
9	E	13	s. Mathurin.	9	G	12	se Gorgonie.
10	F	12	s. Juste.	10	A	11	se Valère.
11	G	11	s. Martin.	11	B	10	s. Daniel.
12	A	10	s. René.	12	C	9	s. Valeri.
13	B	9	s. Brice.	13	D	8	se Luce.
14	C	8	s. Bertrand.	14	E	7	s. Nicaise.
15	D	7	s. Malo.	15	F	6	s. Mémin.
16	E	6	s. Edme.	16	G	5	se Adélaïde.
17	F	5	s. Agnan.	17	A	4	s. Olympie.
18	G	4	se Odes.	18	B	3	s. Gatien.
19	A	3	se Elisabeth.	19	C	2	s. Thimothée.
20	B	2	s. Edmond.	20	D	1	s. Philogone.
21	C	1	Présent. N.-D.	21	E	0	s. Thomas.
22	D	0	se Cécile.	22	F	29	s. Honorat.
23	E	29	s. Clément.	23	G	28	se Victoire.
24	F	28	s. Severin, solit.	24	A	27	se Delph. *V. J.*
25	G	27	se Catherine.	25	B	26	NOEL.
26	A	26	se Genev. ard.	26	C	25	s. *Etienne.*
27	B	24*	s. Siméon, mét.	27	D	24	s. *Jean, évang.*
28	C	23	s. Sosthène.	28	E	23	ss Innocents.
29	D	22	s. Saturnin.	29	F	22	s. Trophime.
30	E	21	s. André.	30	G	21	s. Sabin.
				31	A	20	s. Silvestre p.

CORRESPONDANCE DES CALENDRIERS

TABLE I.

L'an I commence le . . .	22	septembre	1792 B
II	22	. . . .	1793
III B	22	. . . .	1794
IV	23	. . . .	1795
V	22	. . . .	1796 B
VI	22	. . . .	1797
VII	22	. . . .	1798
VIII	23	. . . .	1799
IX	23	. . . .	1800
X	23	. . . .	1801
XI B	23	. . . .	1802
XII	24	. . . .	1803
XIII	23	. . . .	1804 B
XIV	23	. . . .	1805
XV B	23	. . . .	1806
XVI	24	. . . .	1807
XVII	23	. . . .	1808 B
XVIII	23	. . . .	1809
XIX	23	. . . .	1810
XX B	23	. . . .	1811
XXI	23	. . . .	1812 B
XXII	23	. . . .	1813
XXIII	23	. . . .	1814
XXIV B	23	. . . .	1815
XXV	23	. . . .	1816 B
XXVI	23	. . . .	1817
XXVII	23	. . . .	1818
XXVIII B	23	. . . .	1819
XXIX	23	. . . .	1820 B
XXX	23	. . . .	1821

TABLE II.

Lorsque l'année républicaine commence le		22	23	24 septembre,	
Octobre commence le		10	9	8	Vendémiaire.
Novembre . . . . le		11	10	9	Brumaire.
Décembre. . . . . le		11	10	9	Frimaire.
Janvier. . . . . . le		12	11	10	Nivôse.
Février. . . . . . le		13	12	11	Pluviôse.
Mars.	. . . le	11	10	9	Ventôse.
	B . . le	12	11	10	
Avril.	. . . le	12	11	10	Germinal.
	B . . le	13	12	11	
Mai.	. . . le	12	11	10	Floréal.
	B . . le	13	12	11	
Juin.	. . . le	13	12	11	Prairial.
	B . . le	14	13	12	
Juillet.	. . . le	13	12	11	Messidor.
	B . . le	14	13	12	
Août.	. . . le	14	13	12	Thermidor.
	B . . le	15	14	13	
Septembre	. . . le	15	14	13	Fructidor.
	B . . le	16	15	14	

TABLE III.

STYLE GRÉGORIEN.	STYLE RÉPUBLICAIN.							
1	8	9	10	11	12	13	14	15
2	9	10	11	12	13	14	15	16
3	10	11	12	13	14	15	16	17
4	11	12	13	14	15	16	17	18
5	12	13	14	15	16	17	18	19
6	13	14	15	16	17	18	19	20
7	14	15	16	17	18	19	20	21
8	15	16	17	18	19	20	21	22
9	16	17	18	19	20	21	22	23
10	17	18	19	20	21	22	23	24
11	18	19	20	21	22	23	24	25
12	19	20	21	22	23	24	25	26
13	20	21	22	23	24	25	26	27
14	21	22	23	24	25	26	27	28
15	22	23	24	25	26	27	28	29
16	23	24	25	26	27	28	29	30
17	24	25	26	27	28	29	30	1
18	25	26	27	28	29	30	1	2
19	26	27	28	29	30	1	2	3
20	27	28	29	30	1	2	3	4
21	28	29	30	1	2	3	4	5
22	29	30	1	2	3	4	5	6
23	30	1	2	3	4	5	6	7
24	1	2	3	4	5	6	7	8
25	2	3	4	5	6	7	8	9
26	3	4	5	6	7	8	9	10
27	4	5	6	7	8	9	10	11
28	5	6	7	8	9	10	11	12
29	6	7	8	9	10	11	12	13
30	7	8	9	10	11	12	13	14
31	8	9	10	11	12	13	14	15

TABLE DES MATIÈRES.

PREMIÈRE PARTIE.

CALENDRIERS.

SECONDE PARTIE.

THÉORIE DE LA CONSTRUCTION DES CALENDRIERS.

FIN DE LA TABLE DES MATIÈRES.

BAR-SUR-SEINE. — IMP. DE SAILLARD.

www.ingramcontent.com/pod-product-compliance
Lightning Source LLC
Chambersburg PA
CBHW050148030726
47505CB00005B/1277
9782012772465